문해력 교육 용어 사전

읽기편

문해력 교육 용어 사전 읽기편

2025년 8월 26일 초판 1쇄 찍음
2025년 9월 5일 초판 1쇄 펴냄

지은이 서혁 · 정혜승 · 김혜정 · 윤준채 · 조재윤 · 류보라 · 김종윤 · 이소라 · 류수경 · 편지윤

책임편집 김찬호
편집 김천희 · 엄귀영 · 박훈 · 정지현
디자인 김진운
마케팅 유명원
본문조판 토비트

펴낸이 윤철호
펴낸곳 ㈜사회평론아카데미
등록번호 2013-000247(2013년 8월 23일)
전화 02-326-1545
팩스 02-326-1626
주소 03993 서울특별시 마포구 월드컵북로6길 56
이메일 academy@sapyoung.com
홈페이지 www.sapyoung.com

ISBN 979-11-6707-193-4 93370

문해력 교육 용어 사전

읽기편

서혁 · 정혜승 · 김혜정 · 윤준채 · 조재윤 · 류보라
김종윤 · 이소라 · 류수경 · 편지윤 지음

사회평론아카데미

머리말

이 사전은 2017년 7월 제1차 회의를 시작으로 수년간의 논의와 집필, 교정의 과정을 거쳐 8년 만에 완성된 결과물이다. 당초 3년 계획 아래 2019년 출간을 목표로 하였으나, 문해력 교육의 급격한 변화와 확장을 충실히 반영하고자 추가적인 집필과 교정, 토론을 지속하였으며, 그 결실이 오늘에 이르렀다.

본 사전의 명칭은 심도 있는 논의를 거쳐 확정되었다. '리터러시 교육 용어 사전', '문식성 교육 용어 사전', '문해력 교육 용어 사전' 등 다양한 안이 검토되었으며, 그중 오늘날 국내 교육 담론에서 가장 보편적으로 사용되고 시대적 요청을 충실히 반영하는 명칭으로서 '문해력 교육 용어 사전'을 채택하였다. 이 명칭은 문해력 교육이 다층적으로 확장·심화됨에 따라 동일한 용어가 상이한 맥락에서 혼용되어 개념적 혼선을 빚는 일이 많아지는 상황에서, 문해력 교육 용어의 의미를 정립하고 학문 간 소통의 명료성 및 이론과 실천의 정합성을 제고하고자 하는 기획 취지를 반영한 것이다.

본 사전은 『읽기편』과 『쓰기 및 매체편』 두 권으로 구성되어 있다. 문해력 교육 현장에서 실제로 사용되는 주요 개념을 체계적으로 정리·정의하는 것을 목적으로 하였으며, 특히 매체 문해력, 디지털 환경에서의 읽기·쓰기 등 최근의 교육적 변화를 반영하여 기존 개념은 물론 새롭게 등장한 용어까지 폭넓게 수록하였다.

본 사전은 문해력 교육 연구자와 현장 전문가가 직접 집필에 참여하고, 수차례의 집필·수정·토론·교정을 거쳐 완성되었다. 읽기·쓰기·매체 영역을 중심으로 각 분야의 전문가들이 협의를 통해 사전에 수록할 용어를 선정하였으며, 특히 매체 영역에서는 새롭게 도입·정립되어야 할 용어를 다수 포함하였다. 이를 통해 이론과 실천을 잇는 가교로서 현장 교사와 연구자들에게 실질적으로 도움을 제공하고자 하였다.

이 사전이 문해력 교육, 국어교육, 언어교육 분야의 연구자와 교육자는 물론, 교사 임용을 준비하는 수험생, 관련 분야를 전공하는 학부생, 나아가 문해력에 관심을 지닌 일반 독자에게까지 유용한 길잡이가 되기를 기대한다. 또한 교육과정 개정, 교과서 개발, 교수·학습 자료 설계 등 다양한 교육 및 연구 활동의 기반 자료로 활용되기를 바란다.

끝으로 오랜 기간 정성과 노력을 기울여 주신 집필진, 특히 간사 일을 맡아 전체적인 조율과 운영을 진행하며 헌신해 주신 편지윤 교수님, 그리고 인내와 지원을 아끼지 않으신 사회평론의 윤철호 사장님, 고하영 전 대표, 편집진 선생님들께 깊이 감사드린다.

2025년 8월

저자를 대표하여 서혁, 정혜승

저자(집필 및 역할) 명단

총괄: 서혁, 정혜승

집필: 곽수범, 권은선, 김정자, 김종윤, 김지연, 김희동, 김혜정(읽기 팀장), 노들, 류보라, 류수경, 박혜영, 서수현(쓰기 팀장), 서혁, 오은하, 옥현진(매체 팀장), 윤준채, 이소라, 이윤빈, 이지선, 장성민, 장은주, 정현선, 정혜승, 조재윤, 편지윤

간사: 편지윤

일러두기

1. 표제어의 선정

본 사전에 수록된 표제어는 문해력 및 문해력 교육, 국어교육, 교육학 관련 분야에서 사용되고 있는 주요 용어와 개념들을 중심으로 저자들이 장기간 논의와 숙의를 거쳐 선정하였다. 해당 표제어는 읽기, 쓰기, 매체 영역은 물론 국어교육과 언어교육의 다양한 맥락에서 핵심적이고도 중요한 내용을 포함한다.

2. 표제어의 배열 순서

- 본 사전의 표제어 배열 순서는 문해력과 문해력 교육의 핵심적인 개념과 내용 요소들을 중심으로, 이론과 실제의 측면에서 체계적으로 구성하였다.
- 일반적인 사전은 한글 자모순 배열을 따르나, 본 사전은 문해력 교육의 이론과 실제 측면에서 유관 표제어들을 범주화 및 배열하여 제시하였다.
- 표제어는 중요도나 성격에 따라 범주화한 후 위계화하여 배치하였다.
- 특히 표제어 '문해력, 텍스트, 담화, 맥락'은 문해력의 핵심 요소라고 판단하여, 『읽기편』과 『쓰기 및 매체편』 앞부분에 동일하게 배치하였다.
- 전체적으로 이론적 요소들을 전반부에, 실제적 요소(교수학습, 평가 등)를 후반부에 배치하였다.
- 표제어의 우리말 표기 뒤에는 독자의 이해를 돕기 위해 필요할 경우 영문 또는 한자를 병기하였다.

3. 표제어 서술의 원칙

- 각 표제어에 대한 설명은 정의, 배경, 예시, 교육 내용이나 방법, 교육적 의의와 한계, 관련 개념(유사 용어, 상·하위어), 참고문헌 제시를 원칙으로 하였다. 다만, 표제어 성격에 따라 분량이나 내용 면에서 비중을 달리하여 기술하고자 하였다.
- 본문의 내용 서술은 현재까지의 연구 성과를 토대로 하되, 집필진 내 협의를 거쳐 객관적이고 일반적인 시각에서 기술하거나 새로운 제안을 포함하였다.
- 독자의 편의와 활용도를 높이기 위해 본문 내 표제어가 언급될 경우, 해당 표제어의 수록 쪽수를 위첨자로 표시하였다. ㉠ **문해력**▸p.12

4. 표기법

- 맞춤법과 띄어쓰기, 외래어의 한글 표기, 문장 부호는 『한글 맞춤법』 등 국어 어문 규정을 원칙으로 하였다. 다만 일부 고유 명사와 전문 용어는 관례에 따라 예외적으로 표기하였다.
- 특히 '교수·학습'은 저자 협의에 따라 '교수학습'으로 통일하여 표기의 편의성을 도모하였다.

5. 표제어 색인

- 각 항목의 서술에서 사용된 주요 개념이나 용어 등을 찾아보기 쉽게 표제어 색인을 책의 말미에 부록으로 구성하였다.

차례

총론

문해력 literacy

= 문식성, 리터러시

정의

전통적으로 문해력은 '문자를 소리로 변환하고 의미를 파악하는 읽기 기능▶p.163, 그리고 소리와 의미를 문자로 전환하는 쓰기 기능의 집합'으로 간주되어 왔다. 문자를 읽고 쓰는 기본적인 능력으로서 문해력은 '문식성', '리터러시(literacy)'라는 용어로도 널리 쓰이며, 2015와 2022 개정 국어과 교육과정에서는 '(기초)문식성'이라는 용어로 사용되었다.

그러나 문해력의 개념은 '문자를 포함한 다양한 기호 자원과 매체를 기반으로 사회문화적 맥락▶p.151 속에서 텍스트▶p.18를 이해하고 생산하고 소통하는 능력'으로 확장되고 있다. 이는 문자를 읽고 쓰는 능력으로 보던 전통적인 문해력의 관점을 확장한 것으로, 능력이나 활동의 대상을 문자 단일한 양식(mode)의 텍스트에서 문자를 포함한 다양한 기호 자원이 작용하는 복합양식 텍스트로 넓히고, 문자 읽기▶p.38와 쓰기를 보다 광범위한 텍스트의 이해, 생산, 소통 능력으로 확대한 정의이다. 또한 이러한 정의는 사회문화적 맥락 속에서 텍스트로 소통하는 능력을 포함한다는 점에서, 문해력을 읽기와 쓰기 기능이라는 인지적인 측면에서만이 아니라 사회적·문화적·정치적 맥락▶p.28에서의 행위로 인식하는 특징이 있다. 문해력의 다양한 맥락 속에서의 행위적 특성을 드러내기 위하여 문식 활동이나 문식 실천(literacy practices)이라는 표현이나 영어 리터러시를 쓰기도 한다. 확장된 문해력 개념을 사용하는 용례로 가정 문해력▶p.234, 학교 밖 문해력▶p.236, 디지털 문해력, 복합양식 문해력, 비판적 문해력, 내용 교과 문해력▶p.224 등이 있다.

문해력은 '사람들이 갖춰야 할 교양이나 특정 분야에서 발휘되는 능력'을 정의하는 용법으로도 사용된다. 문해력의 용법 중 가장 포괄적인 의미역을 갖는데, 사람들이 배우고 익혀서 갖춰야 할 교양이나 특정 분야의 업무를 수행하는 능력을 의미하며, '소양'이라는 용어로 불리기도 한다. 이러한 문해력 개념을 사용하는 경우 리터러시라는 용어를 주로 사용하는바 다문화 리터러시, 문화적 리터러시, 시민 리터러시, 정서적 리터러시, 컴퓨터 리터러시, 박물관 리터러시, 수리 리터러시 등이 있다.

개념사와 관점

문해력에 해당하는 영어 literacy는 letter, literate, literature와 함께 문자(글자)를 의미하는 라틴어 literra를 어원으로 한다. 라틴어에 뿌리를 두는 단어들이 영어, 프랑스어, 스페인어 등에 공통적으로 나타나는 것과 달리 literacy는 영어에만 존재하며, litteratus에서 유래한 literate에서 파생되었다. literate는 형용사로 '글을 읽고 쓸 수 있는, 교육을 받은, 교양 있는'의 뜻을 지닌다. 명사로는 '글을 읽고 쓸 수 있는 사람, 교양인'의 뜻을 갖는다. literacy라는 단어가 본격적으로 문헌에 출현한 것은 19세기로, 주로 읽고 쓸 줄 모르는 상태, 즉 비문해(illiterate, 문맹)▸p.125에 대비되는 현상 또는 상태를 지시하기 위해 사용되었다. 이처럼 문해력은 초기에는 문자와 관련된 기능적 능력 정도의 제한적 의미를 지녔으나, 해당 용어의 사용이 본격화된 19세기 이후 교육적, 사회적 맥락 속에서 그리고 과학정보기술의 발전과 함께 그 의미역이 확장되었다.

어원에서 유추할 수 있듯이 문해력은 오랫동안 '문자를 읽고 쓰는 능력 혹은 그러한 상태'를 뜻하는 개념으로 이해되어 왔다. 이때 문해력은 문자와 인쇄물에 대한 인식, 문자와 소리를 대응시켜 음절, 단어, 문장을 해독▸p.43하는 기능, 유창하게 읽고 쓸 수 있는 능력을 포함하는 문자 해득 중심의 기초적인 문자 언어 능력으로 정의된다. 근대 산업사회에 요구되는 인력을 양성하기 위해 학교 교육에서는 읽기(Reading)와 쓰기(wRiting), 셈하기(aRithmetic)의 이른바 3R 교육을 강조해 왔다. 이중 읽기와 쓰기가 문자를 다루는 기초 기능으로서 문해력과 관련된다.

1970년대에는 인지 심리학의 영향으로 문해력을 개인의 인지적인 의미 구성 과정으로 보는 관점이 대두되었다. 이러한 관점에서 독자▶p.120나 필자는 문자 언어로 구성된 텍스트를 읽거나 쓰는 과정에서 다양한 문제 상황에 직면하게 되는데, 문해력은 이러한 문제들을 해결하면서 의미를 구성하는 일련의 인지적 기능으로 여겨졌다.

1980년대에 이르러 비판이론이나 사회언어학, 사회적 구성주의 이론▶p.72이 등장하며 언어와 텍스트를 사회문화적 맥락 속에서 이해하는 관점이 대두됨에 따라 문해력의 개념도 영향을 받게 되었다. 이러한 관점에 따르면 문해력은 탈맥락적인 개인의 인지적 기능으로 환원될 수 없는, 주체가 특정한 사회문화적 맥락 속에서 수행하는 특수한 사건이자 사회적 실천 행위로 여겨진다. 즉, 문해력은 언어와 언어를 둘러싼 세계에 관여되어 있는 제도, 구조, 담론▶p.156을 비판적으로 성찰하고 그에 참여하는 정치적·사회적 행위이자 특정한 맥락 안에서 수행되는 사회적 실천이라는 개념으로 폭넓게 정의된다.

이상에서 논의한 관점들은 문해력을 일련의 인지적 기능으로 보든 사회문화적 능력이나 실천으로 보든 모두 리터러시를 인쇄 매체를 기반으로 한 문자 언어에 초점을 둔다는 점에서 공통적이다. 그러나 20세기 이후 정보통신 기술이 발전함에 따라 의사소통 환경과 매체에 큰 변화가 촉발되었다. 문자 언어가 단일한 소통 자원으로 활용되는 인쇄 매체 환경에서 다양한 기호를 복합적으로 활용하여 소통할 수 있는 매체 환경으로의 변화가 발생한 것이다. 정보통신 기술의 발전은 의사소통에 활용 가능한 매체 및 소통 자원의 가용 범위를 확장하며, 다양한 소통 자원을 활용하는 능력으로서의 문해력의 개념을 변화시키는 데 영향을 미치고 있다. 디지털 매체 중심의 의사소통 환경 속에서는 문자 언어는 물론이고 음성 언어, 그림, 도식, 영상, 음악, 사진 등 다양한 양식의 기호들이 텍스트를 구성하고 소통하는 데 관여한다. 의사소통 환경과 매체 변화에 따라 텍스트의 특성이 이전과 상이해지고 이를 이해하고 생산하고 소통하는 데 관여하는 능력이나 활동의 양상이 달라지는 것을 고려하여 문해력의 개념을 확장하여 사용하는 추세이다.

교육적 의의

문해력의 개념과 문해력을 바라보는 관점은 매우 다양하다. 그러나 문해력이 인간이 갖춰야 할 중요한 능력으로 교육에서 핵심적 내용으로 인식되고 다루어져 왔다는 점은 변하지 않고 있다. 문해력 교육의 의의를 다음 네 가지로 정리할 수 있다.

첫째, 문해력은 인간의 생존과 직결되는 핵심적인 능력이다. 읽고 쓸 수 있는 능력은 인간적인 삶을 영위하기 위한 필수적인 조건이며 생존을 위한 핵심적인 능력이다. 이는 읽고 쓸 줄 모르는 상태(illiteracy) 혹은 그러한 능력을 가지고 있지 못한 사람을 일컫는 비문해(illiterate, 문맹)가 중요한 사회 문제로 대두되는 이유일 뿐 아니라, 또한 읽을 수 있는 능력이 있음에도 읽지 않는 상태(aliteracy) 또는 책을 읽지 않는 사람을 일컫는 비독자(aliterate, 책맹)▸p.124 문제가 문해력 교육 분야에서 활발히 논의되는 이유이기도 하다. 즉, 문해력은 생존을 위한 기본 능력이므로 해당 능력의 부재는 물론 활용의 부재 모두 문제가 될 수밖에 없다. 이러한 점에서 문해력은 미래의 삶에 대한 준비를 가능케 하고, 독립적·주체적으로 삶을 살아갈 수 있도록 하는 기본 능력과 역량 계발을 목적으로 하는 교육적 국면에서 핵심적인 가치를 지닌다.

둘째, 문해력은 인간이 삶을 살아가고 세상에 참여하는 방식이다. 문해력은 인간이 사회 속에서 삶을 영위하는 데 필요한 도구적 능력임과 동시에 특정한 사회문화적 맥락 안에서 생각하고 행동함으로써 자신을 사회에 드러내고, 사회 구성원으로서 비판적 참여 주체로 활동하는 데 핵심적인 능력이기 때문이다.

이러한 관점에서 문해력 교육은 인간이 특정한 사회문화적 맥락 속에서 자신의 삶을 주체적으로 살아갈 수 있도록 기회를 제공하고 그 가능성을 확대하며, 사회문화적 맥락과 교섭하면서 자신의 정체성을 구성해내고 공동체와 인류의 발전을 이끄는 비판적 주체로 성장할 수 있도록 견인하는 역할도 수행한다고 할 수 있다.

셋째, 문해력은 교육을 통해 신장된다는 점에서 문해력 교육은 교육적 평등 실현의 문제와 결부된다. 문해력은 사회, 정치, 경제 등 다양한 활동에 참여하는 방편이자 방식으로 사회적, 정치적 평등과도 관련된다. 이러한 점에서 문해력 교육은 소통 능력, 삶의 능력을 신장시킨다는 차원을 넘어, 사회의 구성원으로서 한 존재가 누리게 될 교육적, 사회적, 정치적 평등을 지원하는 중요한 방법으로서의 의의를 지닌다고 볼 수 있다. 우리나라를 포함하여 세계 여러 나라가 문해력을 인권이나 복지 차원에서 접근하고, 다양한 정책과 사업을 시행하는 것도 문해력이 인간이 인간답게 사는 데 필수적인 요소이며, 이를 모든 사람이 갖추도록 하는 것이 사회적·정치적 평등에 기여하는 것임을 인정한 결과이다.

넷째, 읽기와 쓰기 기능을 지도하여 학생을 능숙하고 전략적인 독자와 필자로 성장하도록 지도하는 것은 학교 교육의 중핵적인 목표이자 내용이다. 그리하여 전통적으로 문해력 교육은 학교 안에서 어떤 내용을 어떻게 가르쳐야 학생이 기능으로서의 문해력을 획득할 수 있을 것인가에 주로 관심을 가져왔다. 그러나 문해력의 개념이 다양한 기호 자원과 매체를 활용하는 능력으로 확장되고, 주체의 정체성 형성과 텍스트를 통한 다양한 맥락 안에서의 사회적·문화적·정치적 실천으로 확대됨에 따라 문해력 교육의 관심이 학교 밖 공간으로도 확장되고 있다. 이러한 관심은 학생이 학교 안에서 배우는 것과 학교 밖의 삶 속에서 요구받고 실천하는 문해력이 다를 수 있다는 점을 전제로 한다. 특히, 사회문화적 관점에서 볼 때 문해력은 맥락에 따라 상이한 원리와 규범, 방식을 가질 수 있으므로 학교 안과 밖에서 강조되고 우선시 되는 문해력은 다른 지점이 존재할 수밖에 없다. 교육이 학생에 대한 깊은 이해를 바탕으로 학생이 학교 밖 삶을 살아가는 힘을 길러주는 데 기여해야 한다면, 학생이 학교 밖에서 어떤 문식 활동을, 왜 하는지 이해할 필요가 있다. 학생의 학교 밖 문식 활동에 대한 이해는 학교 안 리터러시 교육의 실제성을 제고하고 학생이 주체적으로 문해력 교육에 참여할 수 있도록 돕는다.

관련 용어

읽기, 쓰기, 텍스트, 맥락

[참고문헌]

박인기(2002). 「문화적 문식성의 국어교육적 재개념화」. 『국어교육학연구』 15, 23-54.

옥현진(2009). 「정체성과 문식성」. 『국어교육학연구』 35, 361-386.

정현선(2005). 「'언어 · 텍스트 · 매체 · 문화' 범주와 '복합 문식성' 개념을 통한 미디어 교육의 국어교육적 수용에 관한 연구」. 『한국초등국어교육』 28, 307-337.

정혜승(2008). 「문식성 개념 변화와 교육과정적 함의」, 노명완 · 박영목(편). 『문식성 교육 연구』 169-191. 한국문화사.

Barton, D., Hamilton, M., & Ivanic, R.(eds.)(2000). *Situated literacies: Reading and writing in context*. London: Routledge.

Lankshear, C., & Knobel, M.(2003). *New literacies: Changing knowledge and classroom learning*. Buckingham: Open University Press.

텍스트 text

= 글, 작품

정의

텍스트란 일정한 맥락▸p.28 속에서 소통의 수단이자 목적으로 기능하는 한 편의 글이나 작품을 가리킨다. 즉, 어떤 소통의 맥락에서 메시지를 전달하기 위해 문자, 음성, 영상 등 다양한 기호와 양식으로 짜임새 있게 조직된 의미의 완결체이다. 텍스트(text)라는 용어는 라틴어 '텍스투스(textus)'에서 기원한 것으로, 동사 '텍세레(texere, 짜다)'에서 파생된 것으로 알려져 있다. 세로 방향의 실(날실)과 가로 방향의 실(씨실)이 연속적으로 교차하여 옷감이 만들어지듯이, 글자와 단어들의 연속으로 한 편의 글인 텍스트가 만들어진다는 뜻이다.

전통적인 텍스트 개념은 주로 문자 언어를 중심으로 구성된 글을 의미하였다. 기존의 텍스트는 글, 작품, 인쇄된 책을 가리키는 개념이었으나 최근에는 디지털 매체의 발전과 함께 매우 다양한 형태로 확장되고 있다. 즉, 텍스트는 단순히 글자나 단어의 의미 없는 조합이나 연결이 아니며 다양한 기호와 양식들에 의해 짜임새 있게 연결된 구조적이고 의미적인 특성을 갖는다. 특히 20세기 후반 이후 정보통신기술(ICT)의 발달과 함께 새로운 텍스트의 유형이 일반화되면서 그에 대한 관심도 커지고 있다. 즉, 디지털 시대에 진입하면서 문자와 음성, 영상 등 다양한 양식(mode)들이 어우러진 움직이는(동태적) 복합양식 텍스트(multimodal text)에 대한 연구와 교육적 관심이 커지고 있다.

넓은 의미의 텍스트는 구어 담화▸p.24의 기록물까지를 포함하여 구어 텍스트, 문어 텍스트와 같이 사용되기도 한다. 일반적으로는 '문어 텍스트(글, 작품), 구어 담화(대화, 이야기)'와 같이 각각 문어적 상황과 구어적 상황에 초점을 두고 구별하여 사용한다. 한편, 위도우슨(Widdowson)은 "담화는 의미 협상의 화용적 과정(the pragmatic process of meaning negotiation)이고, 텍스트는 그 결과물(product)이다."라고 규정하고 있다. 이 경우 구어 담화를 기록한 결과물 또한 '구어 텍스트'가 될 수 있는 것이다.

이밖에도 텍스트는 사용 맥락이나 분야에 따라서 다양한 의미로 사용된다. 독자의 감상을 중시하는 수용미학 이론에서는, 작가가 생산한 텍스트(본문)는 독자가 반응하고 해석하는 수용과정을 거쳐 진정한 의미의 작품(독일어 'Werk', 베르크)으로 완성된다고 보았다. 또한 구어나 문어의 번역 또는 그 요약과 관련하여 '원문'의 의미로 쓰이기도 한다. 아울러 제목이나 각주, 삽화를 제외한 글의 '본문'이라는 의미로도 사용된다. 학생들에게는 교과서를 의미하는 '텍스트북(textbook)'의 줄임말로 사용되기도 한다.

텍스트에 대한 이론적 동향

'텍스트'가 언어적 측면에서 본격적으로 연구되기 시작한 것은 1960년대 이후 시작된 텍스트언어학에 대한 연구부터라고 할 수 있다. 즉, 이전의 언어학은 주로 문장 단위까지의 연구인 통사론(syntax)에 머물렀지만, 문장 이상의 층위, 특히 온전한 한 편의 글에 대한 연구로 확대되면서 텍스트에 대한 연구가 자리를 잡기 시작했다. 텍스트의 단위를 흔히 한 문장 이상의 연속체로 보려는 관점도 여기에 기인한다. 그런데 최근에는 텍스트를 '단위'라는 관점보다는 실제 소통의 맥락에서 사용된 완결된 한 편의 글 또는 자료라는 관점도 제기되고 있다. 예컨대 "학교 앞 천천히"라는 표지판이 "학교 앞에서 모든 자동차들은 천천히 운행하시오."라는 의미로 사용되어 충분히 소통의 메시지로 작동되는 사례를 들 수 있다. 실제로 학자들 간에는 텍스트를 문장 이상의 단위로 정의하는 관점에 대해서 비판적인 관점도 많다.

텍스트언어학 연구의 초기인 1970년대 이전에는 구조주의 언어학과 생성 문법을 토대로 주로 언어 체계와 그 규칙에 관심을 두었기 때문에 텍스트를 언어 기호의 체계로 바라보는 경향을 보였다. 그러나 1970년대 이후에는 언어를 통한 의사소통이 이루어지는 실제의 맥락과 언어 행위(speech act)를 중시하는 화용론(話用論, pragmatics) 연구가 발전하게 되었다. 이러한 관점에 따라 텍스트는 더 이상 문법적으로 연결된 문장의 연쇄가 아니라 구체적인 의사소통 (상황) 맥락▶p.149에서 텍스트 생산자와 수용자가 상호 작용하는 대상으로 인식된다.

이후 텍스트 생산 및 수용 과정에서의 인지적 측면이 텍스트 개념의 중심 요소로 등장하면서, 텍스트에 대한 독자의 해석과 그 해석이 기초하게 되는 사회문화적 요인들이 강조되었다. 텍스트를 고정된 산물로 바라보고 그 특성과 구성 요소를 분석하는 데에서 나아가 수용자에 의해 재구성될 수 있는 가변성을 지닌 것으로 보는 관점이 대두되었다. 특히 수용미학 이론에서는 텍스트란 독자의 적극적인 해석과 감상의 대상으로서 독자(들)에 의해 그 의미가 완성되는 개방적 구조체라고 본다. 예를 들어, 이저(Iser)는 텍스트는 '의미의 공백'을 가지고 있으며, 이 공백은 독자의 해석과 상상력으로 채워지는 부분이라고 본다. 다시 말해서 텍스트의 의미는 고정된 것이 아니라는 것이다. 한편, 야우스(Jauß)는 '의미의 지평'이라는 개념을 제시하며, 텍스트의 의미가 역사적·문화적 맥락 속에서 독자의 이해와 기대에 따라 다르게 해석되고 수용된다고 본다. 이는 동일한 텍스트라도 다른 독자나 다른 시대의 독자에 따라 다르게 해석될 수 있다는 것을 의미한다.

또한 최근 텍스트 개념에는 다양한 매체를 기반으로 복합적인 구조와 특성을 보여 주는 산출물들이 포함된다. 이러한 흐름은 전통적인 문자언어 중심의 인쇄 텍스트나 언어기호 중심의 텍스트 개념에서 벗어나서 컴퓨터와 인터넷을 통해 특정 개념이나 주제로 관련 정보들이 다양하게 연결되는 하이퍼텍스트(hypertext), 문자와 음성 그리고 영상 등이 다양하게 어우러지는 다양한 형태의 복합양식 텍스트(multimodal text)를 통해 새로운 미디어(media)의 발전과 함께 일상생활 속으로 점차 확장되고 있다. 특히 최근에는 보기·듣기·읽기▶p.38가 동시에 이루어지는 복합양식 텍스트에 대한 연구도 큰 관심을 끌고 있다.

최근에는 학문 영역에 따라 텍스트에 대한 인식과 초점이 다양하게 확장되고 있다. 예컨대 포스트모더니즘 철학에서는 텍스트의 '완결성'에 대한 입장을 비판하고, '고정되지 않은 열린 의미와 구조'를 가지는 텍스트와 그 특성을 설명하고자 한다. 그밖에 언어에 의해 표현되는 자료 일반, 나아가 언어 표현뿐만 아니라 그림 등과 같은 표현 형식을 취하는 것도 넓은 의미에서 텍스트에 포함시키기도 한다. 이처럼 텍스트 개념은 사회 변화 및 미디어의 발달에 따라 형식적인 측면이나 내용적인 측면 모두에 있어서 점차 그 의미와 사용 범주에 대한 경계가 확장되고 있다.

텍스트가 갖춰야 할 특성 혹은 구성 요건으로 **텍스트성(textuality)**▶p.92을 들 수 있다. 텍스트성은 텍스트를 텍스트답게 만드는 자질을 총칭한다. 이에 대해 보그란데와 드레슬러(Beaugrande & Dressler)는 **응집성(cohesion, 결속구조)**▶p.96, **통일성(coherence)**▶p.94, 의도성(intentionality), 용인성(acceptability), 정보성(informativity), 상황성(situationality), **상호텍스트성(intertextuality)**▶p.98 7가지를 텍스트 구성 요건으로 보았다. 이는 텍스트적 요인(언어 차원), 심리적 요인(정신 차원), 사회적 요인(현실 차원), 정보처리적 요인(통화 차원)을 모두 포함하는 텍스트의 구성적 원리로서 포괄적이고 다차원적인 개념이다.

텍스트 구조(text structure)

텍스트는 일정한 구조로 이루어져 있으며, 이를 **텍스트 구조**▶p.101라 한다. 텍스트 구조란 텍스트 생산자가 전달하고자 하는 메시지를 텍스트 관계 속에서 어떻게 조직하였는가를 보여 주는 것(Meyer & Rice, 1984)이며, 텍스트를 구성하는 단위들 간의 관계를 표상하는 일반적인 체계이다. 개별 텍스트는 글의 유형에 따라 다양한 구조를 형성하며, 텍스트 구조는 텍스트의 기능을 효과적으로 전달해 줄 수 있다. 텍스트 내적 구조는 미시구조, 거시구조, 상위구조의 세 가지 수준으로 분석하거나(Meyer & Rice, 1984), 상위구조를 초구조(van Dijk, 1980)라고 제안하기도 한다.

텍스트 기능 및 유형

텍스트에는 하나 이상의 의사소통 기능이 존재하며 그 중에서도 지배적인 의사소통 기능이 존재한다. 텍스트 기능은 텍스트 유형▶p.110과 밀접한 관계를 갖는다. 텍스트의 기능과 유형은 텍스트를 수단으로 의사소통 과정에서 일정한 방식으로 수용자에게 영향을 미치고자 하는 생산자의 목표 지향적인 행위와 관련된다. 이러한 의사소통 행위는 언어 공동체에서 비롯된 규약에 따라 수행되며, 이러한 언어 행위의 규약성에 따라 수용자는 생산자의 행위를 인식하게 되고 숨겨진 의도 역시 이해할 수 있게 된다. 일반적인 텍스트의 기본 기능으로는 제보 기능, 호소 기능, 책무 기능, 접촉 기능, 선언 기능, 감동 기능 등을 들 수 있다.

텍스트 유형과 관련하여 국어과 교육과정에서 참고할 수 있는 내용으로 담화와 글의 유형이 있다. 국어과 교육과정에서는 전통적으로 텍스트의 유형을 목적에 따라 '정보전달▶p.116, 설득▶p.114, 친교 및 정서 표현▶p.117'으로 구분하여 제시하고 있다. 또한 세부적인 텍스트의 종류로는 설명문, 논설문, 감상문, 보고문 등이 있다. 한편 문학 텍스트의 유형(갈래)으로 '서정, 서사, 극, 교술'의 네 가지를 제시하고 있으며, 하위 유형으로는 '동요, 동시, 동화, 노래, 시, 이야기, 소설, 극, 교술' 등을 제시하고 있다.

교육적 의의

텍스트에 대한 연구 성과들은 국어교육에도 많은 영향을 미쳤다. 1990년대를 전후하여 담화 이론과 텍스트에 대한 연구는 국어교육이 학습자들로 하여금 실제로 온전한 한 편의 글을 이해하고 표현하는 방법을 가르쳐야 한다는 큰 시사점을 주었다. 즉, 읽기와 독서 교육에서 글의 구조, 의미, 생산과 수용, 소통을 다룸으로써 실제 언어 사용 능력에 대해 교수학습이 가능하도록 이론적 토대를 제공해 주었다. 더 나아가서는 텍스트를 단순히 문장 이상의 단위로 보거나 그 형식 구조를 중심으로 다루는 것이 아니라, 언어 사용자들의 상호 작용 과정 속에서 작용하는 동적 작용 양태와 그에 작용하는 원리(텍스트의 구조 및 유형, 텍스트 이해 및 표현 방식, 텍스트 이해 및 표현 전략 등)가 국어교육의 장에 포함될 수 있게 되었다. 이로써 국어 사용 능력을 기르기 위해 필요한 언어 사용 방식에 대한 개념적·절차적 지식이 더욱 명료해졌다고 할 수 있다.

관련 용어

담화(discourse), 담화 구조, 담화 유형, 텍스트성, 텍스트 구조, 담론

[참고문헌]

고영근(2011). 『텍스트 과학』. 집문당.

김태옥·이현호 공역(1995). 『텍스트 언어학 입문』. 한신문화사, De Beaugrande. R. A., & Dressler, W. U.(1981). *Introduction to text linguistics*. Routledge.

김지홍 역(2018). 『텍스트, 상황, 맥락, 숨겨진 의도: 담화분석에서 몇 가지 핵심 논제』. 도서출판 경진, Widdowson, H. G.(2004). *Text, Context, Pretext: Critical Issues in Discourse Analysis*. Wiley-Blackwell.

이성만 역(1995). 『텍스트언어학 입문』. 한국문화사, Vater. H.(1992). *Einführung in die Textlinguistik*. Script.

정시호 역(1995). 『텍스트학』. 민음사, van Dijk, T.(1980). *Textlinguistik. eine Einführung*. München: Fink.

편지윤·변은지·한지수·서혁(2018). 「복합양식 텍스트의 텍스트성 재개념화를 위한 시론」. 『학습자중심교과교육연구』 18(2), 493-522.

한국텍스트언어학회(2004). 『텍스트언어학의 이해』. 박이정.

담화 discourse

정의

담화란 특정의 소통 맥락▶p.28 속에서 사용된 발화들이 모여서 이루어진 통일성▶p.94 있는 의미의 완결체이다. 이때 발화는 어떤 맥락 속에서 실제 말해진 문장, 즉 맥락화된 문장이라 할 수 있다. 통일성 있는 의미의 완결체란 발화의 연속이 내용상의 통일성(coherence)을 지니면서 한 편의 대화나 연설 등과 같이 그 자체로 완결성을 갖추고 있다는 것을 뜻한다.

담화의 어원은 라틴어 'discursus'(논쟁, 여기저기 뛰어다님)에서 기원한 것으로 알려져 있다. 담화와 텍스트▶p.18는 각각 '말(구어)'과 '글(문어)'로 구분하여 사용되기도 한다. 또한 연구자에 따라서는 '구어 담화, 문어 담화', '구어 텍스트, 문어 텍스트'에서와 같이 '말과 글'을 모두 포괄하는 용어로 '담화' 또는 '텍스트'를 사용하기도 한다. 즉, discourse와 text라는 용어의 개념은 학자에 따라 다른데 대체로 다음의 세 양상을 보여 준다. 1) 둘을 구분하지 않고 자유롭게 쓰는 경우(van Dijk, Kintsch 등), 2) discourse를 취하여 포괄적 개념으로 사용하는 경우(Widdowson, Brown & Yule 등), 3) text라는 용어를 취하여 포괄적 개념으로 사용하는 경우(Wunderlich 등).

한편 'discourse'라는 용어가 '담화'라는 용어와 달리 '담론▶p.156'이라는 용어로도 널리 쓰인다. 이때 '담론'이란 일반적으로 사회적·정치적·문화적 맥락 등 특정의 분야나 주제와 관련하여 지속적이고도 체계적인 논의가 이루어지는 이론이나 이슈, 이념 등과 관련된 언어 사용을 일컫는다. 예를 들어 '자유주의와 관련된 정치적 담론', '포스트 모더니즘과 관련된 문화적 담론', '환경 보호에 대한 담론' 등을 들 수 있다.

국어과 교육과정에서 담화는 '말, 대화, 이야기' 등의 의미로 사용된다. 반면에 텍스트는 '글, 작품' 등의 의미로 사용된다. 담화와 텍스트는 모두 문장 이상의 언어적 단위이자 연속체라고 정의되기도 한다. 즉, 음운, 단어, 문장 다음의 단위가 바로 담화 혹은 텍스트라는 것이다. 그러나 표지판과 같은 다양한 소통의 맥락에서 문장 이하의 단어나 구, 절과 같은 형태가 빈번하게 사용되는 것도 사실이다. 따라서 담화, 텍스트는 한 문장 또는 두 문장 이상인지 여부보다는 실제 소통의 맥락 속에서 생산되고 수용되는 의미의 완결체(부분이 아닌 전체)라는 점이 더 중요하다. 담화의 구성 요소로는 '언어 사용자'(화자, 청자 또는 필자, 독자▶p.120), '맥락▶p.28'(상황 맥락▶p.149, 사회문화적 맥락▶p.151), '내용'(정보)을 들 수 있다. 또한 담화는 통일성(coherence)과 응집성(cohesion)▶p.96이라는 특성을 갖춰야 효과적인 소통이 이루어질 수 있다.

담화 분석(discourse analysis)

담화 분석에 대한 연구는 대체로 1960년대로 거슬러 올라가며, 주로 언어가 특정한 사회적 맥락에서 사용되는 것으로서 구성되고 해석되는 의미에 초점을 맞추어, 개별 문장의 한계를 넘어 쓰고 말하는 언어 행동의 분석으로 정의된다. 이 정의는 실제로 두 가지 관점을 포함하고 있다. 언어가 음소, 형태소, 단어, 절이나 문장의 수준뿐만 아니라 글의 수준에서도 분석될 수 있다는 관점과, 언어는 추상적 집합이나 규칙으로 분석되어야 하는 것이 아니라 사회적 행동을 위한 도구로서 분석되어야 한다는 관점이다. 그 이후에는 담화를 더욱 폭넓게 보는 관점이 대두되어, 담화 분석에는 텍스트에 관한 분석과 말의 교환을 통한 상호 작용에 관한 모든 연구가 포함되고 있다(이원표, 2001:2).

그런데, 언어 사용에 대한 분석은 인간 생활에서 언어의 목적과 기능에 대한 분석으로부터 독립될 수 없다. 이렇게 담화를 언어 사용으로 보는 극단적 예는 언어, 힘 이데올로기 등을 주로 다루는 페어클러프(Fairclough)를 중심으로 한 '비판적 담화 분석(Critical Discourse Analysis, CDA)'이다. 언어는 사회의 일부이고, 언어적 현상은 특정 유형의 사회적 현상이며, 사회적 현상은 부분적으로 언어적 현상이다.

일반적인 담화 분석의 연구 방법 및 절차로는 참여자 관찰, 자료 수집 및 녹음, 자료의 전사, 분석, 재생(playback) 등의 방법이 있다.

담화의 구조와 유형

담화의 구조는 크게 미시 구조, 거시 구조, 상위 구조등으로 구분된다. 담화의 유형에 대해 국어과 교육과정에서는 '목적에 따른 담화 유형'으로 '정보 전달▶p.116, 설득▶p.114, 친교 및 정서 표현▶p.117'을 제시하고 있다. 또한 담화 생산의 의도나 기능에 따라 '정보 제공 담화(강의, 뉴스, 보도 등), 호소 담화(광고, 설교, 연설 등), 약속 담화(맹세, 선서 등), 사교 담화(잡담, 인사 소개, 환영 인사 등), 선언 담화(임명, 선전 포고 등)'로 나누기도 한다. 또한 듣기·말하기, 화법교육을 위한 구체적인 구어 담화의 유형으로는 '대화, 토의, 토론, 발표, 면담, 면접, 협상, 연설' 등을 제시하고 있다.

교육적 의의

국어과 교육과정에 '담화'라는 용어가 본격적으로 들어오기 시작한 것은 1992년 이후인 제6차 국어과 교육과정 시기부터이다. 즉, 전통적으로 문법 기술과 국어교육에서 주로 문장(sentence) 이하의 단위인 음운, 형태, 통사 부분에 초점을 두었으나, 1990년대 이후부터는 관심의 영역이 담화(discourse)로까지 확대되었다. 당시의 국어과 교육과정 해설서에서는 '담화'에 해당하는 용어로 '이야기'를 선택하여 문법 교과서에도 반영되었는데, "이는 문장보다 한 단계 높은 단위로서, 화자와 청자를 중심으로 나타나는 구체적인 언어 활동은 물론, 문장이 모여서 이루어진 한 덩어리의 글 전체를 의미"하는 것으로 사용했다(교육부, 1995:313).

'담화'라는 용어가 국어과 교육과정과 교과서에 본격적으로 반영되기 시작한 것은, 1997년 제7차 국어과 교육과정에서부터이다. 즉, "사물을 말이나 글로 나타내는 행위가 둘 이상의 연속된 문장으로 이루어졌을 때 이를 담화(discourse)라 한다."고 정의하고 있으며, 담화의 구조와 형식, 담화의 요소[화자, 청자, 장면(맥락)], 표현법(지시어, 높임표현 등)을 강조하고 있다.

2007년 개정 국어과 교육과정에서는 '텍스트'의 대체 용어로 "말하기·듣기에서는 '담화'로, 읽기▶p.38·쓰기에서는 '글'로, 문법에서는 '언어 자료'로, 문학에서는 '작품'으로 사용한다."라는 점을 명시하고 있다. 여기에서 알 수 있는 것은 텍스트를 담화의 상위어로 잡고 있다는 점이다. 아울러 "담화나 글의 의미 해석에 상황 맥락이 관여함을 이해함으로써 상황 맥락을 고려하여 효과적으로 의사소통을 할 수 있는 능력(8학년)" 신장을 강조하였다. 또한 "담화 또는 글 구성의 기본 개념을 이해하여 담화 또는 글을 표현 의도에 맞게 효과적으로 생산하고 비판적·성찰적으로 이해할 수 있는 능력"과 "담화 또는 글의 통일성과 응집성▶p.96을 비판적·성찰적으로 점검하고 담화 또는 글을 통일성과 응집성 있게 생산할 수 있는 능력을 기르는 데 중점(9학년)"을 두었다. 이러한 기조는 이후의 국어과 교육과정에도 대체로 큰 변화 없이 유지되어 오고 있다.

담화는 기본적으로 실제 언어 사용의 맥락 속에서 이루어지는 의사소통 행위이기 때문에 학습자들의 실제 언어 사용 능력을 신장시켜 줄 수 있다는 점에서 큰 의의를 지닌다. 또한 언어 사용의 전략, 해당 언어문화의 관습과 특성을 이해하는 데도 효과적이다. 아울러 비판적 담화 분석을 통해 비판적이고 창의적인 의사소통 능력에도 도움이 된다.

관련 용어

담론, 텍스트

[참고문헌]

김종현(2012). 「국어과 교육과정을 위한 담화 개념의 위상」. 『국어교육학연구』 44, 167-201.

서혁(1996). 『담화의 구조와 주제 구성에 관한 연구』. 서울대학교 박사학위논문.

이원표(2001). 『담화분석』. 한국문화사.

Schiffrin, D.(1994). *Approaches to discourse*. Blackwell Publishers.

Widdowson, H. G.(2007). *Discourse analysis*. Oxford University Press.

맥락 context

정의

맥락은 텍스트▶p.18를 이해하고 생산하는 데 관여하는 텍스트 내적·외적, 텍스트 간의 관련 정보 등을 의미한다. 맥락에 해당하는 영어 context는 라틴어 contextus를 어원으로 한다. contextus는 '함께'를 뜻하는 접두사 con-, 직물을 뜻하는 tex, 행위를 의미하는 접미사 -tus 가 결합된 단어로, 이를 종합하면 '함께 직조하기(직물 짜기)' 정도의 뜻을 갖는다. 한자어 맥락은 '줄기'를 뜻하는 '맥(脈)'과 '이어짐' 또는 '얽힘'을 뜻하는 '락(絡)'이 결합되어 '줄기가 이어지거나 얽힘'을 의미한다. 이러한 어원에 비춰 볼 때 맥락은 텍스트를 구성하는 행위나 텍스트의 관계적, 연결적 존재 양식을 드러내는 단어라고 볼 수 있다. 이는 텍스트가 맥락과 독립하여 존재하거나 맥락과 무관하게는 텍스트로서 작용할 수 없음을 뜻한다. 텍스트를 텍스트로 만들고 동일한 텍스트라도 다르게 해석되는 데에 영향을 미치는 것이 맥락이다. 이는 텍스트를 통한 소통에서 맥락이 매우 중요한 기능을 하고 있음을 시사한다.

개념 범주

맥락을 분류하는 가장 일반적인 방식은 맥락이 어디에 위치하며 작용하는지를 기준으로 텍스트 내적 맥락-텍스트 간 맥락-텍스트 외적 맥락으로 구분하는 것이다. 텍스트 내적 맥락이란 텍스트를 구성하는 요소로 존재하며 텍스트를 이해하고 생산하는 데 관여하는 맥락을, 텍스트 간 맥락이란 텍스트와 텍스트 사이에 존재하는 맥락을 뜻한다. 텍스트 외적 맥락은 텍스트 내에 있지는 않지만 특정 텍스트의 이해와 생산에 직접적으로 관여하는 상황 맥락▶p.149과 이보다 거시적인 사회문화적 맥락▶p.151을 포함한다. 이를 도식화하면 [그림]과 같다.

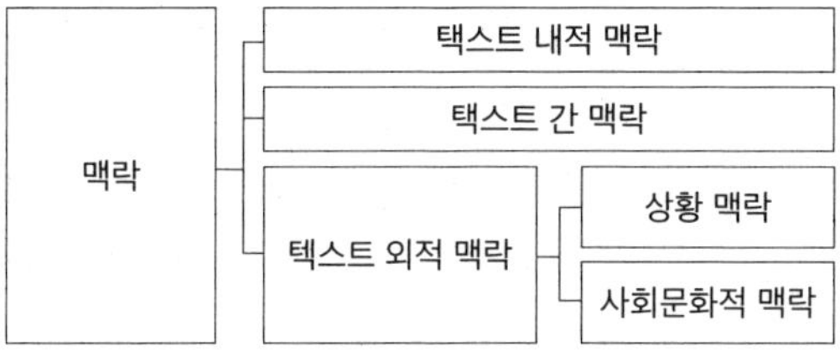

[그림] 맥락의 범주

1. 텍스트 내적 맥락

텍스트 내적 맥락은 텍스트 상에 드러나 있으면서 텍스트의 의미를 이해하거나 생산하는 데 영향을 미치는 맥락을 뜻한다. 지시 및 대용 표현, 유의어의 사용을 통해 만들어진 문법적인 결속 관계(응집성▶p.96, cohesion), 사용된 언어 표현 사이의 의미적인 연결 관계(통일성▶p.94, coherence), 이들을 포괄하는 텍스트의 의미 구조나 글자체와 크기, 편집, 이미지 등과 같은 비언어적 표현 등이 텍스트 내적 맥락으로 작용한다. 텍스트 내에 위치하면서 텍스트의 의미나 용법에 영향을 미친다는 점에서 '문맥(文脈)'과도 유사하다.

(1) 귀가해 보니 옷이 집 안 여기저기 널브러져 있다. 우리 집에서 이런 광경은 드물지 않다.

예문 (1)의 두 문장은 서로 다른 문장의 맥락이 된다. 첫 번째 문장의 '집'이 누구의 집인지 파악하기 위해서는 두 번째 문장의 '우리 집에서'라는 표현이, 두 번째 문장의 '이런'이 지시하는 의미를 알아내기 위해서는 앞 문장에서 기술된 내용이 있어야 한다. 이와 같이 텍스트를 해석한다는 것은 텍스트 상에 표현된 것을 단서로 삼아 의미를 추론해내는 행위로, 텍스트 해석은 일차적으로 텍스트 상에 표현된 언어나 구조 등 내적인 맥락에 의존하여 이루어진다. 최근 다양한 양식(mode)이 복합된 텍스트가 증가하면서 글자체와 크기, 편집, 이미지, 소리 등 비언어적인 요소들도 텍스트를 해석하는 맥락으로 기능한다.

(2)

출처: 공익광고협의회(2004). 이것만은 가르치지 맙시다. 한국방송광고진흥공사

예시 자료 (2)는 공익광고협의회에서 금연 교육을 위해 만든 문자와 이미지로 이루어진 복합양식의 공익광고 텍스트이다. 이 광고의 오른편 상단부에 제시된 문장에서 '이것'의 의미는 '화살표'가 가리키는 방향에 위치한 담배 '이미지'와의 결합을 통해서만 온전히 파악된다. 또한 화살표나 담배 이미지뿐 아니라, 칠판으로 제시된 '배경', 분필 대신에 제시된 담배의 '위치' 등의 비문자적 요소가 언어적 요소와 결합된 것임을 이해해야만 이 텍스트의 의도가 '청소년을 대상으로 한 금연 교육의 필요성'을 강조하는 공익광고임을 해석할 수 있다. 이처럼 텍스트 이해와 생산에 영향을 미치는 텍스트 내에 존재하는 맥락을 텍스트 내적 맥락이라고 한다.

2. 텍스트 간 맥락

텍스트 간 맥락은 상호텍스트적 맥락▶p.28으로도 불리는데, 텍스트의 이해와 생산에 관여하는 그 텍스트와 관련되는 다른 텍스트(들)를 의미한다. 세상의 모든 텍스트는 이미 실현된 텍스트이든 앞으로 실현될 텍스트이든 다른 텍스트들과 관련을 맺으며 존재하고, 서로 영향을 미친다. 이러한 텍스트 사이의 상호 유기적 관계는 읽기▶p.38의 여러 과정에서 관련 텍스트를 읽은 경험을 활용하는 독자▶p.120에게 그리고 선행 텍스트의 토대 위에서 새로운 텍스트를 생산하는 필자에게 맥락으로 작용한다.

> (3) 나의 이름을 불러줘, 너에게 꽃이 되고 싶어.
>
> 〈꽃〉 김춘수
>
> 내가 그의 이름을 불러 주기 전에는 / 그는 다만 / 하나의 몸짓에 지나지 않았다. //
>
> 내가 그의 이름을 불러 주었을 때 / 그는 나에게로 와서 / 꽃이 되었다. //
>
> 내가 그의 이름을 불러 준 것처럼 / 나의 이 빛깔과 향기에 알맞은 / 누가 나의 이름을 불러다오. / 그에게로 가서 나도 / 그의 꽃이 되고 싶다. //
>
> 우리들은 모두 / 무엇이 되고 싶다. / 너는 나에게 나는 너에게 / 잊혀지지 않는 하나의 눈짓이 되고 싶다.

예문 (3)의 필자는 누군가에게 의미 있는 존재가 되고 싶고, 그러한 존재가 되었는지 알고 싶은 애틋한 마음을 김춘수 시인의 〈꽃〉이라는 시를 차용하여 드러내고 있다. 그래서 〈꽃〉이라는 시를 알고 있는 독자와 그렇지 않은 독자에게 이 예문은 그 의미와 의도, 표현상의 효과에 있어 차이가 있을 수밖에 없다. 이 시를 알지 못하는 독자는 이름을 부른 행위의 의미에서부터 이름을 부르는 것과 꽃이 되는 것의 관계를 말하는 (3) 예문을 이해하는 데 어려움을 겪거나 필자의 의도와 다른 방식으로 이해할 가능성이 있다.

이처럼 텍스트 간 맥락은 텍스트를 이해하고 생산하는 데 매우 중요한 의미 구성의 토대로서 기능한다. 필자는 쓰기 과정에서 자신의 텍스트에 대한 독자의 반응을 예상하고 그에 대응하는 내용이나 형식을 선택하는데, 이러한 대화적 행위는 결과적으로 후행하는 텍스트가 '지금, 여기'의 텍스트를 생산하는 데 영향을 미치는 맥락으로 기능할 수 있다.

3. 상황 맥락

상황 맥락은 텍스트의 이해와 생산이 이루어지는 데 직접적으로 관여하는 조건이나 환경을 의미한다. 상황 맥락에는 독자나 필자와 같은 텍스트 이해와 생산 주체의 특성(주체의 자기 인식인 정체성, 주체 사이의 관계, 소통 목적과 의도, 텍스트 주제나 화제에 대한 지식 정도와 관점 등), 텍스트 특성(장르, 주제나 화제, 길이나 분량 등), 시간과 공간, 매체 등이 포함된다. 이러한 상황 맥락은 특정 텍스트의 이해와 생산에 참여하는 사람의 특성이나 조건 및 상황과 결부된다는 점에서 미시적이며 개별적이다.

예를 들어, 두 사람이 동일한 텍스트를 읽더라도 텍스트에 대한 해석과 평가, 느낌이 다른 것은 물론 한 사람이 동일한 텍스트를 읽을 때에도 텍스트에 대한 반응이 달라질 수 있는 것은 상황 맥락이 관여한 결과이다. 같은 텍스트를 10대에 읽을 때와 30대가 되어 읽을 때 텍스트에 대한 해석이나 느낌이 같지 않은 것, 또는 같은 텍스트를 여가로 읽을 때와 시험 준비를 위해 읽을 때 텍스트를 읽는 방법이나 읽은 내용에 대한 반응이 상이한 것은 독자의 연령, 경험, 읽기 목적과 같은 특성이 상황 맥락으로 작용하였기 때문이다. 동일한 화제로 같은 유형의 글을 비슷한 시간과 공간에서 쓰더라도 누가, 어떤 목적으로, 누구를 예상독자로 쓰는가에 따라 텍스트 생산 과정과 결과가 상이해지는 것 또한 상황 맥락이 관여함을 보여 주는 예이다. 이처럼 상황 맥락은 텍스트의 이해와 생산에 직접적으로 작용하는 미시적이고 특정적인 조건이나 환경을 의미한다.

4. 사회문화적 맥락

사회문화적 맥락은 텍스트의 이해와 생산에 영향을 미치는 사회적·문화적·역사적 상황과 그러한 상황을 공유하면서 축적된 공동체 구성원들의 신념, 가치, 지식, 관습, 규범, 기대 등을 총칭한다. 사회문화적 맥락은 사회와 역사 및 문화를 공유하는 공동체 구성원들의 합의를 기반으로 한다는 점에서 상황 맥락에 비해 거시적이고 지속적이며 집단적인 성격을 갖는다. 따라서 한 공동체 안에서 이루어지는 텍스트 이해와 생산의 양상 및 결과는 개별 소통의 장면에 따라 상황 맥락은 상이하지만 사회문화적 맥락은 유사하게 작용한다.

(4) 2002년의 함성이 다시 광화문 광장의 붉은 물결로 되살아났습니다.

(5) [내돈내산] 반려동물 영양 간식 솔직 후기

예문 (4)는 신문 기사 중 일부이고, (5)는 한 블로그에 올라온 글의 제목이다. (4)의 문장의 의미를 온전히 파악하기 위해서는 2002년에 월드컵 축구 경기가 한국에서 개최된 것과 많은 사람들이 '붉은 악마'(국가 대표 축구팀을 응원하는 단체 또는 그 구성원)를 상징하는 붉은색 티셔츠를 입고 광화문 광장에 모여 함성을 지르며 응원하는 한국 특유의 축구 관람 문화에 대한 배경지식이 필요하다. (5)는 반려동물의 영양 간식으로 특정한 상품을 사서 먹여 본 후기를 담은 블로그 글 제목인데, '내돈내산'과 '솔직'이라는 표현을 사용하고 있다. '반려동물 영양 간식 후기' 정도로도 글의 화제를 충분히 드러낼 수 있음에도 제목에 이러한 표현들을 사용한 이유는 이 글이 상업적 목적으로 작성되지 않았음을 명시하려는 의도 때문이다. 이는 과거 일부 블로거가 경제적 지원을 받았다는 것을 알리지 않은 채 상업적 의도를 담은 편향적 정보를 중립적이고 객관적인 것처럼 다루었다는 비판을 받았던 사회적 맥락을 염두에 두면서 자신이 진솔하게 글을 작성하였을 강조하기 위함이다. 이처럼 공동체가 공유하는 지식, 가치, 관습이나 규범 등과 같은 사회문화적 맥락은 텍스트를 이해하거나 생산할 때 큰 영향을 미치는 맥락으로 작용한다.

이상 맥락의 범주를 4가지로 구분하여 설명하였다. 그러나 이들 범주는 개념상으로는 분류가 가능하지만 상호 독립적이지 않으며, 서로 영향 관계에

놓여 있다. 가령, 독자가 읽는 텍스트의 텍스트 내적 맥락은 필자가 텍스트를 생산하는 과정에서 참고한 텍스트 간 맥락, 상황 맥락 및 사회문화적 맥락의 결과로 이들 맥락은 텍스트 내적 맥락을 구성하는 데 기여할 수 있다. 또한 사회문화적 맥락은 상황 맥락에 영향을 미칠 뿐 아니라, 텍스트 이해 및 생산 장면에서 텍스트 내적 맥락이나 텍스트 간 맥락으로 실현되며, 역으로 사회문화적 맥락도 텍스트 간 맥락의 영향을 받아 형성된다.

관점

맥락 범주가 다양한 데에서도 알 수 있듯이 맥락은 복잡한 개념이며, 맥락을 바라보는 관점 역시 다르지만, 맥락에 대한 관점은 맥락을 '객관적인 것, 고정되어 있는 것, 주어진 것'으로 보는 관점과 '주관적인 것, 변형/확대되는 것, 선택/구성되는 것'으로 보는 관점으로 대별할 수 있다. 전자의 관점에서는 맥락을 텍스트 이해 및 생산 참여자들과 독립하여 이미 확정되어 존재하는, 변하지 않는 고정적인 것으로 본다. 후자의 관점에서는 맥락을 참여자들에 의해 구성되는 것으로 봄에 따라, 맥락이 확장 또는 축소, 즉 변형될 수 있는 일시적이고 잠재적인 것으로 간주한다. 이러한 관점에서는 맥락이 실재하는 것이 아니라 구성되는 것으로 보기 때문에 주체마다 맥락에 대한 해석이나 그에 의한 텍스트 이해와 생산의 양상과 결과가 달라진다고 본다.

교육적 의의

국어교육에서는 참여자와 목적, 주제, 시공간 등에 따라 달라지는 언어 활동의 상황성을 소홀히 다루고 언어 활동 상황으로부터 독립된 지식과 기능을 분절적으로 지도해 온 기존의 교육을 반성하는 흐름 속에서 '맥락' 도입의 필요성이 제기되었다. 이에 2007 개정 교육과정에서 국어과의 교육 내용 요소로 맥락 범주가 처음 설정되었으며, 이를 계기로 언어 사용 학습 및 경험, 실천 전반에 있어 실제성과 구체성, 그리고 통합성에 대한 강조가 본격화되었다. 그러나 2011 개정 국어과 교육과정에서는 지식 범주, 2015 개정 국어과 교육과정에서는 수행 범주, 2022 개정 국어과 교육과정에서는 지식·이해 범주의 하위 내용으로 제시되는 등 맥락은 2007 개정 국어과 교육과정 이후로 독립적인 내용 범주로 제시되지 않고 있다. 이는 맥락이 직접적·독립적으로 가르쳐야 할 학습 내용이라기보다는 언어 활동의 실제를 이루며 학습자가 읽고 쓰는 수행 과정에서 이해하고 고려해야 할 요소라고 본 결과라 하겠다. 동시에 언어 활동은 언제나 맥락을 기반으로 하며, 이때 맥락이란 객관적으로 주어지는 것이 아니라 상황 속에서 참여자가 구성하는 것임을 의미한다. 이러한 견지에서 맥락의 도입은 다음과 같은 교육적 의의를 지닌다.

첫째, 맥락의 도입은 '상황적 실천 행위'로서의 언어 활동의 본질을 구현해 낸다. 맥락은 언어 활동에 시공간성을 부여함으로써 활동의 실제성을 강조할 뿐 아니라, 개인 단위의 활동으로 보이는 언어 활동이 기실 그 사회와 문화, 그리고 역사를 반영하고 실현하는 상황적 실천 행위임을 분명히 한다. 이러한 견지에서 맥락의 강조는 언어 활동이 본질적으로 문화, 역사, 사회의 넓은 맥락에 대한 고려와 성찰을 요구하는 실천 능력이자 태도임을 명확히 하는 것이라고 할 수 있다.

둘째, 맥락의 도입은 실제 언어 행위가 그러하듯, 지식과 기능을 분절적으로 학습하는 것을 극복하고, 총체적인 통합체로 학습하고 경험하게 한다. 지식과 기능의 의미와 역할은 특정한 맥락 속에서 통합적으로 존재하며 작용하는 가운데 결정되므로, 분절적일 수 없다. 맥락을 지식이나 기능이 작용하는 기저 원리로 상정함으로써 언어 행위의 실제성과 통합성을 강조할 수 있다.

셋째, 맥락의 도입은 언어 사용에 시공간성을 부여함으로써 학습자들이 언어 사용의 적절성을 역사적, 사회적, 문화적 맥락에서 성찰할 수 있는 계기를 마련해 준다. 그간 국어교육에서는 탈맥락적인 지식 및 기능 학습에 초점을 둠에 따라 의사소통 참여자들이 자신의 언어 행위를 사회나 문화 등 거시적 맥락에서 깊이 있게 사고하고 성찰할 수 있는 기회를 마련하는 데 적극적이지 못했다. 맥락은 언어 사용의 적절성을 판단하는 기준이 되며, 더욱이 맥락의 다양한 범주는 언어 사용의 적절성 판단을 효율성의 차원을 넘어, 사회적이고 윤리적인 차원에서 고려하도록 함으로써 의사소통 참여자들이 자신의 언어 사용을 다각적으로 성찰하도록 한다. 자신의 언어 사용을 역사적, 사회적, 문화적 맥락에서 성찰함으로써 학습자는 비판적·성찰적인 언어 주체로 성장해 나갈 수 있다.

[참고문헌]

김슬옹(2009). 『담론학과 언어분석: 맥락·담론·의미』. 한국학술정보(주).

김재봉(2007). 「2007년 개정 국어과 교육과정과 맥락의 수용 문제」. 『새국어교육』 77, 69-98.

김혜정(2011). 「국어과 교육내용으로서 맥락의 교육적 실행 연구」. 『한말연구』 28, 61-87.

이병규·김희동·김세연(2017). 「국어과 내용으로서의 맥락에 대한 재고」. 『새국어교육』 111, 7-31.

Halliday, M. A., & Hasan, R.(1989). *Language, context, and text: Aspects of language in a social-semiotic perspective*. Oxford: Oxford University.

Van Dijk, T. A.(2008). *Discourse and context: A sociocognitive approach*. Cambridge: Cambridge University Press.

읽기편

읽기

= 독서

전통적으로 읽기란 독자▶p.120가 글(텍스트▶p.18)을 읽고 그 의미를 구성하는 행위를 말한다. 고대에는 읽기가 주로 음독 형태로 수행되었으나 중세 이후부터는 묵독 형태로 발전하였다. 또한 읽기 대상은 읽기 환경의 변화로 문자 중심으로 인쇄된 책뿐만 아니라, 소리와 영상이 혼합된 복합양식의 디지털 매체 자료로도 확대되었다. 한편, 읽기와 유사한 개념으로 독서가 있다. 독서는 일반적으로 책을 읽는 행위 자체를 지칭하는 의미로 사용되기도 하는데 경우에 따라서는 읽기를 포함하는 포괄적 개념으로 사용되기도 한다. 그러나 국어과 교육과정에서는 일반적으로 해독(decoding)▶p.43을 포함하는 읽기가 독서보다 더 포괄적인 개념으로 사용된다.

읽기는 기본적으로 텍스트에 대해 의미를 구성하는 과정이지만 고차원적인 사고 과정, 문제 해결 과정, 문자 언어에 기반을 둔 의사소통 과정, 그리고 사회적 실천 과정 등과 같이 다면적인 의미를 갖는다.

첫째, 읽기는 텍스트에 대한 의미 구성 과정이다. 즉, 읽기는 텍스트를 단순히 음성으로 전환하거나 저자가 텍스트를 통해 전달하려고 하는 의미를 그대로 수용하는 과정만을 가리키는 개념이 아니다. 읽기는 특정한 읽기 맥락▶p.28에서 독자가 자신의 배경지식을 바탕으로 텍스트로부터 의미를 만들어내는 적극적이고 능동적인 의미 구성 과정이다.

둘째, 읽기는 고차원적인 사고 과정이다. 읽기는 매우 짧은 시간에 자동적으로 일어나기 때문에 수동적이고 단순한 과정처럼 보인다. 그러나 읽기는 우선 종이 위의 시각적 정보인 글자를 독자의 배경지식을 토대로 식별하는 과정, 자소와 음소 간의 대응 규칙을 바탕으로 단어를 소리로 전환하는 과정, 그리고 단어에 대한 소리 정보를 토대로 독자의 머릿속에 있는 어휘 목록으로부터 의미를 추출하는 과정 모두를 필요로 한다. 또한 읽기는 문장이나 문단에 명시적으로 드러나 있는 의미뿐만 아니라 겉으로 드러나 있지 않은 의미를 찾아내고, 그러한 의미들 간의 관련성을 발견하여 의미를 종합하고, 그리고 그것의 진위나 가치를 평가하는 과정도 필요로 한다. 나아가, 읽기는 읽기 목적에 맞추어 이러한 과정들이 적절하게 이루어지고 있는지 점검하고 조정하는 과정도 필요로 한다. 이처럼 읽기는 글자 지각이나 단어 재인▶p.45과 같은 낮은 차원의 인지적 과정과 추론, 종합, 평가, 조절과 같은 높은 차원의 인지적 과정 모두를 필요로 하는 고차원적인 사고 과정이다.

셋째, 읽기는 인지적·실제적 문제 해결 과정이다. 독자가 텍스트를 잘 이해하기 위해서는 먼저 단어를 해독하여 머릿속의 어휘집으로부터 단어의 뜻을 추출해야 하며, 글에 명시적으로 나타나 있지 않은 의미도 추론해야 한다. 또한 저자의 집필 의도나 동기도 파악해야 하며, 저자의 의견이나 주장에 대한 타당성도 판단해야 한다. 이처럼 읽기는 텍스트에 대한 의미 구성 과정에서 요구되는 복잡한 인지적 문제들을 해결해 나가야 하는 일련의 과정이다. 또한 최근에는 읽기의 사회적 역할을 강조하면서, 읽기를 실제적 문제 해결 과정으로 보기도 한다. 독자는 읽기를 통해 자신의 삶에서 당면하는 다양한 문제를 해결할 수 있다. 예를 들어 독자는 청소기를 조립하기 위하여 설명서를 읽기도 하고, 취업이나 시험을 준비하기 위하여 수험서를 읽기도 하며, 교양을 쌓거나 재미나 감동을 위하여 교양서나 소설책을 읽기도 한다. 이처럼 읽기는 독자가 자신의 실제적인 삶의 문제를 해결해 나가는 문제 해결 과정이기도 하다.

넷째, 읽기는 의사소통 과정이다. 저자는 시간과 공간을 초월하여 세상의 수많은 것들에 대한 자신의 생각과 느낌을 텍스트를 통해 독자에게 전달한다. 독자는 자신의 지식과 경험을 바탕으로 그것에 대해 반응하고 평가한다. 저자와 독자의 교류가 직접적인 만남으로 이루어지는 것은 아니지만 읽기는 필연적으로 저자가 텍스트를 통해 전달하고자 하는 것과 독자가 텍스트로부터 수용하고자 하는 것이 함께 작용하는 개인 간의 사회적 대화 양상을 취한다. 나아가, 읽기는 저자가 속한 시대나 지역 혹은 집단과 독자가 속한 시대나 지역 혹은 집단 간에 이루어지는 사회적·문화적 의사소통 과정이기도 하다. 이러한 읽기는 저자와 독자가 텍스트를 기반으로 서로의 생각과 감정을 끊임없이 개진하면서 새로운 의미를 만들어 가는 개인 간의 의사소통 과정이며, 집단과 집단, 계층과 계층, 시대와 시대가 만나서 의미를 구성하는 사회적·문화적 의사소통 과정이다.

마지막으로, 읽기는 사회적 실천 과정이다. 기본적으로 읽기는 텍스트에 대해 의미를 구성하는 인지적 과정이다. 그러나 읽기는 독자의 인지적 행위를 넘어서는 사회적 실천의 과정이기도 하다. 읽기는 중립적 실체가 아니라 정치적이고 이념적인 행위이다. 읽기는 개인의 삶과 분리될 수 없는 현재의 사회적 상태에 참여하고, 자신과 세상에 대한 인식을 재구성하며, 그리고 그것을 바탕으로 존재하는 사회적 불평을 해소하는 사회적 실천 행위이다. 이처럼 읽기는 텍스트를 읽는 데 필요한 지식이나 기능이 아닌 보다 바람직한 사회를 위한 의식화 과정인 동시에 저항의 실천 과정이다.

최근에 국어교육에서는 전통적으로 텍스트에 대한 의미 구성 행위를 지칭했던 '읽기'보다는 텍스트에 대한 의미 구성 및 생산 행위를 가리키기 위해 문해력(literacy, 리터러시, 문식성)▸p.12이라는 용어를 보다 빈번하게 사용한다. 읽기 대상도 전통적인 문자 언어에 한정되지 않고 복합양식적 특성을 지닌 매체 자료까지 확대되고 있다.

관련 용어

독서, 독해, 해독, 문해력/문식성, 리터러시

[참고문헌]

교육부(2022). 『국어과 교육과정』. 교육부 고시 제 2022-33호 [별책 5]. 교육부.

Freire, P., & Macedo, D.(1987). *Literacy: Reading the word and the world*. Bergin & Garvey.

Huey, E. G.(1908/1968). *The psychology and pedagogy of reading*. New York: Macmillan.

읽기 능력

읽기 능력은 독자▸p.120가 텍스트▸p.18를 바탕으로 의미를 구성할 수 있는 능력을 말한다. 전통적인 문해 환경▸p.232에서는 문자 중심의 인쇄 매체에 대한 읽기 능력이 주로 강조되었으나, 최근에는 다양한 매체에 기반하여 문해 환경이 변화함에 따라 문자 언어뿐 아니라 영상 언어와 같이 다양한 복합양식 텍스트▸p.18에 대한 의미 구성 능력으로까지 그 개념이 확장되고 있다. 읽기 능력은 주로 해독(decoding)▸p.43 기능과 독해(reading comprehension)▸p.48 기능의 통합적 관계로 설명된다.

해독 기능에는 음운론적 인식(phonological awareness)▸p.44, 발음(phonics), 단어 재인(word recognition)▸p.45, 읽기 유창성(reading fluency)▸p.47 등이 속한다. 독해 기능에는 축어적 재인, 재조직, 추론, 평가, 감상 등이 포함된다. 음운론적 인식이란 '말(word)'의 소리에 대한 인식(음운론적 인식)과 그 소리가 자소에 대응하는 것을 아는 것(phonemic awareness)을 뜻한다. 발음은 글자를 보고 그것을 읽을 수 있는 능력으로, '문자(letter)'의 소리에 대한 지식(자소와 소리의 대응)과 그 지식을 낯선 글자를 읽는 데에 적용하는 능력을 포함한다. 단어 재인이란 단어를 보고 그 발음과 의미를 의식적인 노력 없이 즉시 인식하는 능력이다. 읽기 유창성은 단어나 글을 정확한 발음으로 적절하고 자연스럽게 소리 내어 읽는 것을 가리킨다.

독해 기능으로서 축어적 재인이란 텍스트 문면에 드러난 중심 내용이나 줄거리 등을 파악하는 것이라면, 추론은 텍스트에 표면적으로 드러나 있지 않은 의미까지 생각해 내는 것을 가리킨다. 그 외 비판적으로 분석하며 읽는 평가와 정서적으로 반응하며 읽는 감상 등이 독해 기능으로 다루어진다.

읽기 능력을 구성하는 요인에 대해서는 다양한 관점이 존재한다. 일반적으로 읽기 능력은 전술한 해독 기능과 독해 기능뿐만 아니라 읽기 전략▸p.190,

배경지식(스키마)▶p.217, 그리고 읽기의 정의적 요인으로 읽기 동기▶p.132, 흥미▶p.134, 습관▶p.136, 태도▶p.130, 가치▶p.137 등과 관련되는 것으로 본다. 한철우(2011)에서는 독서 능력의 구성 요소로 문해력의 기초, 한글 해득▶p.295, 어휘력▶p.239, 내용 확인(사실적 이해▶p.165), 추론(추론적 이해▶p.174), 평가(비판적 이해▶p.178) 및 감상(감상적 이해▶p.184)을 제시하였다. 서혁·서수현(2007)에서는 읽기 능력의 구인을 '텍스트 중심, 독자 및 텍스트 중심, 독자 중심'으로 나누고 세부 요소로 어휘, 세부 내용, 대의, 추론, 평가, 반응, 창의를 제시하였다.

읽기 능력은 다양한 하위 요소들이 복합적으로 작용한 결과물로서, 읽기▶p.38의 하위 구성 요소를 조화롭게 학습하여 도달해야 하는 목표점이라고 할 수 있다. 읽기 능력을 정의하고 이를 하위 요소로 구분하여 살펴보는 것은 읽기 교육에서 무엇을 어떠한 위계로 가르치고, 무엇을 평가할 것인가와 관련이 된다. 읽기 능력은 연령에 따라서 일정한 읽기 발달▶p.53 단계를 보이기도 하나, 학습자의 특성에 따라서 다양한 양상으로 나타나기도 한다. 읽기 능력은 모든 학습자들의 일상생활은 물론 학습의 맥락▶p.28에서 매우 중요한 능력에 해당한다. 특히 읽기 능력은 쓰기 능력과 함께 모든 학습자들이 갖추어야 할 기초 문해력(문식성)▶p.60, 각 학년기에 갖추어야 할 기본 문해력의 중요한 부분을 차지한다.

관련 용어

해독, 독해, 스키마, 텍스트, 독자, 사실적 독해, 추론적 독해, 비판적 독해, 읽기 발달

[참고문헌]

서혁·서수현(2007). 「읽기 능력 검사 개발 연구 (1): 읽기 능력 검사의 하위 영역 설정 연구」. 『국어교육』 123, 213-242.

한철우(2011). 『거시적 독서 지도』. 역락.

Afflerbach, P., Pearson, P. D., & Paris, S. G.(2008). Clarifying differences between

reading skills and reading strategies. *The Reading Teacher 61*(5), 364-373.
Gillis, M. B., & Eberhardt, N. C.(2018). *Phonemic awareness and phonics knowledge to practice: 3 (paperbag).* Literacy How Professional Learning Series.

읽기 > 읽기 능력 >

해독 decoding

해독은 자소(grapheme)와 음소(phoneme) 간의 대응 규칙에 대한 지식을 바탕으로 글자를 소리로 전환하는 능력을 말한다. 예를 들어, 간판에 쓰인 '강아지'를 보고 [강아지]라고 빠르고 정확하게 소리 낼 수 있는 능력을 나타낸다.

해독은 아동에게 익숙한 단어를 자동적으로 읽을 수 있도록 할 뿐만 아니라 처음 보는 단어도 정확하게 읽도록 한다. 이것은 낱자 및 낱자의 소리에 대한 지식, 음소 인식 능력, 자소와 음소 간의 대응 규칙에 대한 지식 등으로부터 영향을 받는다. 특히 아동의 음소 인식▶p.44 능력, 즉 하나의 단어를 다른 단어와 구별하게 하는 음소를 확인하고 조작할 수 있는 능력이 해독에 커다란 영향을 준다. 대체로 우리나라 아동은 초등 중학년에서 해독이 자동화되는 반면에, 읽기 부진▶p.62 아동은 초등 중학년까지 해독에 어려움을 보이다가 초등 고학년에서 가서 자동화되는 양상을 보인다.

한편 자소는 음소를 표시하는 최소의 변별적 단위로서의 낱자(자음자와 모음자)를 가리킨다. 음소는 단어의 뜻을 구별하여 주는 최소한의 낱소리를 말한다. 예를 들어, [손]이라는 소리를 표시하는 데 사용되는 낱자 'ㅅ', 'ㅗ', 'ㄴ'은 모두 자소이며, [손]이라는 소리를 구성하는 낱소리 [ㅅ], [ㅗ], [ㄴ]은 모두 음소이다. 그리고 자소와 음소 간의 대응 규칙이란 글자를 이루는 낱자들과 그것의 소리를 이루는 낱소리들이 서로 대응되는 원리를 말한다. 예를 들어 '손'이라는 글자와 그것의 소리인 [손]에서 'ㅅ'과 [ㅅ], 'ㅗ'와 [ㅗ], 'ㄴ'

과 [ㄴ]이 서로 대응되는 관계를 가리킨다. 읽기 이해와 관련하여 해독이 중요한 이유는 그것이 글을 이해하는 과정의 출발점이기 때문이다. 아동이 단어를 해독하지 못하면 그것의 의미를 떠올릴 수 없고 그로 인해 읽기▶p.38의 최종 목적지인 글 이해에 도달할 수 없다. 부진한 해독 능력을 가지고 있는 아동은 많은 노력을 들여도 단어를 자동적으로 읽을 수 없을 뿐만 아니라 그 의미를 떠올리는 데에도 어려움을 겪는다. 결국 그 아동은 글을 이해하는 데 실패하게 된다.

관련 용어

단어 재인, 한글 발음 중심 지도법

[참고문헌]

윤효진·김미배·배소영(2011). 「읽기부진아동의 해독특성」. 『언어청각장애연구』 16, 582-596.

Adams, M. J.(1994). *Beginning to read: Thinking and learning about print*. Cambridge, MA: The MIT Press.

읽기 > 읽기 능력 > 해독 >

음운론적 인식 phonological awareness

음운론적 인식은 음성으로 제시되는 단어, 음절, 음소와 같은 소리의 단위를 인식하고 조작할 수 있는 능력이다. 예를 들어, 음운론적 인식은 '미술'이라는 단어가 [미술]이라는 소리로 들릴 때 그것이 1개의 단어, 2개의 음절, 5개의 음소로 이루어져 있다는 것을 이해하는 능력을 의미한다.

음운론적 인식은 때때로 음소 인식과 혼용되어 사용되기도 한다. 그러나 음소 인식은 특별히 소리의 가장 작은 단위로서 하나의 단어를 다른 단어와 구별하게 하는 음소(phoneme)를 확인하고 조작할 수 있는 능력으로 음운론적 인식의 가장 마지막 단계를 뜻한다. 대개 음운론적 인식은 음소 인식을 포함하는 것으로 받아들여진다. 예를 들어, 음소 인식은 '감'이라는 단어가 음성으로 제시되었을 때 그것이 3개의 음소 [ㄱ], [ㅏ], [ㅁ]로 구성되어 있다는 것을 이해할 수 있는 능력을 말한다.

대체로 좋은 음운론적 인식 능력을 가지고 있는 아동들은 단어를 쉽게 읽을 수 있는 반면에 부진한 음운론적 인식 능력을 가지고 있는 아동들은 단어를 읽는 데 어려움을 겪는다. 따라서 음운론적 인식은 아동들의 초기 읽기 발달▶p.53(예, 단어 해독▶p.43)을 예언하는 중요한 지표가 된다.

관련 용어

해독, 단어 재인, 발생적 문해력

[참고문헌]

Adams, M. J.(1994). *Beginning to read: Thinking and learning about print*. The MIT Press.

Schwanenflugel, P. J., & Knapp, N. F.(2016). *The psychology of reading: Theory and applications*. The Guilford Press.

읽기 > 읽기 능력 > 해독 >

단어 재인 word recognition

단어 재인은 시각적으로 제시된 문자 기호를 보고 그 의미를 이해하는 인지적 처리 기능을 가리킨다. 단어 재인은 시각을 통해 단어를 보고 글자의 형태를 표상하는 지각적 처리 과정, 시각적으로 지각한 단어를 음성으로 바꾸는 음운론적 처리 과정, 그 단어의 의미를 독자▶p.120의 머릿속 어휘사전(mental lexicon, 심성 어휘집)에서 탐색하고 인출하는 어휘 처리 과정으로 이루어진다(Daneman, 1991).

단어 재인 능력은 일정한 발달 단계를 거친다. 즉, 본격적인 문자 학습이 이루어지기 이전 단계에서는 단어의 전체적인 모양(형태)을 기억하여 단어를 재인한다. 그러다가 본격적으로 문자(자소)와 소리(음소)의 대응 관계를 이해하고 소리 내어 읽을 수 있는 **해독**▶p.43 기능을 갖추게 되면 점차 음운론적 처리 과정을 거쳐서 머릿속 어휘사전을 탐색하여 의미를 이해하는 것으로 발달한다. 이러한 단어 재인이 유창해지면 소리 내어 읽기(음독)를 거치지 않고도 의미를 이해하는 묵독 능력을 갖추게 된다. (물론 능숙한 독자라 하더라도 필요에 따라 정확한 의미 처리나 기억을 위해서 종종 의도적으로 음독 전략을 사용하기도 한다.) 단어 재인 능력을 갖추기 위해서는 자소와 음소의 대응 관계를 이해하는 해독 기능을 익히는 것이 필수적이다.

읽기 발달▶p.53 과정에서 단어 재인을 얼마나 빠르고 정확하게 하는가는 읽기 능력에 영향을 미치는 것으로 밝혀졌다. 특히 초기 읽기의 발달에서 단어를 재인하는 능력이 제대로 발달하지 않으면 아동은 능숙한 독자가 되기 어렵다(이차숙 외, 2008). 학습자의 단어 재인 능력을 판별하기 위한 방법으로 단어 카드를 통해 발음과 의미를 파악하는 단어 분석 과제를 제시할 수 있다. 이때 단어를 다른 단어로 대치하여 읽는 현상, 단어의 순서를 바꾸어 읽는 현상, 단어의 위아래를 바꾸어 거꾸로 읽는(반전) 현상, 단어 발음을 못하거나 느리게 읽는 현상 등이 발견된다면 단어 재인 능력이 숙달되지 못한 것으로 볼 수 있다.

구체적인 단어 재인 전략으로는 음운 전략, 통사적 전략, 맥락적 전략이 있다. 음운 전략은 모르는 단어를 읽을 때 글자와 소리값의 관계를 이용하는 전략으로, 낱자(자소)가 각각 어떤 소리(음소)로 읽히는지 대응 규칙을 습득하고, 그 규칙에 따라 단어를 소리 나는 대로 읽은 다음 뜻을 떠올려 보는 것이다. 통사적 전략은 발화된 문장의 통사적인 규칙을 이해하고 그것을 통해 단어의 뜻을 추측하는 것이다. 또한 아동은 세상 경험이나 배경지식을 바탕으로 **맥락**▶p.28 정보를 통해 단어 재인을 함으로써 단어의 뜻을 추측하기도 한다.

예를 들어 물건을 사는 상황이라면 '슈퍼'이라는 단어를 보고 [슈퍼]라고 소리 내어 읽지 못하더라도 물건을 사러 간 경험을 통해 /슈퍼/를 떠올리고 추측하여 말할 수도 있다.

관련 용어

해독, 유창성, 독해

[참고문헌]

이차숙(1999). 「읽기 과정에서 단어 재인의 역할에 대한 이해」. 『유아교육연구』 19(1), 133-150.

이차숙·김주아·남효선(2008). 「유아의 음운 인식과 단어읽기 간의 관계에 관한 연구」. 『유아교육연구』 28(5), 5-26.

Daneman, M.(1991). Individual differences in reading skills. In R. Barr, M. L. Kamil, P. B. Mosenthal, & P. D. Pearson(eds.). *Handbook of reading research 2*, 512-538. New York: Longman.

Stanovich, K. E.(1986). Matthew effects in reading: Some consequences of individual differences in the acquisition of literacy. *Reading Research Quarterly 21*(4), 360-407.

Stanovich, K. E.(1991). Word recognition: Changing perspectives. In R. Barr, M. L. Kamil, P. Mosenthal, & P. D. Pearson(eds.). *Handbook of reading research 2*, 418-452. New York: Longman.

읽기 유창성 reading fluency

읽기 유창성은 글을 빠르고 정확하면서도 적절한 의미 단위로 띄어 읽을 수 있는 능력이다. 이것은 정확성(accuracy), 속도(speed), 표현성(prosody)으로 구성되는데, 정확성은 글에 있는 단어를 올바르게 해독할 수 있는 능력, 속도는 거의 인지적 노력을 들이지 않고 글을 빠르게 해독▸p.43할 수 있는 능력, 그리고 표현성은 글에 감정을 실으면서 적절한 의미 단위로 띄어 읽을 수 있는 능력을 가리킨다.

읽기▶p.38 연구자가 어린 아동의 읽기 유창성 발달에 관심을 갖는 이유는 대체로 두 가지이다. 하나는 읽기 유창성이 어린 독자▶p.120가 의미를 구성하는 능숙한 독자로 성장하기 위해서 반드시 습득해야 하는 선행 읽기 능력▶p.41이기 때문이다. 다른 하나는 아동의 읽기 유창성이 발달하면 단어를 해독하는 데 필요한 인지적 부담을 덜어 주어 제한된 인지적 주의의 대부분을 글의 의미를 파악하는 데 사용할 수 있기 때문이다.

아동의 읽기 유창성은 자동성과 표현성 측면에서 평가되는데 자동성은 아동이 학년 수준에 맞는 글에 들어 있는 단어(어절)를 1분 동안 정확하게 읽은 백분율로, 그리고 표현성은 글을 적절히 억양을 조절하며 의미 단위로 띄어 읽는 수준으로 평가된다. 그리고 아동의 읽기 유창성을 촉진하는 가장 효과적인 방법은 아동의 읽기 수준에 알맞은 글을 반복적으로 읽게 하는 것이다.

관련 용어

읽기 발달 단계, 단어 재인, 정보처리 이론

[참고문헌]

윤준채·송영복(2010). 「다문화 가정 아동의 읽기 유창성 평가 및 지도」. 『독서연구』 23, 207-228.

Chall, J.(1983). *Stages of reading development*. McGraw-Hill Company.

National Reading Panel(2000). *Report of the National Reading Panel: Teaching people to read*. National Institute of Child Health and Human Development.

읽기 > 읽기 능력 >

독해 reading comprehension

= 읽기 이해

독해란 독자▶p.120가 텍스트▶p.18로부터 의미를 능동적으로 구성하는 인지적 과정이다. 해독▶p.43이 자소(grapheme)와 음소(phoneme) 간의 대응 규칙에 대한 지식을 바탕으로 글자를 소리로 전환하는 능력이라면, 독해는 텍스트를 의미 있는 전체로 인식하는 본격적인 의미 구성의 과정이다. 만약 학생이 소리 내어서 글을 읽을 수는 있지만 읽은 내용을 설명하지 못하거나, 개별 단어의 뜻은 알고 있지만 그것을 연결하여 문장의 전체적인 의미를 이해하는 데에 어려움이 있다면, 해독 능력은 발달하였지만 독해 능력은 발달하지 않은 것이라 할 수 있다. 독해는 읽기▶p.38의 본질적인 부분을 차지하므로 읽기와 같은 의미로 사용하기도 한다.

독해는 독자가 텍스트와의 상호 작용을 통해 의미를 형성하는 의도적 사고 과정(Durkin, 1993)이기도 하다. 이는 독해가 독자의 의도적이고 문제 해결적인 사고라는 점을 말해 준다. 즉, 독해는 텍스트에 제시된 단어나 문장의 의미만을 기계적으로 결합하는 것이 아니라 글 전체의 의미를 독자가 능동적으로 구성해 내는 것을 뜻한다. 글 속에는 글쓴이의 의도가 반영되어 있고, 그 의도가 글의 의미를 결정하는 중요한 부분이지만, 그것이 전부는 아니다. 같은 글을 읽고서도 독자마다 다르게 이해하는 것은 독자마다 자신의 지식이나 경험을 바탕으로 글의 의미를 다르게 구성했기 때문이다.

의미 구성 과정에서 독자는 단어와 단어, 문장과 문장, 문단과 문단이 이어지는 텍스트 전체의 의미를 구성하는 것이 필요하다. 단어 각각을 개별적으로 지각하고 재인하는 데에서 나아가 이것이 문장을 이루었을 때 의미가 어떻게 변화되는지, 다른 단어와 어떤 관련을 맺고 있는지 문장 전체의 의미를 도출하는 것이다. 이는 문장과 문장이 이어지는 단락의 의미, 단락과 단락이 이어져서 텍스트 구조▶p.101를 이루는 텍스트 전체에서 의미를 구성하는 것으로 확장되어야 한다.

또한 의미 구성 과정에서 독자는 추론 능력을 바탕으로 글에 나타난 단서와 자신의 배경지식을 활용하여 제시되지 않은 정보, 언급되지 않은 내용을 메워 나갈 수 있어야 한다. 이 과정에서 독자는 텍스트와 상호 작용하며 다양한 층위에서 의미를 구성할 수 있다. 가령 독자는 명시적인 의미, 확장된 의미, 잠재적인 의미를 구성할 수 있다(김봉순, 2015). 명시적인 의미는 텍스트에 명시된 단서를 사용하여 텍스트의 의미를 응집적으로 구성하는 것이다. 확장된 의미는 글에 명시된 요소와 글 밖의 요소를 연결하여 새로운 의미를 구성하는 것이다. 잠재적 의미는 텍스트에 전제되어 있거나 배경화 되어 깔려 있는 행간의 의미를 독자의 배경지식을 활용하여 구성하는 것이다.

전통적으로 독해 과정과 관련한 모형▶p.75은 크게 상향식 모형, 하향식 모형, 상호 작용식 모형의 3가지로 구분된다. 상향식 모형은 독해 과정이 음절, 단어, 문장, 문단, 글의 순서에 따라 텍스트의 작은 언어 단위의 분석에서부터 점차 큰 언어 단위의 분석으로 나아가는 과정이라고 본다. 독해의 요소로 텍스트 자체를 중시하는 관점이다. 반면 하향식 모형은 독자가 자신의 배경지식(스키마)▶p.217을 바탕으로 글 전체에 대한 가정이나 예측을 하며 글을 읽어나가고 글의 의미를 확인하고 수정해 나가면서 의미를 구성해 나가는 과정이라고 본다. 독자와 스키마를 더 강조하는 관점이다. 한편 상호 작용식 모형은 독해 과정에서 상향식과 하향식 모형이 모두 작동된다고 보며, 독자와 텍스트의 상호 작용을 강조한다. 상향식 모형이나 하향식 모형에 비해서는 상호 작용식 모형이 더 일반적으로 받아들여지고 있다. 이 세 모형은 모두 개별 독자의 인지적 처리 과정에 중심을 두고 있다는 점을 특징으로 한다. 최근에는 이에 대한 비판으로 사회문화적 모형이 강조되고 있는데, 텍스트에 대한 의미 구성 행위 자체가 기본적으로 사회적 행위로서 담화공동체에서 독자들 사이의 의사소통과 상호 작용의 결과라고 보는 관점이다.

독해는 의미를 구성하는 인지 처리의 방법과 수준에 따라 일반적으로 사실적 독해▶p.165, 추론적 독해▶p.174, 비판적 독해▶p.178, 감상적 독해▶p.184, 창의적 독해▶p.188로 구분하기도 한다. 사실적 독해는 중심 내용, 세부 내용 등과 같이 주로 글의 축어적인 의미를 구성하는 것이다. 추론적 독해는 텍스트에 제시되지 않거나 생략된 정보를 구성해 내는 것을 의미한다. 비판적 독해는 글의 숨겨진 의도나 필자의 주장에 대한 평가를 하는 것이다. 감상적 독해는 글을 읽고 깨달음을 얻거나 즐거움을 느끼는 것이며, 창의적 독해는 글 내용을 바탕으로 새로운 아이디어를 떠올리며 읽는 것을 의미한다. 추론적 독해나 비판적 독해는 글의 생략된 의미, 글의 숨겨진 의도, 필자나 상황에 대한 판단 등 글의 심층적인 의미까지 구성한다는 점에서 독해의 수준이 달라진다고 볼 수도 있다. 독해는 읽기 전체 과정에서 가장 핵심이 되는 중요한 부분으로서 독해 방법에 대한 지도는 읽기 지도에서 필수이자 핵심이 된다.

다음은 **북 클럽**▶p.285이 끝난 후 학생이 쓴 일기이다. 북 클럽에서 이루어진 독해를 여러 수준에서 분석해 보자.

> 이번 주 북 클럽에서는 마키아벨리의 『군주론』을 읽고 토론을 하였다. 먼저 사회자가 군주론의 핵심적인 내용을 요약해서 알려 주었고, 군주론을 읽으면서 잘 이해되지 않았던 부분을 질문하고 함께 해당 부분을 다시 읽으면서 답해 보았다. 사회자의 요약을 듣고 친구들과 문맥을 다시 살펴보니 내가 놓친 행간의 의미를 이해하게 되었다. 군주는 사랑받기보다는 두려움의 대상이 되어야 한다는 군주론의 내용에 크게 공감하고 새롭게 깨닫게 된 부분이 많았다는 친구들도 있었지만 권력을 유지하기 위해 비도덕적인 행위도 정당화 될 수 있다며 문제점을 지적하는 친구들도 있었다. 마지막으로 군주론을 통해 오늘날에 필요한 지도자상에 대해 이야기를 나누었는데, 새로운 지도자 유형이 다양하게 나와서 흥미로웠다.

북 클럽에서 사회자는 『군주론』의 핵심적인 내용을 요약해 주었는데, 여기에는 사실적 독해가 작용했다. 그리고 잘 이해되지 않았던 부분을 질문하고 답하며 혼자 읽을 때 놓친 글의 단서를 찾고, 서로의 배경지식을 나누며 행간의 의미를 이해하게 된 것은 추론적 독해가 이루어진 것이다. 군주론의 주장에 공감하며 찬성한 학생은 감상적 독해를 통해 군주론을 이해하였고,

그러한 관점이 지닌 문제를 지적한 학생은 비판적 독해를 통해 군주론을 이해하였다. 오늘날의 필요한 지도자상에 대해 이야기를 나누는 것은 창의적 독해에 해당한다. 이처럼 독해는 독자가 텍스트로부터 능동적으로 의미를 구성하는 과정에서 다양한 수준에서 일어날 수 있으며, 이에 대한 독해 방법에 대한 지도는 읽기 지도에서 필수이자 핵심이 된다.

한편, 어윈(Irwin)은 독해의 과정▸p.77을 크게 미시 과정, 통합 과정, 거시 과정, 정교화 과정, 초인지(상위인지)▸p.192 과정으로 구분하기도 한다. 미시 과정은 독자가 텍스트를 읽어 나가면서 명제나 개별 문장 수준에서 의미를 구성하는 과정이다. 통합 과정은 절이나 문장 사이의 관계를 이해하거나 추론하는 과정이다. 거시 과정은 글의 주제와 구조를 파악하여 글 전체의 의미를 파악하는 과정이다. 정교화 과정은 텍스트에 제시되어 있지 않은 내용이나 필자가 의도하지 않은 정보를 독자의 배경지식 등을 통하여 추론하는 과정이다. 초인지 과정은 독서 목적에 맞추어 이러한 과정을 조절하는 과정이다.

관련 용어

독해 과정 모형, 어윈(Irwin)의 독해 과정, 읽기 방법

[참고문헌]

김도남(2003). 「텍스트 의미의 위치와 이해 과정에 대한 교육적 인식」. 『독서연구』 9, 59-87.

김봉순(2015). 「읽기교육에서 텍스트 의미 추론의 이론과 실제」. 『텍스트언어학』 38, 1-25.

노명완·윤준채·정혜승·최영환·이형래·이천희·서혁·김라연·박정진·이순영·옥현진·조병영(2011). 『독서교육의 이해: 독서의 개념·지도·평가』. 한우리북스.

이순영·최숙기·김주환·서혁·박영민(2015). 『독서교육론』. 사회평론아카데미.

천경록·이경화·서혁 공역(2012). 『독서 교육론』. 박이정, Irwin, J. W.(2006). *Teaching reading comprehension processes*(3rd ed.). Boston: Pearson College Div.

Anderson, R. C.(1984). Role of the reader's schema in comprehension, learning, and memory. *In Learning to Read in American Schools: Basal Readers and Content Texts*, 243-257. Lawrence Erlbaum Associates.

Anderson, R. C., & Pearson, P. D.(1984). A schema-theoretic view of basic processes in

reading. In P. D. Pearson(ed.). *Handbook of reading research 1*, 185-224. New York: Longman.
Durkin, D.(1993). *Teaching them to read*(6th ed.). Boston, MA: Allyn and Bacon.
Snow, C.(2002). *Reading for understanding: Toward an R&D program in reading comprehension*. RAND Corporation.

읽기 > 읽기 능력 >

읽기 발달 reading development

읽기 발달은 독자▸p.120가 읽기 능력▸p.41을 성취해 가는 일련의 과정을 의미한다. 독자의 읽기 발달은 개인의 능력과 환경에 따라 개인차가 있지만, 일반적인 경향성을 보여서 발달 단계 모형으로도 제시된다.

읽기 발달 연구는 초기 문해력 시기의 문자 깨치기에 초점을 둔 연구와 생애 전반을 대상으로 하는 연구로 대별하여 살펴볼 수 있다. 메이슨과 메코믹(Mason & McCormick, 1981)은 유아의 초기 읽기 발달 과정을 맥락적 단서에 의해서만 글자를 인식하는 단계, 글자와 소리를 대응시킬 수 있는 단계, 단어를 읽고 해독▸p.43할 수 있는 단계로 제시하였다. 설즈비(Sulzby, 1985)는 읽기 발달 과정을 독자가 이야기 책을 읽는 과정 중심으로 설명하였다. 설즈비(1985)에 따르면, 아동 독자는 이야기가 형성되지 않은 그림 읽기 단계, 이야기를 형성하는 그림 읽기 단계, 문어식으로 읽기를 시도하는 단계, 글자 중심으로 읽기를 수행하는 단계로 발달한다.

전 생애적 독서 발달을 고려한 논의로는 찰(chall, 1983, 1996), 오도널과 우드(O'Donnell & Wood, 1992), 천경록(1999, 2020), 이순영 외(2017) 등이 있다. 챌(1983, 1996)에서는 앞선 연구를 총괄하면서 6단계의 읽기 발달 단계를 제시하였다. 챌(1996)에서는 읽기 발달 단계를 0단계부터 5단계까지 총 6단계로 구분하고, 각 단계의 특징적인 읽기 발달의 양상과 독자에게 요구되는 읽기 과업을 제시하였다. 0단계는 읽기 전 단계(Pre-reading)(0세~약 6세)로, 이 시기는 부모나 양육자가 책을 읽어 준 경험을 통해 글자와 책에 대한 개념이 발생하는 시기이며, 3~4세 정도가 되면 어른이 읽어 준 책의 내용을 이해하고 그런 경험을 바탕으로 '읽는 것처럼 흉내내는 행동'을 하는 유사 읽기(pseudo reading)의 시기이다. 이 연구에서는 읽기 전 단계로서 0단계를 설정하여 실제 읽기를 하기 이전 단계 역시 읽기 발달의 일부임을 강조하였다는 점이 특징이다. 1단계는 문자와 소리의 대응 관계를 연결하여 글을 읽는 초기 읽기 단계(Initial Reading)(초등학교 1~2학년), 2단계는 읽기가 유창해지는 단계(Confirmation and Fluency)(초 2~3학년), 3단계는 학습을 위해 다양한 글을 읽게 되는 학습 독서 단계(Reading for Learning the new)(4~6학년, 7~8학년), 4단계는 더욱 다양한 지식과 하나 이상의 관점을 다루는 다중관점 읽기 단계(Multiple Viewpoints)(14~18세), 5단계는 읽은 내용을 구성하고 자신의 관점에서 재구성하는 구성 및 재구성 단계(Construction and Reconstruction)(18세 이후)로 설명하고 있다.

천경록(1999)에서는 국내 학제를 고려하여 유치원 시기와 초중등 학교 교육 시기의 읽기 발달 단계를 제안하였다. 독서 맹아기(출생~유치원), 독서 입문기(초등학교 1~2학년), 기초 기능기(초등학교 3~4학년), 기초 독해기(초등학교 5~6학년), 고급 독해기(중학교 1~2학년), 읽기 전략기(중학교 3학년~고등학교 1학년), 독립 독서기(고등학교 2~3학년)의 7단계를 제시하였다. 이에 더불어 일반적인 발달에 비해 읽기 발달에 지연이 있어 교정 읽기나 치료 읽기가 필요한 상태에 대한 정보도 함께 제시하였다. 이러한 논의를 바탕으로 천경록(2020)에서는 독서 발달 단계를 수정 제안하였다. 독서교육이 사회교육과 긴밀히 연계되어야 한다는 관점에서 독서의 발달을 곧 독자 발달로 상정하고, 유아 독자, 어린이 독자, 청소년 독자, 성인독자의 큰 범주를 설정하였으며, 어린이 독자와 청소년 독자의 경우에는 전기, 중기, 후기로 세분화하여 각 단계별로 '읽기 맹아기, 읽기 입문기, 기능적 독서기, 공감적 독서기, 전략적 독서기, 비판적 독서기, 종합적 독서기, 독립적 독서기'로 제안하였다. 각 읽기 발달 단계에서 요구되는 과업이 명칭에서 보다 명료하게 파악되도록 하였고, 그와 관련된 독자상을 제시한 점이 특징이다.

한편 이순영 외(2015)에서는 앞선 읽기 발달 연구를 망라하여 '독서 준비기, 독서 입문기, 독서 유창성기, 독서 자립기, 독서 정교화기'로 범주화하였다. 이는 독자의 전 생애적 독서 발달 단계를 고려한 것으로서 독서 준비기는 아직 글을 읽을 수는 없지만 예비 독서가로서 읽기 준비도▶p.56를 갖추는 시기이다. 독서 입문기는 글자와 소리의 규칙 관계를 이해하고 스스로 글을 해독할 수 있는 시기로 주로 초등학교 1학년이 해당된다. 이러한 해독 기능의 발달을 통해 독서를 위한 기본 능력을 갖추게 된다. 독서 유창성기는 보다 정확하고 빠르게 읽을 수 있는 능력, 즉 유창성을 확립하는 시기이다. 주로 초등학교 2학년에서 3학년까지 이르는 시기로, 독자는 해독이 자동화됨으로써 독해▶p.48로 나아가는 단계이다. 독서 자립기는 묵독에 기반하여 다양하고 높은 수준의 독해를 할 수 있으며 학습을 목적으로 한 독서가 주로 이루어진다. 주로 초등학교 중학년 이후의 시기가 이에 해당한다. 독서 정교화기는 다양한 관점의 독해가 가능한 단계로 단일한 관점에 입각한 읽기를 넘어 다양한 관점을 바탕으로 의미를 구성하며 이를 자신의 관점에서 재구성 및 정교화하는 능력을 갖추게 되며 이때는 고등학교 이후의 단계에 해당한다.

읽기 발달 단계에 대한 연구는 대체로 나이나 학년 등의 구분 기준을 설정하고 각 단계에 맞는 읽기 과업(각 단계에 독자가 성취해야 하는 발달 과업)을 제시하고 있다. 이를 기반으로 학습 독자의 읽기 발달상의 특성을 알면, 학습 독자의 읽기 발달 단계에 따라 적절한 수준과 방법의 읽기 교육을 실천할 수 있다. 다만 읽기 발달은 나이나 학년에 따라 자연스럽게 습득되는 것이 아니라, 학습 독자가 처한 환경이나 교육 여건의 영향을 받는다. 그러므로 읽기 발달 단계의 나이나 학년을 절대적인 기준으로 삼아 읽기 부진▶p.62 독자, 또는 미숙한 독자를 판별하는 것은 지양해야 한다.

[참고문헌]

이순영·최숙기·김주환·서혁·박영민(2015). 『독서교육론』. 사회평론아카데미.

천경록(1999). 「읽기의 개념과 읽기 능력의 발달 단계」. 『청람어문교육』 21(1), 263-282.

천경록(2020). 「독서 발달과 독자 발달의 단계에 대한 고찰」. 『국어교육학연구』 55(3), 313-340.

Chall, J.(1996). *Stages of reading development*(2nd ed.). New York: McGraw Hill.

Gunning, T. G.(2010). *Creating literacy instruction for all students*. Boston: Auyn & Bacon.

Mason, J. M., & McCormick, C.(1981). *An investigation of prereading instruction: A developmental perspective* (Tech. Rep. No. 224). Center for the Study of Reading, Urbana: University of Illinois.

Sulzby, E.(1985). Children's emergent reading of favorite storybooks: A developmental study. *Reading research quarterly*, 458-481.

읽기 > 읽기 능력 > 읽기 발달 >

읽기 준비도 reading readiness

읽기 준비도란 읽기▶p.38나 읽기 학습을 위해서 필요한 인지적 능력, 독서에 관여하는 감각 기관 및 신체의 발달, 음성 언어 능력 등의 조건이 갖추어진 정도를 말한다. 성숙주의 관점에서 제시된 개념으로서 아동이 글을 읽기 위해 필요한 인지적·신체적·정의적·사회적 측면에서 준비가 되었을 때 비로소 읽기 교육을 할 수 있다는 문해력▶p.12 발달에 관한 관점을 담고 있는 용어이다. 이에 따르면 한 개인이 책을 읽기 위해서는 읽기를 할 수 있는 인지적인 능력, 독서에 관여하는 감각 기관 및 신체의 발달이 선행되어야 한다. 뿐만 아니라, 책 읽기에 대한 흥미와 관심, 음성 언어 능력의 발달, 문자 언어에 노출되는 환경 등 여러 조건이 준비되었을 때 읽기 준비도를 갖추었다고 할 수 있다.

문해력 발달 이론은 시대에 따라 아동의 문해력 발달에 대한 관점을 달리 해 왔는데 대체로 성숙주의, 행동주의, 상호 작용주의, 사회적 상호 작용주의 관점을 통해 아동의 문해력 발달을 설명한다. 성숙주의 관점은 아동의 문해력 발달이 일정한 정신 연령이 되어 자연스럽게 일어난다는 것이고, 행동주의는 체계적인 교수학습을 통해 조기에도 문자 학습이 가능하다고 보는 관점이다. 상호 작용주의는 개인이 물리적 환경과 상호 작용함으로써 일어난다고 보는 관점이고, 사회적 상호 작용주의는 문해력 발달을 위한 사회문화적 환경을 중시하는 관점이다. 이러한 문해력 발달 이론의 문자 언어에 대한 학습관을 살펴보면 다음과 같다. 성숙주의 관점에서는 아동이 읽기를 학습할 준비가 될 때까지 자연적으로 성숙하기를 기다려야 한다고 본다. 행동주의 관점에서는 체계적으로 가르치면 조기에도 문자 언어 학습이 가능하다고 보아 읽기 학습을 위한 기초 기능 학습을 강조하였다. 상호 작용주의 관점에서는 사고 발달 단계에 따라 언어 습득이 이루어진다고 보았고, 사회적 상호 작용주의 관점에서는 출생 직후부터 성인과의 상호 작용을 통해 문자 언어 학습이 가능하다고 보아 가르치지 않아도 아동은 문해 환경 속에서 자연스럽게 이를 학습할 수 있다고 하였다. (노명완·이차숙, 2002: 67-76 참고) 이 중 성숙주의와 행동주의 이론 측면에서 문자 학습에 대한 관점을 읽기 준비도 개념을 통해 구체적으로 살펴볼 수 있다.

1900년대에만 해도 아동의 학교 입학 이전의 문해력에 대해서는 거의 관심을 가지지 않다가 1920년대가 되면서 유아기를 문해력 준비의 시기로 인식하게 되었다. 그러면서 읽기를 위해 어떠한 기능과 요건이 필요한지에 관한 연구가 이루어졌는데, 이 과정에서 성숙주의 관점의 읽기 준비도 개념이 제시되었다. 이에 따르면 읽기 학습이 적합한 시기는 6세 중반이다(Morphett & Washburne, 1931). 이 관점의 주요 주장은 글을 읽고 쓰는 능력은 적절한 때가 되면 자연스럽게 발달하는 것이니 아동이 효과적으로 배울 수 있는 적절한 시기까지, 즉 아동이 학습할 수 있는 준비가 될 만큼 성숙할 때까지 읽기를 가르치지 않아야 한다는 것이다. 1950년대 무렵까지는 성숙주의에 기반한 읽기 준비도 개념이 지배적이어서, 미국에서는 유아가 읽기 및 쓰기에 필요한 기능과 요건을 갖추게 되는 6세 이전까지는 주로 듣기·말하기 중심의 교육을 하고, 6세 중반부터 읽기를 학습한 후 쓰기를 학습해야 한다는 인식이 공유되었다.

이후 행동주의 관점에서는 체계적인 교육과 연습을 통해 더 이른 시기에 '준비도'를 갖출 수 있다고 보고 유아들의 읽기 학습을 위한 기초 기능 학습(시각적·청각적 식별, 소근육 운동 등)을 강조하였다. 이러한 관점은 아동에게 기초 기능을 체계적으로 가르치기만 하면 조기에도 읽기 학습이 가능하다고 본다는 점에서 아동을 문해력 학습에서 수동적인 존재로 인식한다는 문제가 있고, 문해력 발달을 위해 필요한 유아기의 유의미한 상호 작용에 대해서는 간과한다는 점 등이 한계로 지적되었다. 이러한 이유로, 읽기 준비도 관점은 아동의 문해력 발달을 바라보는 주된 관점 중 하나였지만 1980년 이후 대두된 발생적 문해력▶p.58 개념에 의해 비판을 받게 된다.

[참고문헌]

김혜정(2015). 「문식성 발달 이론과 국어과 교육 내용으로서 문식성에 대한 검토」. 『국어교육연구』 36, 463-493.

박태호·이경화·이향근·안부영·최민영 공역(2015). 『읽기 교육 이론의 새로운 지평: 심리학, 언어학, 교육학의 학제적 접근과 실제』. 아카데미프레스, Tracey, D. H., & Morrow, L. M.(2012). *Lenses on reading: An introduction to theories and models*. The Guilford Press.

이순영·최숙기·김주환·서혁·박영민(2015). 『독서교육론』. 사회평론아카데미.

Morphett, M. V., & Washburne, C.(1931). When should children begin to read? *Elementary School Journal 31*, 496-508.

읽기 > 읽기 능력 > 읽기 발달 >

발생적 문해력 emergent literacy

= 잠재적 문해력, 발현적 문해력

발생적 문해력이란 출생 이후부터 형식적인 읽기 및 쓰기 교육이 시작되는 시기까지 유아 및 아동이 읽기▶p.38와 쓰기에 대한 개념, 읽고 쓰려는 행동이나 성향을 보이는 것을 의미한다(Teale & Sulzby, 1989). 발생적 문해력은 문해력 발달의 초기를 지칭함과 동시에 문해력▶p.12 발달에 대한 관점이 내포된 표현이다. 발생적 문해력 관점에 의하면 문해력은 인간이 태어난 이후부터 적절한 경험과 상호 작용에 의해서 발달한다는 것이다.

발생적 문해력 관점에서 문해력 발달의 특성은 다음과 같다. 첫째, 문해력의 발달은 출생과 함께 시작되어 지속적으로 진행된다. 둘째, 그 과정에서 아동의 듣기, 말하기, 읽기▶p.38, 쓰기 능력이 서로 영향을 주며 읽기 및 쓰기에 노출되는 것뿐 아니라 아동이 말하고 이야기했던 경험들도 문해력 발달에 영향을 준다. 셋째, 읽기와 쓰기는 동시에 발달한다.

발생적 문해력은 아동의 초기 문해력 발달을 성숙주의에 입각하여 '읽기 준비도(reading readiness)▶p.56' 관점에서 논의해 온 것에 대한 비판적 인식을 담고 있다. 읽기 준비도 관점에서는 아동이 읽기를 학습하기 위한 신체적·정신적 준비가 되어야 하는데, 그 시기는 6세 중반 정도가 적합하므로 그 이전에는 읽기에 대한 지도를 하지 않아야 한다고 보았다. 이러한 성숙주의 관점에 따르면 읽기 학습이 준비되는 특정 시점 이전의 풍부한 문해 환경 및 아동을 둘러싼 상호 작용에 대해 간과하게 되는 문제가 있다.

읽기 준비도 관점을 비판하며 대두된 발생적 문해력 관점을 통해, 유아 시기의 문해력과 관련된 행동은 비록 그것이 성인의 효율적인 읽기의 기준에 미치지 못하더라도 그 자체가 유의미한 읽기 행동이며 문해력 발달 과정의 일부분이라고 인식하게 되었다. 예를 들어 아동이 책을 스스로 펼치고 넘기며 그림을 보고 이야기를 만들어 내거나, 부모가 읽어 준 내용을 기억하여 읽는 흉내를 내는 것 등 글자와 소리의 관계에 관심을 갖는 읽기 행동을 읽기를 위한 사전 단계가 아닌 그 자체가 읽기의 한 부분이라고 보는 것이다. 또한 20개월의 유아가 책을 넘기며 옹알이를 하는 것은 실질적인 읽기로 보기 어려울 수 있지만, 발생적 문해력 관점에서 보면 책에 대한 인식이 생긴 것뿐 아니라 기호를 음성화하는 것이 읽기라는 개념을 갖게 된 것으로 볼 수 있으므로 그 자체로 유의미한 읽기 행동으로 간주된다.

발생적 문해력 이론에서는 아동의 가정 및 사회 환경이 아동의 문해력 발달에 큰 영향을 미친다고 보기 때문에 아동을 둘러싼 풍부한 문해 환경을 강조한다. 또한 형식적이고 직접적인 읽기 지도보다는 일상생활 속에서 유아에게 책을 자주 읽어주며 그와 관련된 대화를 나누는 등 **읽기 활동**▶p.276에 자연스럽게 접근하는 방식을 권장한다. 발생적 문해력 이론은 아동의 문해력 발달을 설명하고, 해당 시기에 필요한 교육 방법을 제시한다는 점에서 의의가 있다.

관련 용어

읽기 발달, 가정 문해력, 읽기 준비도

[참고문헌]

김영란·옥현진·서수현 공역(2014). 『문식성: 문자 언어 생태학 개론』. 연세대학교 대학출판문화원, Barton, D.(2006). *Literacy : An introduction to the ecology of written language*(ed.). Wiley-Blackwell.

서혁·윤준채·이소라·류수경·오은하·편지윤·윤희성·변은지·한지수 공역(2021). 『독서심리학』. 사회평론아카데미, Schwanenflugel, P. J., & Knapp, N. F.(2015). *The psychology of reading: Theory and applications*. The Guilford Press.

주영희(2001). 『유아언어발달과 교육』. 교문사.

Teale, W. H., & Sulzby, E.(1989). Emergent literacy: New perspectives. *Emerging literacy: Young children learn to read and write*, 1-15.

읽기 > 읽기 능력 > 읽기 발달 >

기초 문해력 basic literacy

기초 문해력이란 학생들이 학교 교육 입문기, 즉 초등학교 1~2학년 기간 동안에 형식적인 **읽기**▶p.38 및 쓰기 교육을 통하여 발달시켜야 하는 기본적인 읽기 · 쓰기 능력을 말한다. 구체적으로 이것은 단어와 문장을 자동적으로 읽고 글의 중심 내용을 확인하는 읽기 능력▶p.41과 글자를 바르게 쓰고 생각이나 느낌을 간단한 문장으로 표현하는 쓰기 능력을 포함한다.

기초 문해력과 관련하여, 2022 개정 국어과 교육과정에서는 1~2학년군 읽기 영역 성취기준으로 '단어 정확하게 읽기, 문장 알맞게 띄어읽기, 글의 중심 내용 확인하기, 그리고 인물의 처지와 마음 짐작하기'를 설정하였다. 1~2학년군 쓰기 영역 성취기준으로는 '글자와 단어 바르게 쓰기, 자신의 생각이나 느낌 문장으로 쓰기'를 설정하였다(교육부, 2022).

국제문해력학회와 미국 유아교육협회는 문해력▶p.12 발달 측면에서 초등학교 1학년을 초기 읽기·쓰기(early reading & writing) 단계로 규정하고, 이들이 성취해야 하는 읽기·쓰기 능력으로 간단한 이야기를 읽거나 자신에게 흥미로운 화제에 대해 글을 쓰는 것을 설정하였다. 초등학교 2학년은 이행적 읽기·쓰기(transitional early reading & writing) 단계로 규정하고, 이들이 성취해야 하는 읽기·쓰기 능력으로 글을 좀 더 유창하게 읽으며 간단한 문장이나 약간 복잡한 문장을 사용하여 다양한 형식의 글을 쓰는 것을 설정하였다.

이러한 연구들 모두는 초기 문해력의 시기를 초등학교 1~2학년으로 설정하고 있다. 그리고 이 시기의 학생들이 성취해야 하는 읽기 능력으로는 단어 재인▶p.45, 읽기 유창성▶p.47, 글의 중요 내용 확인하기를, 쓰기 능력으로는 글자 쓰기, 받아쓰기, 생각이나 느낌을 간단한 문장으로 쓰기를 설정하였다. 한편 기초 문해력은 아동들이 학교 교육 입문기 이전에 발달시키는 발생적 문해력▶p.58과 초등학교 3학년부터 사회, 과학, 수학과 같은 내용교과에서 발달시키는 내용 영역 문해력(content area literacy)을 잇는 징검다리의 역할을 한다.

관련 용어

발생적 문해력, 읽기 발달, 기능적 문해력

[참고문헌]

교육부(2022). 『국어과 교육과정』, 교육부 고시 제 2022-33호 [별책 5]. 교육부.

International Reading Association & National Association for the Education of Young Children(1998). Learning to read and write: Developmentally appropriate practice for young children, *Young Children 53*(4), 30-46.

읽기 > 읽기 능력 > 읽기 발달 >

읽기 부진

읽기 부진은 읽기 발달▶p.53이 지연되어 읽기 성취 정도가 기대되는 수준보다 낮은 상태를 말한다. 즉, 해당 학년이나 나이에서 요구되는 읽기 수준에 비해 낮은 성취를 보이는 상태를 의미한다. 신체적, 정서적, 지적 문제로 인해 현저하게 글을 잘 읽을 수 없는 읽기 장애(reading disorder)와는 구별된다. 읽기 부진은 교육적 처치에 의해 개선이 가능한 수준이라는 점에서 '읽기 장애'와 차이가 있다고 보는 것이다. 다만 읽기 부진과 읽기 장애를 판별하는 것이 어렵고, 또한 읽기 부진이라는 용어가 매우 다양한 학문 분야에서 폭넓게 사용되고 있기 때문에 읽기 장애를 포함하여 읽기 부진이라 이르는 경우도 있다. 또한 학생 개인의 '잠재된 읽기 능력▶p.41'을 어떻게 평가할 것이며, 어느 정도의 저성취를 부진으로 볼 것인가에 대한 논의는 여전히 분분하기 때문에 읽기 부진 학생을 판별하는 데 어려움이 있다. 그럼에도 읽기 부진을 판별하여 교육적 지원을 해야 할 때는 대체로 초등학교 저학년에서 1년 이상, 초등학교 고학년에서는 2년 이상, 중학교에서는 3년 이상과 같이 해당 학년에 기대되는 수준에서 시기에 따라 1~3년 정도 뒤떨어진 경우를 읽기 부진으로 본다. 또는 지능검사(KWISC-Ⅲ)와 읽기 기초학력검사(KISE-BAAT) 등의 표준화된 검사 도구 등을 활용하기도 한다. 지능이 일반 아동의 평균에 속하면서 읽기 표준화 검사의 결과가 저성취 모델(low achievement model)의 저성취 기준인 하위 20~25 백분위 이하인 경우 읽기 부진으로 진단한다.

읽기 부진을 겪는 학생들에게서는 다음과 같은 특성이 나타난다고 보고 된다. 읽기 부진인 학생들의 경우 해독▶p.43 능력 및 어휘력이 부족하고 읽기 유창성▶p.47이 떨어진다. 또한 요약 능력 및 추론 능력의 부족 등으로 문제 상황에 대한 맥락을 정확히 파악하지 못하며 읽고 쓰는 데 흥미가 부족하고 산만한 경향이 있다. 읽기 부진은 그간 읽기▶p.38의 기초적인 능력, 즉 문자 해독과 단어 인지 측면에서 어려움을 갖는 경우를 다루어 왔다. 하지만 적절한 문자 해독 및 단어 인지 능력을 가진 학생들 중에도 여전히 읽기 문제를 갖는 경우가 다수 보고 되고 있는데, 이처럼 문자 해독이나 단어 인지 등에는 어려움이 없으면서 읽기이해에 어려움을 겪는 경우를 읽기이해부진이라 한다. 이는 단순히 초등학교 저학년 시기의 해독 기능에 대한 저성취뿐 아니라 해독 기능 습득 이후의 읽기 이해 측면에서 어려움을 보이는 읽기이해부진 학생에 대한 관심과 교육적 지원이 필요함을 시사한다.

읽기는 다른 교과를 학습하는 데 필수적인 역할을 하므로 읽기 능력의 저성취는 곧 학습 부진으로 이어질 가능성이 크다. 그렇기 때문에 읽기 부진이 발생할 가능성이 높은 학생을 미리 파악하여 예방적·선제적으로 접근하는 것이 필요하며, 읽기 부진 학생을 지도할 때에는 다음과 같은 원리를 고려해야 한다(이경화, 2007: 198-199). 개별화된 지도 환경에서 읽기 기능▶p.163에 대한 분절적 접근과 동시에 읽기·듣기·말하기·쓰기와의 통합적인 학습을 고려할 필요가 있다. 또래 학습자와의 협동 학습, 적절한 읽기 수행 과제 등을 통해 성공 경험을 느끼면서 긍정적인 읽기 태도▶p.130를 지닐 수 있도록 해야 한다.

관련 용어

읽기 장애

[참고문헌]

이경화(2007). 『읽기 지도의 원리와 방법(개정판)』. 박이정.

Gunning, T. G.(1998). *Assessing and correcting reading and writing difficulties*. Boston: Pearson.

Spache, G. D.(1981). *Diagnosing and correcting reading disabilities*. Allyn & Bacon.

읽기 > 읽기 능력 > 읽기 발달 >

매튜 효과 Matthew effect

매튜 효과란 읽기 능력▸p.41이 부족한 학생은 시간이 갈수록 점점 더 독해▸p.48에 어려움을 겪게 되고, 반대로 읽기 능력이 있는 학생은 시간이 갈수록 점점 더 독해에 능숙해지는 현상을 말한다. 원래 이 용어는 머튼(Merton, 1968)이 경제학에서 자본의 축적된 이익이 낳는 효과, 즉 부자는 점점 더 부유해지고 가난한 사람은 점점 더 가난해지는 현상을 가리키기 위해 고안한 개념으로, 성경의 구절, "무릇 있는 자는 받아 풍족하게 되고 없는 자는 그 있는 것까지 빼앗기리라"라는 문구가 실린 마태복음(25:29)에서 '마태' 즉 '매튜(Matthew)'를 인용하여 이름 붙인 것이다.

스태노비치(Stanovich, 1986)는 어휘력 발달에도 이러한 매튜 효과가 나타난다고 하였다. 그는 독서를 통해 어휘력이 높아진 학생들은 시간이 지날수록 어휘력이 더 발달하여, 상대적으로 어휘력이 낮은 학생들과의 격차가 점차 커진다고 주장했다. 그는 어휘력을 어휘량으로 특정했는데, 이 어휘량은 어휘 노출 빈도와 읽기 시간(읽기량)에 매개되며, 이들은 선순환적 관계를 지닌다고 보았다. 즉 많이 읽을수록 텍스트▸p.18 속에 들어 있는 어휘들을 많이 접하게 되고, 어휘들을 많이 접할수록 어휘를 많이 알게 되고, 어휘에 대한 지식이 많을수록 더 잘 읽게 되고, 더 잘 읽을수록 다시 더 많이 읽게 된다고 보았다.

매튜 효과는 마치 빈익빈부익부와 같이, 학습에 있어 격차가 생기는 이유를 발달 초기의 작은 격차로부터 비롯된다고 생각하여 조기 교육의 옹호를 주장하는 것처럼 보일 수 있지만, 이는 잘못된 적용이다. 오히려 매튜 효과는 그 이전 시기에 지배적이었던 관점, 즉 학습 부진의 문제를 대부분 단순 지능이나 태도의 문제로 여기던 시각에서 벗어나, 객관적 원인, 예컨대, 어휘량, 독해 기능, 독해 시간 등과의 관련성에 더 주목하게 함으로써, 이러한 요인들의 학습이 시간이 지날수록 어떤 효과를 낳는지를 보여 주고 그 중요성을 교육적으로 일깨우도록 하였다.

스태노비치(Stanovich, 1986)를 비롯한 일군의 교육학자들은 어휘와 학습 간의 관련성뿐만 아니라, 읽기 기능▸p.163, 읽기 태도▸p.130 등 읽기에 관여하는 다양한 요인들도 매튜 효과를 보인다는 것을 증명하였다. 예컨대, 읽기 기능이 능숙할수록 점점 더 잘 읽게 되고, 잘 읽게 되므로 점점 더 많은 책을 읽게 됨으로써, 읽기 능력을 구성하는 하위 요인들 간에 선순환적 고리와 같은 관계로 상호 영향을 준다는 것이다. 읽기는 도구 교과 기능이기 때문에, 특히 읽기 부진▸p.62이 생긴다면 상급 학년으로 진학할수록 점점 더 독해에 어려움을 겪게 되어 다른 교과목의 학업 성취에도 나쁜 영향을 미치게 된다. 따라서 교사가 읽기 부진 학생을 지도한다면, 개별화 읽기 지도를 통해, 읽기 발달▸p.53 단계에 맞는 교재와 개인차를 고려한 학습법을 적용할 필요가 있다.

[참고문헌]

엄훈(2012). 『학교 속의 문맹자들』. 우리교육.

Bast, J. W., & Reitsma, P.(1998). Analysing the development of individual differences in terms of Matthew effects in reading: results from a Dutch longitudinal study. *Developmental Psychology 34*, 1373-1399.

Stanovich, K. E.(1986). Matthew effects in reading: Some consequences of individual differences in the acquisition of literacy. *Reading Research Quarterly 21*(4), 360-407.

난독증 dyslexia

난독증은 지능에는 특별한 문제가 없음에도 불구하고 글을 읽고 쓰는 데 어려움을 갖는 증상을 말한다. 이것은 전형적으로 언어의 음운적 요소에 대한 인식 결함에서 기인하며 정확하고 유창한 단어 재인▶p.45뿐만 아니라 철자법과 해독▶p.43 능력에서의 결함을 주요 특성으로 한다. 난독증을 가리키는 영어의 'dyslexia'는 고대 그리스어 'dys'(잘못된, 비정상적인, 어려움)와 'lexis'(언어, 단어, 읽기)가 결합된 말이다. 이것은 독일의 안과 의사인 루돌프 베를린이 '단어를 읽는 데 어려움을 갖는 환자'를 지칭하기 위하여 처음으로 사용한 용어이다.

난독증은 그 증상에 따라 표면성 난독증과 음운성 난독증으로 나뉜다. 표면성 난독증(surface dyslexia)은 글자와 소리의 대응 관계가 불규칙한 단어(예: 국물)를 읽는 데 어려움을 보이는 난독증을 말한다. 글자와 소리의 대응 관계가 규칙적인 단어(예: 고기)를 읽는 데는 어려움이 없다. 반면에 음운성 난독증(phonological dyslexia)은 일반적인 단어(예: 소라)를 읽는 데는 어려움이 없지만 임의로 만들어 낸 무의미 단어(예: 무럴)를 읽는 데는 어려움을 보이는 난독증을 가리킨다.

관련 용어

학습 장애, 단어 재인, 읽기 부진

[참고문헌]

Lyon, G. R., Shaywitz, S. E., & Shaywitz, B. A.(2003). A definition of dyslexia. *Annals of Dyslexia 53*, 1-14.

Wagner, R. F.(1973). Rudolf Berlin: Originator of term dyslexia. *Annals of Dyslexia 23*(1), 57-63.

읽기 이론

읽기 이론은 읽기 현상을 설명, 이해, 예측하기 위해 논리적으로 짜인 추상적 원리나 진술 체계를 의미한다. 읽기 이론은 **독자**▸p.120가 **텍스트**▸p.18를 어떻게 이해하는지를 설명하는 이론적 체계라는 점에서, 독자에게 **읽기**▸p.38를 어떻게 가르쳐야 하는가에 대한 읽기 교육 이론과 밀접한 연관성이 있다. 또한 읽기 이론은 인간과 지식에 대해 탐구하는 학문 분야, 즉 철학, 심리학, 교육학, 언어학, 인류학, 의사소통 이론 등 주변 학문의 영향을 받아 변화하여 왔다.

읽기 이론은 인간의 학습과 관련한 학문적 패러다임을 바탕으로 **행동주의 읽기 이론**▸p.68과 구성주의 읽기 이론으로 나눌 수 있다. 행동주의 읽기 이론은 텍스트의 의미가 그대로 텍스트에서 독자로 전달되며, 이 과정에서 필요한 복잡한 **읽기 기능(reading skills)**▸p.163들을 하위 기능이나 요소로 분절할 수 있다고 보았다. 반면 구성주의 읽기 이론에서는 텍스트의 의미가 텍스트에서 독자로 그대로 전달되는 것이 아니라, 독자의 머릿속이나 독자를 둘러싼 **맥락**▸p.28에 의해 해석되고 구성(construct)되는 것이라고 본다. 구성주의 읽기 이론은 독자가 읽기 전에 대상이나 현상에 대해 가지고 있는 기존의 배경지식을 바탕으로 하여 텍스트의 의미를 능동적으로 구성한다고 보는 **인지적 구성주의 읽기 이론**▸p.70과, 독자를 둘러싼 사회, 문화적 맥락 및 다른 사람과의 상호 작용의 역할을 강조하는 **사회적 구성주의 읽기 이론**▸p.72으로 나뉜다.

한편, 읽기 이론을 어떤 관점에서 읽기 현상을 이해하고 설명하는가에 따라 나누기도 하며 이러한 분류는 특정 관점에 따라 다양한 이론들이 있게 된다. 대표적인 읽기 이론의 예로 **독해**▸p.48 과정에서 의미가 어디에서 어떻게 생성되며 의미를 구성하는 주요 원리가 무엇인지를 설명하는 **독해 과정 모형**▸p.75, 읽기가 독자의 배경지식을 바탕으로 한 능동적 의미 구성 과정임을 설명하는 스키마(schema) 이론▶p.81, 문학 작품 읽기를 독자와 작품 사이의 의미 교섭 과정으로 설명한 독자 반응 이론▶p.84 등이 있다.

관련 용어

행동주의 읽기 이론, 인지적 구성주의 읽기 이론, 사회적 구성주의 읽기 이론, 스키마(schema) 이론, 독자 반응 이론

[참고문헌]

서혁·서수현(2007). 「구성주의와 읽기 교수학습의 방향」. 『독서연구』 18, 27-70.

Alexander, P. A., & Fox, E.(2013). A historical perspectives on reading research and practice, redux. In D. E. Alvermann, N. J. Unrau, & R. B. Ruddell(eds.). *The oretical models and processes of reading 6*, 3-46. Newark, DE: International Reading Association.

American Psychology Association(2009). *APA Concise dictionary of psychology*. Washington, D.C.: American Psychology Association.

Tracey, D. H., & Morrow, L. M.(2006). *Lenses on reading: An introduction to theories and models*. New York: The Guilford Press.

읽기 > 읽기 이론 >

행동주의 읽기 이론

행동주의 읽기 이론은 행동주의(行動主義, behaviorism) 심리학의 영향을 받아 읽기▶p.38를 설명하는 이론으로, 읽기는 관찰 가능한 행동이며 독자▶p.120의 읽기 행동이 외부 환경과 자극에 의해 강화(reinforcement)될 수 있는 수동적인 과정이라고 보는 이론적 관점 및 접근 방식이다. 행동주의 심리학은 미국의 왓슨(Watson) 등에 의해 주창되고 스키너(Skinner)에 의해 발전된 이론으로 과학적으로 관찰 가능한 행동을 연구의 주제로 삼았다. 또한 동물이나

인간의 행동은 외부의 자극에 대한 반응이며 자극의 조절을 통해 이들의 행동을 강화하거나 약화할 수 있다고 가정하였다. 행동주의 읽기 이론은 행동주의의 가정이나 원리를 읽기에 적용한 것으로, 읽기 역시 다른 행동들과 마찬가지로 훈련과 같은 자극의 조절을 통해 학습될 수 있는 조건화된 행동(conditioned behaviors)으로 보았다. 행동주의 읽기 이론에 영향을 받은 읽기 교육 연구자들은 읽기 행동을 읽기의 하위 기능으로 분절한 후 이를 반복적이고 체계적으로 학생들이 연습하게 함으로써 읽기 학습이 이루어지도록 하였다.

행동주의 읽기 이론은 읽기 연구 분야에 적지 않은 영향을 주었다. 첫째, 행동주의 읽기 이론은 독자가 지면 위에 적힌 단어와 같은 외부 '자극'에 대하여 어떻게 단어를 식별하고, **해독**▶p.43하고, **텍스트**▶p.18를 이해하는 '반응'을 어떻게 도출하는지에 관심을 기울였다. 이러한 관찰 가능한 자극과 반응을 바탕으로, 행동주의자들은 읽기를 시각적 기호를 지각하고 이를 음성 언어로 치환하여, 단어, 구, 문장 수준으로 순차적으로 인식하는 과정이라고 개념화하였다. 이러한 관점에서 행동주의 읽기 이론은 읽기 행동의 시작이 되는 해독(decoding) 및 **발음 중심 교육(phonics)**▶p.253을 중요하게 다루었다. 둘째, 행동주의 읽기 이론은 읽기를 분절적 기능의 연속체로 바라보았으므로, 읽기를 구성하는 하위 기능이 무엇인지를 탐색하는 접근 방식에 영향을 미쳤다. 또한 학생들이 읽기에서 겪는 어려움을 읽기 하위 기능의 수행에서 발생하는 문제 상황이라고 간주하여, 이러한 **읽기 기능**▶p.163의 문제가 무엇인지를 진단하는 읽기 진단 도구 개발의 발전에 기여하였다.

행동주의 읽기 이론은 읽기 교수학습에도 영향을 미쳤다. 행동주의 심리학에서는 행동을 강화할 수 있는 최적의 학습의 원리를 제시하고 있는데, 그중 주요한 원리는 교육 내용을 분절한 후 쉬운 것에서 어려운 것으로, 단순한 것에서부터 복잡한 것으로 계열화하여 가르치는 것이다. 이를 읽기 교수·학습에 적용하면, 교사는 읽기 학습 내용을 세분화된 하위 기능으로 나누어 설명하고, 학생들은 각 기능을 연습한 뒤 교사의 피드백을 받아 이를 교정하고 반복하여 익히게 된다. 행동주의 읽기 이론의 대표적인 교수학습 모형으로 직접 교수법(直接敎授法, direct instruction)▶p.260이 있다.

관련 용어

읽기 이론, 발음 중심 교육, 직접 교수법

[참고문헌]

Alexander, P. A., & Fox, E.(2013). A historical perspectives on reading research and practice, redux. In D. E. Alvermann, N. J. Unrau, & R. B. Ruddell(eds.). *Theoretical models and processes of reading 6*, 3-46. Newark, DE: International Reading Association.

American Psychology Association(2009). *APA Concise dictionary of psychology*. Washington, D.C.: American Psychology Association.

Tracey, D. H., & Morrow, L. M.(2006). *Lenses on reading: An introduction to theories and models*. New York: The Guilford Press.

읽기 > 읽기 이론 >

인지적 구성주의 읽기 이론

인지적 구성주의 읽기 이론은 인지심리학(cognitive psychology)의 영향을 받아 독자▶p.120가 대상이나 현상에 대해 가지고 있던 기존 지식을 활용하여 텍스트▶p.18의 의미를 능동적으로 구성한다고 보는 이론적 관점 및 접근 방식을 의미한다. 인지심리학은 정보처리이론(information-processing theory), 심리언어학(psycholinguistics) 등을 기반으로 인간의 목적, 의도, 지각, 주의, 독해▶p.48, 기억, 상위인지▶p.192와 같은 인간의 머릿속 현상에 대하여 주목한 학문 분야이다. 인지적 구성주의 읽기 연구는 언어학의 영향을 받아 독자가 텍스트를 분석하여 머릿속에 의미론적 표상을 어떻게 구조화하는지를 탐색하는 유사형식론적 입장과 독자의 기존 경험과 지식이 의미를 구성하는 데 어떻게 관련되는지를 연구하는 인지구조론적 입장으로 발전하였다(김혜정, 2004:111). 전자의 연구는 설명적 텍스트 및 서사적 텍스트 구조(text structure)▶p.101를 탐색하는 연구로 이어졌으며, 후자의 연구는 독자의 스키마(schema)▶p.81 및 상위인지(metacognition)에 관한 연구로 이어졌다.

인지적 구성주의 읽기 이론은 읽기 연구 분야에 적지 않은 영향을 끼쳤다. 첫째, 인지적 구성주의 읽기 이론은 주로 개인의 머릿속에 일어나는 읽기▶p.38 현상에 관심을 두고 있었으며, 개인의 지식 구조가 훈련이나 학습에 의해 변화할 수 있음을 밝혔다. 이러한 점에서 읽기 능력▶p.41을 신장하기 위하여 개인적 수준에서 적용할 수 있는 요약하기▶p.170, 질문하기▶p.218, 예측하기, 도해 조직자▶p.210와 같은 인지 전략 및 상위인지 전략 개발 연구가 본격적으로 이루어졌다. 둘째, 이 이론에서는 텍스트를 읽을 때 의미가 자동적으로 떠오르기보다는 독자의 능동적인 노력을 통해 텍스트의 의미를 구성한다고 보았다. 이러한 관점에서는 텍스트의 의미가 하나만 있다는 기존의 견해를 벗어나 텍스트에 대한 독자의 능동적 해석을 강조하게 되었다.

인지적 구성주의 읽기 이론은 또한 읽기 교수학습▶p.230에도 영향을 미쳤다. 첫째, 스키마를 활용한 읽기 교재 개발에 기여하였다. 교재 개발 시 학생들이 텍스트를 읽기 전에 글의 내용을 독자의 기존 지식과 연결하거나 글의 전체 내용을 조망할 수 있는 안내 장치(예: 교과서의 '읽기 전에')를 삽입하여 학생들의 읽기 수행에 도움을 주는 방식들이 개발되었다. 둘째, 수업에서 학생들의 기존 지식과 텍스트를 연결하기 위한 추론이나 예측하기를 강조함으로써 텍스트 이해를 향상할 수 있는 다양한 방법들을 모색하였다. 셋째, 상위인지 전략을 통해 학생들이 독해에서의 어려움을 스스로 점검하고 개선할 수 있는 교수학습 방안(예: 교과서의 '자기 점검')이 제공되었다. 넷째, 교사가 명시적으로 인지 전략을 가르치고, 학생들은 교사의 지도하에 이러한 전략을 익히고, 새로운 텍스트에 독립적으로 적용하도록 하는 인지 전략에 대한 교수학습이 강조되었다. 이러한 수업 모형은 읽기 교육에서의 현시적 교수법(explicit instruction)▶p.262으로 나타나게 되었다.

관련 용어

읽기 이론, 상위인지, 텍스트 구조, 스키마, 읽기 전략

[참고문헌]

김혜정(2004). 「읽기 연구에서 텍스트 이론의 영향과 그 교육적 전개」. 『텍스트언어학』 17, 95-122.

Alexander, P. A., & Fox, E.(2013). A historical perspectives on reading research and practice, redux. In D. E. Alvermann, N. J. Unrau, & R. B. Ruddell(eds.). *Theoretical models and processes of reading 6*, 3-46. Newark, DE: International Reading Association.

American Psychology Association(2009). *APA Concise dictionary of psychology*. Washington, D.C.: American Psychology Association.

Pearson, P. D.(2009). The roots of reading comprehension instruction. In S. E. Israel, & G. G. Duffy(eds.). *Handbook of research on reading comprehension*, 3-31. New York: Routledge.

Tracey, D. H., & Morrow, L. M.(2006). *Lenses on reading: An introduction to theories and models*. New York: The Guilford Press.

읽기 > 읽기 이론 >

사회적 구성주의 읽기 이론

사회적 구성주의 읽기 이론은 사회문화의 맥락(context)▶p.151 및 사회적 상호 작용(social interaction)을 강조하는 입장으로, 텍스트▶p.18의 최종적인 의미가 독자▶p.120의 읽기 전략▶p.190이나 스키마▶p.81에 의해 결정된다기보다는 독자가 속한 해석공동체▶p.153의 구성원과의 사회적 상호 작용을 통해 구성된다는 이론적 관점 및 접근 방식을 의미한다. 이 이론은 사회언어학(socio-linguistic theory), 사회문화이론(socio-cultural theory), 사회역사이론(socio-historical theory), 사회적 학습이론(social learning theory) 등 사회적 구성주의(social constructivism) 관련 이론들의 영향을 받았다. 사회적 구성주의는 러시아의 비고츠키(Vygotsky) 등에 의해 제안된 이론으로 아동의 내적 사고가 동료나 교사와 같은 타인과 상호 작용을 통해 발달함을 제시함으로써 학습이 본질상 사회적인 것임을 주장하였다. 비고츠키는 학생이 아무런 도움 없이 수행 할 수 있는 학습 수준(현재 발달 수준)과 다른 이의 도움을 받으면 도달할 수 있는 자신의 잠재적 학습 수준(잠재적 발달 수준) 사이의 간극을 의미하는 '근접발달영역(近接發達領域, zone of proximal development)' 안에서 교수학습 활동이 이루어져야 한다고 보았다. 이때 교사는 학생이 독립적으로 과제를 해결해 나갈 수 있도록 돕기 위해 학습의 단서나 예시, 구체적인 도움을 제공하게 되는데, 이를 '비계(飛階, scaffolding)'라고 한다. '근접발달영역'과 '비계' 개념은 교실에서 이루어지는 사회적 협력 학습의 중요성을 강조하는 이론적 기반이 되었으며 사회적 구성주의 읽기 이론에 영향을 주었다. 사회적 구성주의 읽기 이론에 영향을 받은 교육자들은 교실에서 사회적 상호 작용을 촉진하고 교사가 비계를 적절하게 제공하여 읽기 학습이 이루어지도록 하였다.

사회적 구성주의 읽기 이론은 읽기 연구에 적지 않은 영향을 주었다. 첫째, 사회적 구성주의 읽기 이론은 읽기가 개인의 머릿속에서만 일어나는 현상이 아니라, 독자가 사회문화적 맥락 속에서 다른 구성원과의 의미 협상과 대화를 통해 의미를 구성하는 사회적 상호 작용 및 실천 행위임을 강조하였다. 읽기를 사회적 상호 작용 및 실천 행위라고 이해함에 따라, 독자의 정체성(identity)▶p.127, 독자가 속한 해석공동체(interpretive community), 문해력 실천(literacy practice) 등 읽기 연구의 관심과 대상을 보다 거시적인 수준으로 확대하는 바탕이 되었다. 둘째, 학습 안내자(조력자)로서의 교사, 해석공동체로서의 교실의 역할에 대한 중요성을 강조하였다. 인지적 구성주의 읽기 이론▶p.70이 독자 개인의 인지 과정에 주된 관심을 두었다면, 사회적 구성주의 읽기 이론에서는 의미 구성에 영향을 주는 사회적 요인에 관심을 가졌다. 이에 읽기 학습에서 교사가 학생들의 학습을 촉진하고 돕는 역할에 주목하여 교사를 단순한 지식의 전달자가 아니라 학습의 조력자로서 인식하였다. 또한 교실은 사회적 상호 작용을 통해 학습이 일어나는 역동적인 공간으로 인식하게 되었다.

사회적 구성주의 읽기 이론은 읽기 교수학습에도 영향을 미쳤다. 첫째, 교실에서 이루어지는 수업 대화에서 상호 작용이 하는 역할을 중요하게 인식하여 교사의 안내 및 조언, 학생 간 협력의 중요성을 강조하게 되었다. 둘째, 읽기의 교수·학습과 관련하여 개인의 인지적 전략 중심의 읽기 지도를 넘어서 사회적 상호 작용 중심의 읽기 지도 모형인 상보적 교수법▶p.264, 북 클럽▶p.285, 읽기 워크숍▶p.281 등이 개발되고 수업에 적용될 수 있게 되었다.

관련 용어

읽기 이론, 맥락, 상보적 교수법, 북 클럽, 읽기 워크숍

[참고문헌]

서혁·서수현(2007). 「구성주의와 읽기 교수·학습의 방향」. 『독서연구』 18, 27-70.

천경록·김혜정·류보라(2023). 『독서 교육론(개정판)』. 역락.

Alexander, P. A., & Fox, E.(2013). A historical perspectives on reading research and practice, redux. In D. E. Alvermann, N. J. Unrau, & R. B. Ruddell(eds.). *Theoretical models and processes of reading 6*, 3-46. Newark, DE: International Reading Association.

American Psychology Association(2009). *APA Concise dictionary of psychology*. Washington, D.C.: American Psychology Association.

Pearson, P. D.(2009). The roots of reading comprehension instruction. In S. E. Israel, & G. G. Duffy(eds.). *Handbook of research on reading comprehension*, 3-31. New York: Routledge.

Tracey, D. H., & Morrow, L. M.(2006). *Lenses on reading: An introduction to theories and models*. New York: The Guilford Press.

독해 과정 모형 models of comprehension process

독해 과정 모형은 독자▶p.120의 독해 과정을 이론적으로 기술하고 표현하기 위하여 제안된 체계적 설명을 의미한다. '모형(model)'이라는 개념이 의미하는 바가 넓기 때문에 독해 과정 모형이 지칭하는 의미 또한 광범위하다. 넓은 의미에서 독해 과정 모형(models of comprehension process)은 '독해 이론(theory of comprehension)'과 유사한 의미로 쓰이기도 하며, 좁은 의미에서는 '독해 과정을 명시적으로 드러내기 위해 작성한 그림이나 도식'을 의미하기도 한다.

일반적으로 독해 과정 모형을 지칭할 때는 텍스트▶p.18의 의미가 어디에서 시작되어 구성되는가에 따라 상향식, 하향식, 상호 작용식 모형으로 구분한다. 상향식 모형(bottom-up model)은 독해 과정이 작은 언어 단위에서부터 점차적으로 큰 언어 단위로 진행됨에 따라 의미가 파악된다고 본다. 다시 말해, 독자는 글자를 지각하고 점차 단어, 문장, 문단의 의미를 파악하면서 텍스트의 의미를 파악한다는 것이다. 상향식 모형은 해독(decoding)▶p.43이 이루어진 이후에 독해▶p.48가 가능하다고 보았으며 독해의 과정을 단계적인 절차에 따라 명시적으로 기술하였다. 그러나 독해 과정에서 텍스트의 역할을 강조함에 따라, 독자의 역할을 텍스트의 의미를 수동적으로 수용하는 모습으로 축소하였다는 한계가 있다. 대표적인 상향식 모형으로 고프 모형(Gough, 1972)이 있다.

하향식 모형(top-down model)은 상향식 모형과는 반대로 의미의 주된 출처가 독자에게 있으며, 독자가 능동적으로 텍스트의 의미를 가정하고 예측하면서 텍스트의 의미를 구성해 나간다고 본다. 독해 과정에서 의미 획득의 성공과 실패는 독자가 텍스트의 내용과 관련된 충분한 선행지식을 지니는가, 독자의 가정·추론·예측이 얼마나 적절한가에 달려있다. 독해는 독자의 심리언어학적 추측 게임(psycholinguistic guessing game)과 같은 것으로 독자는 자신이 읽고 있는 문장 다음에 어떤 내용이 올 것인지 예측하면서 의미를 구성해 나간다. 즉 하향식 모형은 독자의 스키마▶p.81와 독자의 능동적인 역할을 강조하였으며 독해의 과정이 독자에서 시작되어 하위 언어 단위에 영향을 미치고 있음을 기술하였다. 그러나 하향식 모형에서는 독자의 능동적 읽기▶p.38 행동이 실제로 하위 언어 단위에서의 의미 처리를 어떻게 하는지 정치하게 설명하지 못했다는 점에서 한계가 있다. 대표적인 하향식 모형으로 굿맨 모형(Goodman, 1967)을 들 수 있다.

상호 작용식 모형(interactive model)은 상향식 모형과 하향식 모형을 절충한 것으로 텍스트의 의미를 독자와 텍스트의 상호 작용으로 설명한다. 텍스트의 의미는 작은 언어 단위부터 텍스트에 이르는 상향식 처리 과정에서 생성되기도 하며, 독자의 선행지식이나 추론 등에서 시작되는 독자의 능동적인 하향식 처리 과정에서 생성되기도 한다. 그리고 두 과정에서의 의미가 상호 소통하면서 정교화된다. 상호 작용식 모형에서는 의미 구성의 출처를 독자와 텍스트의 두 가지 모두로 인정하면서, 상향식과 하향식의 처리과정이 동시적으로 일어나면서 상호 영향을 미치는 것으로 보았다. 다만 상호 작용식 모형은 상향식과 하향식에서 추출된 의미가 어느 정도 의미 구성에 기여하며 어떤 방식으로 일어나는지 구체적으로 설명하지 못한다는 점에서 한계가 있다. 대표적인 상호 작용식 모형으로 러멀하트 모형(Rumelhart, 1979)이 있다.

현대 독서 이론에서 독해 과정 모형은 매우 다양하며 광범위하게 발전하고 있다. 예를 들어, 킨치(Kintsch)의 구성-통합 모형(Construction-Integration Model)은 텍스트의 정보를 읽을 때 텍스트 관련 지식이 모두 활성화되고 이전 지식이 현재 이해되는 텍스트와 연관되는 구성(construction) 과정과, 활성화된 지식이 관련 개념끼리 연결되면서 이해가 이루어지는 통합(integration) 과정으로 독해를 설명한다. 또 다른 모형으로 건즈배커(Gernsbacher)의 구조-구축 모형(Structural-building model) 모형을 들 수 있다. 이 모형은

(a) 텍스트나 담화 구조의 정신적 표현을 위한 기초를 마련하는 과정(laying a foundation), (b) 그 기초에 정보를 매핑하는 과정(mapping), (c) 새로운 정보가 기존 구조에 매핑되지 못할 때 또는 새로운 아이디어를 시작할 때 새로운 구조로 전환하는 과정(shifting)으로 독해 과정을 설명한다.

이밖에도 독해 과정을 설명하는 최근의 이론은 판덴브룩(van den Broek)의 독서 지형 모형(Landscape model of reading), 오브라이언(O'Brien)의 공명 모형(Resonance model), 즈반(Zwaan)의 사건-색인 모형(Even-indexing model), 트라바소(Trabasso)의 인과 네트워크 모형(Causal nextwork model), 그레이서(Graesser)의 구성주의자 이론(Constructionist theory) 등이 있다.

[참고문헌]

이순영·최숙기·김주환·서혁·박영민(2015). 『독서교육론』. 사회평론아카데미.

Goodman, K. S.(1967). Reading: A psycholinguistic guessing game. *Journal of the Reading Specialist 6*(4), 126-135.

Gough, P. B.(1972). One second of reading. In J. F. Kavanagh, & I. G. Mattingly(eds.). *Language by ear and by eye: The relationships between speech and reading*. Cambridge, MA: MIT Press.

McNamara, D. S., & Magliano, J.(2009). Toward a comprehensive model of comprehension. *Psychology of learning and motivation 51*, 297-384.

Rumelhart, D. E.(1977a). Toward an interactive model of reading. In S. Dornic(ed.). *Attention and performance VI*. Hillsdale, NJ: Erlbaum.

Tracey, D. H., & Morrow, L. M.(2006). *Lenses on reading: An introduction to theories and models*. New York: The Guilford Press.

읽기 > 읽기 이론 > 독해 과정 모형 >

어윈(Irwin)의 독해 과정

독해 과정▸p.75은 독자▸p.120가 텍스트▸p.18와 상호 작용하면서 텍스트에서 의미를 추출하고 구성해가는 과정을 의미한다. 독자는 독해 과정에서 글자를 지각하고 단어나 문장을 이해하고, 문장들을 연결하며 글의 전체적 의미를 파악하며, 배경지식과 통합하여 내용을 정교화하고, 자신의 읽기▶p.38 과정을 점검하고 조정한다. 어윈(Irwin)은 독해 과정을 '미시 과정', '통합 과정', '거시 과정', '정교화 과정', '초인지 과정▶p.192'으로 구분하여 설명하였다. 물론 이 다섯 가지 독해 과정은 하나의 과정을 거친 후 다른 과정으로 전환되는 일방향적인 과정이 아니라 회귀적이고 반복되는 과정이다.

- 미시 과정(micro processes): 독자가 개별 단어나 구를 이해하는 과정이다. 독자는 미시 과정에서 개별 단어나 구를 의미 있는 단위로 묶어내며(chunking), 문장을 읽으면서 중요한 내용을 선택하게 된다.
- 통합 과정(integrative processes): 독자가 단어, 구, 절, 문장을 연결하고 독해 과정에서 생기는 빈칸을 추론을 통해 메우는 과정이다. 독자는 통합 과정에서 단어들 간의 대용 관계(한 단어가 구나 대명사 등의 다른 것으로 대치될 때의 관계)를 파악하고, 접속어를 파악하여 문장 간의 관계를 파악하며, 의미상 빠져 있는 내용들을 추론하게 된다.
- 거시 과정(macro processes): 독자가 이야기나 글 전체의 구조와 의미를 파악하는 과정이다. 독자는 거시 과정에서 글의 주제가 무엇인지, 주제를 구성하기 위해 세부 내용과 구조가 어떠한지 파악하게 된다.
- 정교화 과정(elaborative processes): 독자가 개인의 경험 및 지식과 활용하여 텍스트의 내용을 풍부하게 하고 텍스트에 대한 이해를 심화시키는 과정이다. 독자는 정교화 과정에서 개인적 경험과 연결하기, 예측하기, 심상 이미지를 활용하거나 시각화하기, 사전 지식 활용하기, 분석·종합·평가와 같은 고등 정신 기능을 통해 글의 내용을 정교화한다.
- 초인지(상위인지) 과정(metacognitive processes): 독자가 독해 과정

에서 독해▶p.48에 어려움이 발생하고 있는지를 점검하고 독해 과정에서 일어나는 어려움을 조정하고 해결하는 과정이다.

관련 용어

독해 과정 모형, 미시 과정, 통합 과정, 거시 과정, 정교화 과정, 초인지(상위 인지)

[참고문헌]

천경록·이경화·서혁 공역(2012). 『독서교육론』. 박이정, Irwin, J. W.(2006). *Teaching reading comprehension processes*(3rd ed.). Boston: Pearson College Div.

Kintsch, W., & Rawson, K. A.(2005). Comprehension. In M. J. Snowling, & C. Hulme(eds.). *The science of reading: A handbook*, 209-226. Malden, MA: Blackwell Publishing.

Snow, C.(2002). *Reading for understanding: Toward an R&D program in reading comprehension*. Rand Corporation.

읽기 > 읽기 이론 > 독해 과정 모형 >

상황 모형 situation model

상황 모형은 텍스트▶p.18의 내용 및 상황에 대하여 독자▶p.120가 떠올리는 독자의 심리적 표상(mental representation)을 의미한다. 과거의 독서 연구에서는 텍스트의 내용과 구조가 무엇이고, 독자가 텍스트에 기술된 사태 자체를 어떻게 기억하고 받아들이는가에 초점을 맞추었다. 그러나 독자가 텍스트를 실제로 이해하는 데 텍스트 중심의 독서 이론만으로는 충분하지 못하며, 독자가 언어적으로 설명된 상황을 어떻게 구성하느냐에 대한 탐색과 설명이 필요하다는 지적이 제기되었다(Jonhson-Laird, 1983; van Dijk & Kintsch, 1983). 이러한 학자들은 독자가 텍스트 기반 표상과 함께 상황적 표상을 구성한다고 가정하고, 언어의 역할을 재정의하고자 하였다. 이들은 독자가 언어를 문법적·

의미론적으로 분석하고 이를 기억에 저장해야 하는 정보로 취급하는 것을 넘어서 독자가 텍스트가 드러내고자 하는 상황을 어떻게 심리적으로 구성하는지에 대해 관심을 가졌다.

예를 들어, 상황 모형에 대한 이른 시기의 연구자인 킨치(Kintsch)는 텍스트에 대한 독자의 표상을 다음의 세 가지 층위로 설명하였다. 첫째 층위는 표면적 수준의 기억(surface-level memory)으로 책을 읽은 후의 표현이나 구절처럼 텍스트에서 명시적으로 기술에 대한 독자의 표층적인 표상이다. 둘째 층위는 텍스트 기저(text base)로 텍스트에 제시된 정보나 아이디어들이 문장, 문단, 텍스트 전체 수준에서 연결되어 구성된 심리적 표상을 지칭한다. 텍스트는 단어, 구, 문장, 문단, 텍스트 등으로 분절적으로 나뉘어 있지만, 독자는 추론을 통하여 분절적인 언어 단위들을 연결하여 텍스트 기저를 구성하게 된다. 독자들이 텍스트를 꼼꼼하게 읽을 때, 대개의 경우 독자들 간에 유사한 정도의 텍스트 기저를 표상할 수 있다. 셋째 수준은 상황 모형으로, 이는 텍스트에서 제공하는 정보와 독자의 선행지식을 결합하여 구성된 정교한 심리적 표상을 의미한다. 독자가 텍스트를 읽을 때 읽기 목적, 선행지식, 신념, 동기 및 흥미가 다르다면, 독자가 표상하는 상황 모형 역시 독자마다 다르게 나타날 수 있다. 이때 텍스트 기저는 텍스트 정보를 중심으로 표상되지만, 상황 모형은 이미지, 지도, 그림 등의 비언어적 방식으로 표상될 수도 있다. 소설을 읽는 경우를 생각해 보면, 소설에서 언급된 내용 외에도 독자는 시간, 동기, 주인공 및 장소와 같은 다양한 요소를 바탕으로 소설에서 상정하는 상황을 구체적으로 이해하고자 한다. 만약 상황 모형을 상정하지 않고 텍스트에 대한 언어적인 내용만 다룬다면 독자는 소설의 내용을 피상적으로 이해하는 데 그치게 될 것이다.

이러한 점에서 상황 모형에 대한 진술은 스키마▶p.81와 유사해 보이기도 한다. 스키마는 기존의 경험이나 지식들을 추상화하여 저장된, 독자의 내적 정신 구조라고 할 수 있다. 레스토랑 방문을 예로 들면, 레스토랑 스키마는 레스토랑 방문 중에 일반적으로 만나는 직원, 음식과 메뉴, 주문, 식사의 절차와 같은 순서를 나타낸다. 반면, 레스토랑 방문의 상황 모형은 특정한 레스토랑 방문을 나타내는 정신적 표상이라 할 수 있다(예: 2024년 3월 5일 ○○ 패밀리 레스토랑에서 친구 P와 함께 파스타와 스테이크를 주문함). 이러한 점에서 볼 때 스키마는 상황 모형을 구성하는 데 주요한 구성 요소가 된다.

[참고문헌]

Johnson-Laird, P. N.(1983). *Mental models: Towards a cognitive science of language, inference, and consciousness*. Cambridge, MA: Harvard University Press.

Kintsch, W., & Rawson, K. A.(2005). Comprehension. In M. J. Snowling, & C. Hulme(eds.). *The science of reading: A handbook*, 209-226. Malden, MA: Blackwell Publishing.

van Dijk, T. A., & Kintsch, W.(1983). *Strategies of discourse comprehension*. New York: Academic Press.

Zwaan, R. A., & Radvansky, G. A.(1998). Situation models in language comprehension and memory. *Psychological Bulletin 123*(2), 162-185.

읽기 > 읽기 이론 >

스키마 이론 schema theory

스키마 이론은 세상에 대한 독자▶p.120의 경험이나 지식이 기억 속에 어떻게 저장되어 있으며, 이 지식이 학습 및 독해 과정에 어떻게 작용하는지에 대해 설명하는 이론적 관점 또는 접근 방식을 의미한다. 스키마는 인간의 구조화된 지식을 개념화한 용어로, 특정 대상이나 개념에 대한 경험 및 아이디어를 담는 그릇으로 비유된다. 예를 들어, 어떤 사람이 책상을 보았을 때 그는 책상에 대한 시각적 경험을 '책상 스키마'에 저장하고, 잔치에 갔을 때의 경험을 '잔치 스키마'에 저장하게 된다. 이와 같은 식으로 기억 속에 저장된 스키마는 새롭게 접하는 정보를 이해하고 해석하는 바탕이 된다.

스키마 이론은 **읽기**▶p.38 현상을 넘어 인간의 지식이 기억 속에 어떻게 구조화되고 표상되느냐에 관한 이론이지만, 읽기 이론의 다양한 측면 및 읽기 과정을 설명함으로써 **인지적 구성주의 읽기 이론**▶p.70의 토대가 되었다. 읽기 상황에서 독자는 **텍스트**▶p.18와 연관된 스키마를 작동하면서 텍스트의 명시적인 부분을 파악하고 비명시적인 부분은 추론하여 텍스트를 읽어나간다. 만약 텍스트에 적절한 스키마가 작동되면 독자는 스키마를 바탕으로 텍스트의 정보를 동화(assimilation)하면서 수월하게 텍스트를 이해할 수 있다. 만약 스키마가 텍스트의 정보와 불일치하면 독자는 스키마를 수정(tuning)하거나 변형(restructuring)한 후 텍스트를 읽어가거나, 기존 스키마를 대체한 후 텍스트의 내용에 부합하는 다른 스키마를 작동시킨다. 이러한 점에서 **독해**▶p.48는 텍스트에서 접하는 새로운 지식과 스키마를 연결하는 능동적인 의미 구성 과정으로 볼 수 있다. 이 외에도 스키마는 독자에게 텍스트의 어느 부분이 중요하고 주목해야 하는지를 알려주며, 텍스트의 비명시적인 부분에 대한 추론을 정교화하며, 텍스트의 요약과 기억에도 기여한다.

스키마 이론은 읽기에서 독자의 능동적인 역할을 강조함으로써 읽기 교육에 많은 시사점을 남겼다. 첫째, 스키마 이론은 읽기 교수학습의 중요한 원리로 다양한 읽기 교수학습 상황에서 적용되고 있다. 대표적으로 학생들의 경험이나 기존 지식을 그들이 읽고 있는 텍스트와 연결되도록 하거나, 자신이 알고 있는 내용을 바탕으로 텍스트의 내용을 예측 및 추론하도록 한다. 전자의 방식으로는 **배경지식 활성화하기**▶p.217, **KWL**▶p.200 등의 방법이 대표적이고, 후자의 방식은 **예측하기**▶p.176, **배경지식을 활용하여 생략된 내용 추론하기**▶p.177 등이 있다. 둘째, 스키마를 활용한 읽기 교재 개발에 기여하였다. 교과서의 내용 전에 제시된 '읽기 전에'와 같은 안내 장치는 스키마 이론을 활용한 대표적인 예로써, 학생들이 텍스트를 읽기 전에 독자의 선행 지식과 텍스트 내용을 연결하거나 자신의 지식을 활성화해 볼 수 있는 기회를 제공하여 학생들의 텍스트 이해를 돕고자 한 것이다.

스키마 이론이 독서 교육과 이론에 미친 영향력에도 불구하고, 스키마 이론에 대한 비판 역시 존재한다. 첫째, 스키마에 대한 정의가 다소 모호하다는 점이다. 스키마는 틀(frame), 스크립트(script), 사전지식(prior knowedge), 배경지식(background knowledge), 경험(experience), 세상에 대한 지식(world knowledge) 등으로 다양한 명칭이 존재하며, 이는 학자마다 스키마를 이해하는 관점이 상이함을 나타낸다. 또한 스키마의 정의가 모호함으로 스키마의 범위나 경계가 어디까지인지(예: 스키마와 스키마가 아닌 것의 차이는 무엇인가?), 개인이 어느 정도의 지식을 갖고 있어야 스키마를 충분히 갖춘 것인지(예: 사전적 의미에서 '토끼'를 알고 있으면 스키마를 가졌다고 볼 수 있는가?) 등에 대한 의문 역시 충분히 해결되지 못하였다. 둘째, 스키마 이론은 인간의 읽기를 중립적으로 보이는 인지적 행위로만 설명함으로써 인간이 지닌 신념, 의도, 감정과 같이 읽기에 영향을 미치는 중요한 요소의 역할과 중요성을 기술하는 데 제한적이다. 셋째, 스키마 이론은 기존의 지식을 활용한 읽기 행위를 설명하는 데는 강점을 보이나, 독자가 새로운 스키마를 구성하거나 습득하는 과정을 충분히 설명하는 데 한계가 있다.

[참고문헌]

노명완(1987). 「이해, 학습, 기억: 독서과정에 관한 인지심리학적 연구 분석」, 『한국교육』 14(2), 29-55.

Anderson, R. C., & Pearson, P. D.(1984). A schema-theoretic view of basic processes in reading. In P. D. Pearson(ed.). *Handbook of reading research 1*, 185-224. New York: Longman.

Guzzetti, B. J.(ed.)(2002). *Literacy in America: An encyclopedia of history, theory, and practice*. Santa Barbara, CA: Abc-Clio.

McVee, M. B., Dunsmore, K., & Gavelek, J. R.(2013). Schema theory revisited. In D. E. Alvermann, N. J. Unrau, & R. B. Ruddell(eds.). *Theoretical models and processes of reading 6*, 489-524. New York, DE: International Reading Association.

Pearson, P. D.(2009). The roots of reading comprehension instruction. In S. E. Israel, & G. G. Duffy(eds.). *Handbook of research on reading comprehension*, 3-31. New York: Routledge.

독자 반응 이론 reader-response theory

독자 반응 이론은 문학 작품의 경험 및 해석의 주체로서 독자▶p.120를 강조하는 이론적 관점 또는 접근 방식을 의미하며, 수용미학이나 수용이론으로도 불린다. 독자 반응 이론은 독자를 텍스트▶p.18 해석과 의미 생성의 능동적 참여자로 보는 입장으로, 텍스트가 자율적인 의미를 지니고 있으며 객관적으로 분석이 가능하다고 믿는 형식주의나 신비평 관점과 구분된다.

이 이론은 1930년대 미국의 로젠블랫(Rosenblatt)에 의해 그 아이디어가 시작되었으나, 미국과 독일을 중심으로 1960년대와 70년대에 홀랜드(Holland), 피시(Fish), 이저(Iser), 야우스(Jauß), 바르트(Barthes) 등을 통해 본격화되었다. 기존의 신비평 이론에서는 의미가 텍스트 '안에' 있으므로 독자의 주관적 해석을 배제하려고 했다면, 독자 반응 이론은 텍스트의 의미는 자명하지 않고 열려 있기 때문에, 독자의 해석을 통해 그 모습이 드러난다고 보았다.

독자 반응 이론의 정립 과정에 다양한 학자와 비평가가 참여하였기 때문에 독자 반응 이론을 하나의 이론으로 정의하거나 해석하는 데 어려움이 있으나, 독자 반응 이론은 문학 작품 해석에서 독자의 역할을 강조하였다는 점에서 공통적이다. 독자 반응 이론은 문학 작품을 독자와 떨어져서 개별적으로 존재하고 객관적으로 감상·평가할 수 있는 대상물로 보기보다는, 독자가 읽는 행위를 통해 얻을 수 있는 경험의 측면을 강조하여 바라본다. 작품을 읽는 과정에서 독자는 문학 작품 속의 빈틈(gaps)을 자신의 배경지식, 기대나 경험을 통해 예측하고, 때때로 이러한 예측을 수정하며 역동적으로 읽어 나간다. 그리고 이러한 문학 작품이나 텍스트의 해석은 독자 개인의 경험과 해석에 근거하기도 하지만 그보다 더 넓은 독자들의 집단인 해석공동체(interpretive community)▶p.153의 영향을 받기도 한다.

독자 반응 이론은 문학 작품의 해석에서 종래와 같이 작가의 의도가 무엇인지, 작품의 형식과 의미가 무엇인지를 찾아내고자 하는 수동적인 자세를 벗어나 독자를 능동적 해석 주체로 간주함으로써 작품의 해석을 풍부하고 다양하게 하였다는 점에서 의의가 있다. 또한 이를 통해 교실에서 학생들을 문학 작품의 올바른 해석을 수용하고 받아들이는 대상에서, 작품의 의미를 능동적으로 찾는 주체자로 인정하였다는 점에서도 문학교육적인 의의가 있다.

그러나 독자 반응 이론은 독자의 역할을 지나치게 강조한 나머지, 작가와 작품의 존재 의의를 약화시킨다는 점에서 비판을 받고 있다. 또한 문학 작품에 대한 학생들의 반응에 주된 초점을 둠으로써 학생들의 이해 수준을 넘어선 다양한 해석과 문학 작품 안내를 제한할 수 있다는 점에서 비판을 받기도 한다. 예를 들어, 작품의 **사회문화적 맥락**▶p.151을 전혀 고려하지 않고 『구운몽』을 읽은 학생의 반응만을 중시한다면, 주인공이 여러 여자를 만나는 것을 '바람둥이'로 비판하는 데 그쳐 구운몽이 당대의 입신양명(立身揚名)의 가치관과 인생무상(人生無常)의 주제를 동시에 그려 내고 있다는 교수학습에 도달하지 못할 수 있다. 이처럼 독자 반응 이론을 비판하는 측에서는 교사가 독자의 반응을 강조하여, 학생들이 텍스트의 의미를 지나치게 주관적으로 해석하지 않도록 더 많은 안내와 설명을 할 필요가 있다고 주장한다. 또한 문학 작품과 학생을 둘러싼 사회문화적 요소에도 관심을 두어 문학 작품 해석에 대한 균형을 유지하게 할 필요가 있다.

[참고문헌]

장도준(2010). 「독자반응이론에 대하여」. 『한국어문연구』 19, 207-245.

Guzzetti, B. J.(ed.)(2002). *Literacy in America: An encyclopedia of history, theory, and practice*. Santa Barbara, CA: Abc-Clio.

Rosenblatt, L. M.(1978). *The reader, the text, the poem: The transactional theory of the literary work*. Carbondale: Southern Illinois University Press.

Rosenblatt, L. M.(2013). The transactional theory of reading and writing. In D. E. Alvermann, N. J. Unrau, & R. B. Ruddell(eds.). *Theoretical models and processes of reading 6*, 923-956. Nework, DE: Internatioanl Reading Association.

읽기 > 읽기 이론 > 독자 반응 이론 >

상호교섭 이론 transactional theory

상호교섭 이론은 **독자▶p.120**와 **텍스트▶p.18** 사이의 상보적이고 역동적인 관계성을 통해 독자의 문학 작품 읽기 행위를 조명하고자 한 **읽기 이론▶p.67**으로, **독자 반응 이론▶p.84** 체계의 한 갈래라고 볼 수 있다. 이 이론을 제기한 로젠블랫(Rosenblatt)에 따르면 **읽기▶p.38**를 설명하기 위해 사용된 독자와 텍스트의 '상호 작용(interaction)'이라는 표현은 서로 다른 당구공 간의 부딪침과 같이 독자와 텍스트를 각각 변화하지 않은 두 객체로 전제하였다는 점에서 독자의 읽기 행위를 설명하는 데 한계가 있었다. 이에 대한 대안으로 제기한 '상호교섭(transaction)'이라는 표현은 강(江)과 강둑의 관계처럼 독자와 텍스트가 함께 상호 영향을 주고받는 존재로서 의미를 지닌다는 점에서 문학 작품 읽기를 보다 잘 설명하는 용어가 될 수 있다. 또한 로젠블랫의 설명에 따르면 독자가 문학 작품을 통해 얻는 문학 체험은 종이 위의 잉크 자국을 의미하는 '텍스트'를 읽는 것만으로 설명하기에는 충분하지 못하다. 문학 작품의 이해는 독자가 텍스트를 읽으면서 환기되는 이미지, 정서, 개념 등 독자의 마음속에서 이루어지는 텍스트와 독자의 상호교섭 대상으로서 텍스트를 읽을 때 도달하게 되는데, 로젠블랫은 이를 '시(poem)'라고 지칭하였다. 이 상징적인 의미체로서의 시는 텍스트 자체에 있는 것이 아니라 독자가 텍스트와 상호교섭함으로써 독자 마음속에서 생성된다.

상호교섭 이론에서는 독자의 능동적 역할을 강조하였으며, 독자가 책을 읽을 때 취하는 입장(stance)을 **원심적 읽기와 심미적 읽기▶p.88**로 나누어 설명하였다. 즉 로젠블랫은 독자의 입장을 텍스트에서 정보를 추출하고 보유하는 데 목적을 둔 원심적 읽기와 삶의 경험을 체험하고자 할 때의 읽기인 심미적 읽기의 연속체 안에 나타나게 되며, 문학 작품 읽기를 주로 심미적 관점에서 설명하고자 하였다. 심미적 읽기에서 텍스트와 의미 교섭 중인 독자는 자신의 삶의 경험이나 아이디어, 이미지를 떠올리고 이를 작품 이해의 과정에 의미를 환기(evocation)하게 되며, 독자의 머릿속에 환기된 의미는 문학 작품에 대한 독자의 다양한 반응(response)으로 나타난다. 독자의 반응은 독자의 몰입도, 개인적(자전적) 경험, 반응 스타일, 사전 읽기 경험, 반응의 표현 방식, 텍스트에 대한 입장 등에 의해 다양하게 나타날 수 있다.

기존 문학 수업은 교사가 중심이 되어 작품 해석을 안내하고 설명함으로써 학생들의 다양한 반응을 이끌어 내기 어려웠다. 상호교섭 이론에 의하면 독자가 구성하는 '시'는 텍스트에 있다기보다 독자의 읽기 행위 속에 나타나기 때문에 학생이 보다 주도적으로 작품 해석의 주체가 되도록 안내하게 된다. 이러한 수업 방법으로는 (1) 학생들이 수업이나 논의를 이끌 수 있도록 학생들에게 과제와 책임을 부여하는 접근 방식, (2) 교사가 문학 작품에 대한 반응하는 방식이나 전략(문학 작품에서의 쟁점 제기하기, 불명료한 점 명료화해보기, 다른 독자의 비평에 대해 반응하기, 텍스트를 기존 책의 내용과 상호텍스트적▶p.98으로 연결하기 등)을 예시(modeling)로 보여 주는 방식, (3) 반응일지 쓰기, 문학 작품 다시 쓰기, 뒷부분 이어 쓰기, 이메일이나 서평 쓰기 등으로 반응을 글로 적어보게 하는 방식, (4) 이미지, 지도, 예술, 하이퍼미디어 등 다양한 매체를 활용하여 반응을 표현하도록 하는 방식, (5) 학생들이 문학에서 경험하고 있는 반응을 독자나 문학 작품이 속한 사회적 이슈, 질문, 딜레마 등과 연관 짓는 방식 등을 들 수 있다. 이러한 방법들을 통해 교사는 학생들이 문학 작품에 대한 의미 구성의 능동적 주체가 될 수 있도록 환경을 조성하게 된다.

[참고문헌]

이순영·최숙기·김주환·서혁·박영민(2015). 『독서교육론』. 사회평론아카데미.

Anderson, R. C., & Pearson, P. D.(1984). A schema-theoretic view of basic processes in reading. In P. D. Pearson(ed.). *Handbook of reading research 1*, 185-224. New York: Longman.

Guzzetti, B. J.(ed.)(2002). *Literacy in America: An encyclopedia of history, theory, and practice*. Santa Barbara, CA: ABC-CLIO.

읽기 > 읽기 이론 > 독자 반응 이론 >

원심적 읽기, 심미적 읽기 efferent reading, aesthetic reading

원심적 읽기는 독자▶p.120가 텍스트▶p.18에서 정보를 파악(추출)하여 이를 기억하거나 이용하고자 할 때의 읽기▶p.38를 의미한다. 심미적 읽기는 감동이나 교훈 등 미적 경험을 느끼는 읽기를 의미한다. 원심적 읽기, 심미적 읽기라는 용어는 로젠블랫(Rosenblatt)의 상호교섭 이론▶p.86에서 독자가 읽기에서 취하는 입장(stance)에 따라 읽기를 구분하여 설명한 것이다.

원심적 읽기의 예로 약 (복용)설명서를 찾아 읽는 경우를 들 수 있다. 이때의 읽기는 설명서에서 설명하는 내용이 증상과 관련이 있는지, 언제 몇 알을 먹어야 하는지 등 필요한 내용이 설명서의 어디에 어떻게 제시되어 있는지 등을 찾아 읽는 정보 추출적 읽기에 초점이 맞춰져 있다. 신문 읽기, 교과서 읽기, 제품 사용 설명서 읽기는 대개 원심적 읽기의 유형에 해당한다. 이때의 읽기 과정은 분석적, 논리적 과정이 중시된다. 원심적 읽기는 텍스트로부터 밖으로 정보를 옮기지만, 마치 밧줄로 묶인 배가 정박한 곳에 다시 돌아오듯이 텍스트로 돌아와 정보에 집중하며 읽는 것을 뜻한다.

심미적 읽기의 예로는 역사적 사건을 배경으로 한 소설을 읽으면서 과거 사람들의 갈등과 번민하는 모습이나, 삶의 질곡 속에서도 희망을 놓지 않는 사람들의 이야기에 빠져드는 독자의 읽기를 들 수 있다. 시, 이야기, 극을 읽는 독자는 감성적, 정의적, 정서적, 질적 의미에 주된 관심을 둔다.

로젠블랫에 따르면, 이와 같은 원심적 읽기나 심미적 읽기는 독자의 입장이나 목적이 어디에 있느냐와 관계되는 것이지 텍스트의 장르 자체로 구분되는 것은 아니다. 또한 로젠블랫은 원심적 읽기나 심미적 읽기는 단순히 이분법적으로만 구분되는 것이 아니라 독자의 목적에 따라 원심적 읽기와 심미적 읽기의 연속체(continuum)하에 있다고 보았다. 예를 들어, 4지 선다형 시험을 앞둔 중학생이 황순원의 소설 「소나기」를 읽었을 때에는 인물, 플롯, 복선 등 시험에 나올만한 사실을 기억하는 원심적 읽기가 강하게 나타나게 된다. 반면에 세이건(Sagan)의 『코스모스(Cosmos)』를 심미적으로 읽는 독자는 우주의 신비로움과 이를 언어적으로 구조화한 저자의 서술에 심미적으로 반응하면서 읽을 수도 있다.

[참고문헌]

Rosenblatt, L. M.(1978). *The reader, the text, the poem: The transactional theory of the literary work*. Carbondale: Southern Illinois University Press.

Rosenblatt, L. M.(2013). The transactional theory of reading and writing. In D. E. Alvermann, N. J. Unrau, & R. B. Ruddell(eds.). *Theoretical models and processes of reading 6*, 923-956. Nework, DE: Internatioanl Reading Association.

읽기 >

읽기 요소

읽기 요소는 '읽기▶p.38'라는 행위를 구성하는 필수적인 요소를 뜻한다. 읽기를 어떻게 정의하느냐에 따라 읽기 요소를 구분하는 관점 역시 상이하지만, 일반적으로는 독자▶p.120, 텍스트▶p.18, 맥락▶p.146의 세 가지 요소로 읽기 요소를 구분한다.

첫째, 독자(reader)는 자신의 인지적 능력, 정의적 능력, 지식 및 경험을 바탕으로 읽기 행위를 하는 주체이다. 독자의 인지적 능력에는 주의력, 기억, 비판적 능력, 추론 능력 등이 있으며, 정의적 특성에는 읽기 태도▶p.130, 읽기 동기▶p.132, 읽기 흥미▶p.134, 읽기 가치▶p.137, 읽기 효능감▶p.139, 독자 정체성▶p.127 등이 있다. 읽기에 필요한 독자의 지식에는 어휘 지식, 문법적 지식, 텍스트에 대한 지식, 전략에 대한 지식, 세상사적 지식 등이 포함된다.

둘째, 텍스트(text)는 어떤 소통의 맥락에서 메시지를 전달하기 위해 문자, 음성, 영상 등 다양한 기호와 양식으로 짜임새 있게 조직된 의미의 완결체이다. 전통적으로 텍스트는 글, 작품, 인쇄된 책을 가리키는 개념이었으나 최근에는 디지털 매체의 발전과 함께 매우 다양한 형태로 이루어진다. 즉, 텍스트는 단순히 글자나 단어의 의미 없는 조합이나 연결이 아니며 다양한 기호와 양식들에 의해 짜임새 있게 연결된 구조적이고 의미적인 특성을 갖는다. 독자는 텍스트의 내용을 그대로 복사하여 마음속으로 기억하는 것이 아니라, 텍스트의 바탕이 되는 텍스트 기저(text base)의 내용을 자신의 경험 및 지식과 연합하여 마음속으로 표상하게 된다.

셋째, 맥락(context)은 텍스트 이해와 생산에 작용하는 관련 정보 등을 의미한다. 맥락은 크게 상황 맥락▶p.149과 사회문화적 맥락▶p.151 등으로 구분된다. 상황 맥락은 독자가 텍스트를 읽고 있는 바로 그 상황에서의 물리적·환경적 측면을, 사회문화적 맥락은 독자가 속해 있는 시대적·사회적 문화나 흐름을 의미한다. 시험 상황과 같은 제한적인 시간 내에서의 읽기 맥락은, 공부 목적으로 천천히 철학책을 한 구절 한 구절 음미할 때의 읽기 맥락이나, 여가 시간에 자유롭게 읽는 소설 읽기의 맥락과도 다르며 읽기 양상 또한 달라진다.

관련 용어

읽기, 독자, 텍스트, 맥락

[참고문헌]

Snow, C.(2002). *Reading for understanding: Toward an R&D program in reading comprehension*. RAND Corporation.

읽기 > 읽기 요소 >

텍스트

총론 표제어(18쪽) 참고.

읽기 > 읽기 요소 > 텍스트 >

텍스트성 textuality

텍스트성이란 **텍스트**▸p.18가 갖춰야 할 특성 혹은 구성 요건을 가리킨다. 즉, 텍스트를 텍스트답게 만드는 자질을 총칭하는 개념이다. 이에 대해 보그란데와 드레슬러(Beaugrande & Dressler, 1981)는 **응집성(cohesion)**▸p.96, **통일성(coherence)**▸p.94, 의도성(intentionality), 용인성(acceptability), 정보성(informativity), 상황성(situationality), **상호텍스트성(intertextuality)**▸p.98의 7가지를 텍스트 구성 요건으로 보았다. 이는 텍스트적 요인(언어 차원), 심리적 요인(정신 차원), 사회적 요인(현실 차원), 정보처리적 요인(통화 차원)을 모두 포함하는 텍스트의 구성적 원리로서 포괄적이고 다차원적인 개념으로 접근하고 있다.

응집성(cohesion)은 통사 구조의 구성 요소들이 표층 구조상에서 상호 관련을 맺는 연결성을 뜻하며, 문법적 의존 관계를 바탕으로 한다. 반면 통일성(coherence)은 한 편의 텍스트를 구성하는 요소들이 하나의 주제를 향하여 의미적으로 긴밀하게 연결되어 있는 특성을 가리킨다. 그런데 통일성은 텍스트 자체가 가져야 할 특성이기도 하지만, **독자**▸p.120가 구성해 내야 하는 특성이기도 하다. 국어교육에서는 응집성(cohesion), 통일성(coherence)이라는 용어를 주로 사용하지만, 다른 분야에서는 연구자에 따라서 응집성(cohesion)을 응결성, 결속구조 등으로 부르기도 하고, 통일성(coherence)을 응집성 등으로

부르기도 한다. 최근에는 '응집성(coherence)', '응결성(cohesion)'으로 통일해서 부르고자 하는 경향이 점차 커지고 있다. 이와 같이 번역 용어가 다양하기 때문에 반드시 원어를 함께 확인할 필요가 있다.

심리적 요인으로는 의도성과 용인성이 있다. 의도성은 텍스트 생산자가 의도하는 바를 추구하고 달성하기 위해 텍스트를 사용하는 모든 방식을 가리킨다. 용인성은 하나의 언어 구성체를 수용자가 유용하고 적합한 텍스트로 수용하는 것뿐만 아니라 담화▸p.24에 참여하고 공통의 목표를 가지려는 능동적 의지로서의 수용 행위를 포함한다. 정보처리적 요인인 정보성은 수용자에게 제시된 바가 얼마나 새롭거나 예측 불가능한 것인가 하는 정도를 나타내는 것으로, 텍스트 구성상 선택항을 선택하고 배열하는 데 영향을 미친다.

사회적 요인으로는 상황성과 상호텍스트성이 있다. 상황성은 한 텍스트를 그 발화의 상황(맥락)▸p.149에 적합한 것으로 만드는 요인들에 관련된 것이다. 예컨대 "학교 앞 천천히"라는 표현은 학교 앞의 도로와 이동 상황을 반영하여 '학생들이 많이 다니는 곳이니, 모든 운전자들은 주의해서 천천히 운전하시오.'라는 메시지를 담고 있다. 상호텍스트성은 주어진 텍스트를 생산하고 수용함에 있어서 필자(생산자)와 독자(수용자)가 텍스트의 주제나 형식적 차원에서 또 다른 텍스트에 의존하는 모든 방식을 일컫는다.

보그란데와 드레슬러는 7가지 텍스트성 중 텍스트를 완성하는 가장 핵심적이며 지배적인 텍스트성은 통일성(coherence)이라고 설명하였다. 또한 상황성의 일부로 상호텍스트성을 포함시키자는 견해와 맥락성(contextuality)의 개념을 추가시키자는 견해도 존재한다.

한편, 텍스트언어학의 관점 외에도 데리다(Derrida)나 바르트(Barthes)와 같은 후기 구조주의자들은 텍스트의 자기 완결성을 부정하고, 텍스트 읽기▸p.38 과정에서 끊임없이 의미가 생성되는 잠재성을 지닌다는 입장에 선다. 이는 신비평 등 기존의 관점에서 바라보는 작가, 독자, 텍스트 사이의 경계를 허물고, 텍스트는 해석의 연쇄로 이루어진다는 관점을 담고 있다. 이는 크리스테바(Kristeva)가 바흐친(Bakhtin)의 이론을 바탕으로 제기한 상호텍스트성(intertextuality)을 텍스트의 주요 특성으로 보는 관점과도 관련된다.

관련 용어

텍스트(text), 통일성(coherence), 응집성(cohesion), 상호텍스트성(intertextuality)

[참고문헌]

김태옥·이현호 공역(1995). 『텍스트 언어학 입문』. 한신문화사, de Beaugrande. R. A., & Dressler, W. U.(1981). *Introduction to text linguistics*. Routledge.

정시호 역(1995). 『텍스트학』. 민음사, van Dijk, T.(1980). *Textlinguistik. Eine Einführung*. München: Fink.

이성만 역(1995). 『텍스트언어학 입문』. 한국문화사, Vater. H.(1992). *Einführung in die Textlinguistik*. Script.

김희영 역(1997). 『텍스트의 즐거움』. 동문선, Barthes, R.(1982). *Le Plaisir du texte*. Éditions du Seuil.

Kristeva, J.(1980). *Desire in language: A semiotic approach to literature and art*. L. S. Roudiez(ed.). T. Gora, A. Jardine, & L. S. Roudiez(trans.). New York: Columbia University Press.

읽기 > 읽기 요소 > 텍스트 > 텍스트성 >

통일성 coherence

통일성이란 글의 하위 내용들이 하나의 주제를 향하여 의미적으로 긴밀하게 연결되어 있는 특성을 말한다. 이는 글을 글답게 만드는 텍스트▸p.18의 기본적인 특성인 텍스트성▸p.92의 하나로서, 흔히 주제 일관성 혹은 의미적 결속성이라고도 하며, 텍스트언어학에서는 응집성▸p.96이라는 용어로 번역되기도 한다.

독자▶p.120는 글을 읽을 때 글이 하나의 일관된 메시지를 갖고 있다는 전제하에, **맥락**▶p.28이나 배경지식, 글에 드러난 단서들을 종합적으로 관련지어 의미를 구성하는데, 이를 통해 통일성을 인식하게 된다. 반면, 필자가 글을 쓸 때도 하위 내용들이 주제에 벗어나지 않도록 논리적으로 조직하면서 통일성 있는 글을 쓰려고 한다. 흔히 대화에서 '이야기가 샛길로 빠진다'는 표현은 이야기의 흐름이 처음과 달리 엉뚱한 방향으로 진행되어 주제나 요지가 애매모호해지는 것을 가리키는데, 글도 마찬가지다. 아래의 예문은 [A]에서 [B]로 이어질 때 내용(주제)이 '부정맥'에서 '보험제도 개선'으로 바뀌었으므로, 통일성 있는 글이 되지 못한다.

> [A] 심장은 스스로 전기 신호를 만들고, 이 전기 자극을 심장근육세포에 전달하여 수축을 일으키게 된다. 그러나 이 과정에 문제가 생기는 경우를 '부정맥'이라고 한다. [B] 최근 국민건강보험제도가 개선되면서 의료 사각지대에 있던 사람들이 많은 혜택을 보고 있다. 그간 개인이 부담했던 진단 검사 항목이 의료 보험에 포함되는 것이 많아졌기 때문이다.

통일성은 글이 지니는 기본적인 특성이기 때문에, 독자는 글 속에는 무엇인가 전달하고자 하는 일관된 메시지가 있을 것이라고 가정한다. 그래서 처음에 잘 이해가 되지 않더라도, 주어진 글의 정보를 단서로 하여 자신의 배경지식이나 **상황 맥락**▶p.149을 결합하면서 의미를 구성한다. 예를 들어 다음과 같은 공익광고 문구가 있다고 하자.

> 모두 살색입니다.
> 외국인 근로자도 피부색만 다른 소중한 사람입니다.
> 돌아가서도 우리나라를 세계에 알릴 귀한 존재입니다.

여기서 밑줄 친 문장이 처음에는 통일성을 저해하는 문장처럼 낯설게 느껴지지만, 앞뒤 문맥은 물론, 이 글이 공익광고라는 점(맥락), '살색'이라는 용어에 '인종 편견' 의식이 들어있다는 점(배경지식) 등을 떠올려 주제를 파악할 수 있다. 따라서 독자가 글의 의미를 통일성 있게 파악하기 위해서는 글에 나타난 단서, 맥락, 배경지식 등을 활용해야 한다.

관련 용어

응집성, 텍스트성(담화의 특성)

[참고문헌]

고영근(2000). 『텍스트언어학』. 아르케.

김태옥 역(2002). 『텍스트언어학입문』. 한신문화사, De Beaugrande, R., & Dressler, W. U.(1981). *Introduction to text linguistics*. Longman.

읽기 > 읽기 요소 > 텍스트 > 텍스트성 >

응집성 cohesion

응집성이란 글의 하위 요소들이 문법적으로 혹은 형식적으로 긴밀하게 연결되어 있는 특성을 말한다. 이는 글을 글답게 만드는 **텍스트**▸p.18의 기본적인 특성으로서, 흔히 문법적 결속성이라고 하며, 텍스트언어학에서는 결속구조, 응결성으로 번역하기도 한다.

응집성을 높이기 위해 쓰인 문법적인 요소를 응집 장치(cohesive ties)라고 하는데, '지시, 접속, 대용, **담화 표지**▸p.104' 등이 있다. 이러한 응집 장치들로 인해 응집성은 **통일성**▸p.94과 달리 겉으로 드러난다.

첫째, 지시(reference)란 이미 알고 있는 대상이나 앞에 나왔던 내용을 가리키는 장치이다. 보통 지시대명사(이것, 저것, 그것)나 지시관형사(이, 그, 저),

지시부사(여기, 거기, 저기), 지시형용사(이러하다, 그러하다, 저러하다) 등을 사용하여 앞에 나온 말(내용)을 지시한다. 예를 들어, '곱슬머리 학생이 손을 들었다', '곱슬머리 학생이 문제를 제기했다'라는 두 개의 문장이 있다면, 이를 '곱슬머리 학생이 손을 들었다. 그는 문제를 제기했다'로 지시어를 사용하면 두 문장이 연결되어 응집성이 높아진다.

둘째, 접속(conjunction)이란 접속어를 사용하여 두 개 이상의 내용을 연결하는 장치이다. 접속은 연결어미를 사용할 수도 있지만, 접속부사를 사용하여 '나열(그리고, 다음으로), 첨가(게다가, 또한), 대립(하지만, 그러나), 인과(따라서, 그래서), 전환(그런데, 한편)' 등으로 문장을 연결할 수 있다. 예를 들어, '아버지는 사과를 좋아한다.', '어머니는 배를 좋아한다.'라는 두 개의 문장이 있다면, 이를 '아버지는 사과를 좋아한다. 그러나 어머니는 배를 좋아한다.'로 접속사를 사이에 넣으면 두 문장이 연결되어 응집성이 높아진다.

셋째, 대용(substitution)이란 앞에 나온 내용의 반복을 피하기 위해 다른 단어나 구로 대체하는 장치이다. 예를 들어, '일을 하려면 트럭이 필요하다. 그런데 나는 차를 살 돈이 없다.'라는 문장 연속체에서, '차'는 의미상 앞서 나온 '트럭' 대신에 쓰였다고 볼 수 있는데, 이렇듯 대용은 앞에 나온 내용을 의미론적으로 함의하는 다른 말로 바꿔 쓰는 것이다. 영어에서 대용은 'one, thing, do, is, so' 등이 반복되는 어구에서 많이 쓰이는데, 한국어에서는 비슷한 상황에서 지시(그것, 거기, 그러하다 등)를 더 많이 사용한다. 이러한 대용은 앞의 내용을 다른 어휘나 구로 바꿔 쓰는 것이기 때문에 글을 풍부하고 다채롭게 하는 효과가 있다.

이와 같이 지시, 접속, 대용 외에도, 어휘 반복, 생략, 글의 의미 구조를 보여 주는 구조 표지어 등의 담화 표지도 응집성을 높이는 장치들이다. 다양한 문법적 응집 장치들을 적절히 사용하면 응집성이 높아지는 것은 물론, 글의 내용이나 흐름이 명확해지기 때문에 통일성도 높아진다. 따라서 필자는 글을 쓸 때, 의미를 명료하게 전달하기 위해 다양한 응집 장치를 사용하게 되고, 독자는 문법적 응집 장치들을 단서로 하여 각 내용들이 어떤 관계로 연결되어 있는지를 이해하게 된다.

관련 용어

통일성, 텍스트성(담화의 특성), 담화 표지

[참고문헌]

김태옥 역(2002). 『텍스트 언어학 입문』. 한신문화사, De Beaugrande, R., & Dressler, W. U.(1981). *Introduction to text linguistics*. Longman.

이은희(2000). 『텍스트 언어학과 국어교육』. 서울대학교출판부.

이삼형·김시정·김정선·김혜정·최형용(2019). 『글·삶·문법』. 하우출판사.

읽기 > 읽기 요소 > 텍스트 > 텍스트성 >

상호텍스트성 intertextuality

상호텍스트성이란 텍스트▶p.18와 텍스트 간에 주제, 형식(장르), 시대, 사조, 작가 등 다양한 측면에서 갖는 유기적 관련성을 뜻한다. 문학 작품뿐만 아니라 모든 텍스트가 갖는 특성의 하나로 주목받으면서 널리 쓰이게 되었다. 상호텍스트성은 한 텍스트가 다른 텍스트에 인용되어 사용되는 것에서부터 풍자적 모방이나 장르 변형과 같은 내용이나 형식 측면의 영향 관계, 텍스트 생산 주체 간의 영향 관계에 이르기까지 그 의미 폭이 넓다(류수열, 2009).

이 용어는 프랑스의 기호학자 크리스테바(Kristeva, 1967)가 바흐친(Bakhtin) 논의를 소개하며 처음 사용하였다. 크리스테바는 한 작품 속에 다양한 의식이나 목소리들이 존재한다는 바흐친의 다성성(多聲性) 개념에 기반하여, 모든 텍스트는 마치 모자이크와도 같아서 여러 텍스트를 흡수하고 변형시켜 만들어지며, 필자의 독창적인 산물이 아니라 수많은 사회문화적인 영향 관계 속에서 생산된 것이라 하였다(Kristeva, 1967). 따라서 텍스트는 그 의미가 텍스트 자체에 존재한다고 보는 관점에서도 읽혀야 하겠지만, 사회문화적으로 구성된다고 보는 관점에서도 읽혀야 한다. 독자▸p.120는 텍스트와 텍스트를 둘러싼 사회문화적인 영향 관계를 고려하며 텍스트에 대한 해석을 심화하고, 여러 텍스트를 관련지으며 상호텍스트성을 구축해 나갈 수 있다.

한편, 텍스트언어학에서는 보그란데와 드레슬러가 텍스트의 7가지 속성 중 하나로 상호텍스트성(intertextuality)을 제시하면서 논의가 본격화되었다(Beaugrande & Dressler, 1981). 이때 상호텍스성이란 텍스트를 사용할 때 다른 텍스트 지식에 의존하는 방식을 포괄한다. 시대나 장르를 넘나들며 텍스트가 반복되거나 변형되어 사용되는 방식이 분석되면서 텍스트의 의미를 다층적이고 풍부하게 구성할 수 있게 되었다.

상호텍스트성의 관점에서 읽기▸p.38는 글의 내용과 형식에 영향을 미치는 상호텍스트적(텍스트 간) 맥락▸p.28을 고려하여 능동적으로 의미를 구성하는 것이다. 예를 들어 정철의 「사미인곡」을 그 작가의 다른 작품인 「속미인곡」과 연계해서 읽기, 영화 『마당을 나온 암탉』을 원작 소설과 비교하며 감상하기, 동일한 화제를 다룬 여러 글의 관점을 비교하며 읽는 주제통합적 읽기▸p.38 등은 모두 상호텍스트성과 관련된다.

관련 용어

텍스트, 텍스트성, 상호텍스트적 읽기, 하이퍼텍스트

[참고문헌]

김도남(2005). 『상호텍스트성과 텍스트 이해 교육』. 박이정.

김태옥·이현호 공역(1995). 『텍스트 언어학 입문』. 한신문화사, De Beaugrande. R. A., & Dressler, W. U.(1981). *Introduction to text linguistics*. Routledge.

류수열(2009). 「텍스트, 상호텍스트, 콘텍스트 사미인곡의 콘텍스트와 상호텍스트적 읽기」. 『독서연구』 21, 81-109.

박여성(1995). 「간텍스트성의 문제: 현대 독일어의 실용 텍스트를 중심으로」. 『텍스트언어학』 3, 83-122.
정재찬(2009). 「상호텍스트성에 기반한 문학교육의 실천」. 『독서연구』 21, 111-160.
Kristeva, J.(1967). Bachtin, das Wort, der Dialog und der Roman. In Jens Ihwe(ed.). *Literaturwissenschaft und Linguistik II*, 484-507. Athenäum.

읽기 > 읽기 요소 > 텍스트 >

이독성 readability

= 텍스트 난도, 텍스트 복잡도

이독성이란 텍스트▶p.18의 읽기 쉬운 정도를 의미한다. 관련 개념으로 텍스트를 읽기 어려운 정도로 표현하는 '텍스트 난도(level of text difficulty)'가 있다. 글자 크기나 모양, 줄 간격과 여백 등 편집이나 레이아웃의 측면에서 읽기 쉬운 정도를 나타내는 가독성(Legibility)과 구별된다. 즉 이독성은 '글을 읽고 이해하기 쉬운가?'를 강조한다면 가독성은 '글이 제시된 모양이나 형식(양식)이 보기에 편한가?'에 초점이 있다.

이독성 개념은 주로 해당 텍스트를 읽기에 적절한 학년이나 연령이 어떠한지를 산출하는 데 목적을 두며, 이를 바탕으로 독자▶p.120에게 적합한 수준의 글을 제안하는 데 활용되고 있다. 이독성에 영향을 미치는 요인에는 계량적 평가가 가능한 '양적 요인'과 계량적 평가가 어려워 질적으로 평가해야 하는 '질적 요인'이 있다. 이독성 연구에서는 계량화할 수 있는 텍스트의 양적 요인을 주로 다루었으며, 이때 글에 제시된 단어의 사용 빈도(난이도)와 문장 길이에 기반하여 텍스트 수준을 측정한다. 예를 들면 데일과 찰(Dale & Chall, 1948)의 이독성 공식은 "학년 수준=.1579*(어려운 낱말 수)+.0496*(평균 문장 길이)+3.6465"로서 어려운 낱말 수와 평균 문장 길이를 넣어 계산하면 해당 텍스트를 읽을 만한 학년 수준이 도출된다. 현재까지 개발된 여러 가지 이독성 공식들은 대체로 글의 난도에 대한 60~75%의 설명력을 지닌다고 보고되고 있다.

다만 이러한 이독성 공식은 텍스트에 쓰인 단어와 문장을 중심으로 난이도를 판단하기 때문에 독자 및 과제 요소를 충분히 고려하지 못한다는 점이 한계로 지적된다. 이를 보완하기 위해 텍스트의 양, 질, 독자 및 과제 등의 요인을 고려하는 취지에서 텍스트 복잡도(text complexity)의 개념이 부각되기도 하였다. 또한 교육 현장에서 실용적으로 사용되기 어렵다는 지적에 대해서는 이독성 측정의 자동화에 초점을 맞추어 실용성 문제를 개선하려는 노력이 이어지고 있다.

관련 용어

가독성(legibility), 텍스트 난도(text difficulty), 텍스트 복잡도(text complexity)

[참고문헌]

서혁·이소라·류수경·오은하·윤희성·변경가·편지윤(2013). 「읽기(독서) 교육 체계화를 위한 텍스트 복잡도(Degree of text complexity) 상세화 연구(2)」. 『국어교육학연구』 47, 253-290.

최소영·박태준·류수경·장지혜·길호현·이인화·이수진(2021). 『교육용 텍스트의 이독성 평가 준거 개발 연구』. 한국교육과정평가원.

Dale, E., & Chall, J. S.(1948). A formula for predicting readability: Instructions. *Educational research bulletin 27*(1), 37-54.

읽기 > 읽기 요소 > 텍스트 >

텍스트 구조 text structure

= 글의 구조, 글의 짜임, 의미 구조

텍스트 구조란 특정 의사소통 목적을 달성하기 위해 내용들(ideas)이 서로 유기적인 관계로 맺어진 **텍스트**▸p.18의 짜임을 뜻한다. 텍스트 구조는 **독자**▸p.120가 글을 읽으면서 머릿속에 표상하는 의미 구조(semantic structure)로서,

하나의 중심 내용이 다른 중심 내용과 어떤 수사론적 관계를 지니고 있는가에 따라 텍스트 구조가 정해진다.

텍스트는 크게 설명적/정보적 글(expository/informational text)과 서사적/문학적 글(narrative/literary text)로 구분할 수 있는데, 먼저, 설명적 텍스트 구조는 크게 상하 관계와 등위 관계로 구분할 수 있다(Carrell, 1984; Hillman, 1990; Arnaudet & Barrett, 1990; 서혁, 1996). 예를 들면, 상하 관계에는 '기술' 구조, 등위 관계에는 '문제-해결', '원인-결과', '비교/대조', '수집' 혹은 '나열', '연대기(chronology)' 구조 등이 있다. 반면, 서사적 텍스트 구조는 '이야기 문법▶p.106'과 같은 도식을 밝혔는데(Rumelhart, 1975; Thorndyke, 1977; Stein & Glenn, 1979), 대개 '배경-주제-플롯(에피소드)-해결' 구조로 이루어져 있다고 본다.

여기서는 설명적 텍스트 구조만 살펴보고자 하는데, 이는 [표]와 같이 나눌 수 있다.

[표] 설명적 텍스트 구조

상하 관계	핵심-상술 구조	한 화제에 대해 특성, 종류, 배경 등에 대해 세부 정보를 제공하는 구조. '핵심-상술', '주제-한정'의 관계이며, 하위 요소들이 주제에 대해 종속적이다.
등위 관계	문제-해결 구조	문단 간 관계가 문제와 해결의 관계를 이루는 구조. 문제가 해결 개념보다 논리적으로 선행한다.
	원인-결과 구조	문단 간 관계가 원인과 결과의 관계를 이루는 구조. 원인 혹은 결과가 생략되더라도 가정될 수 있다.
	비교/대조 구조	두 가지 이상 사물의 유사점이나 차이점을 진술하는 구조. 의미의 관계가 관계 쌍으로 되어 있어 정보 처리에 효율적이다.
	수집/나열 구조	한 화제에 대한 특성, 종류, 배경 등이 병렬적으로 제시되는 구조. 다른 구조들에 비해 각 요소들 간의 관계가 독립적으로 연결되어 있다.

이러한 텍스트 구조를 간단한 예로 도식화하면 다음 [그림]과 같다.

핵심-상술 구조

소나무는 한국을 대표하는 나무이다.	➡	- 민족의 역사를 같이 해온 전통수이다. - 나뭇결과 향이 고와서 목재 자원으로 가치가 높다.

문제-해결 구조

소나무가 멸종 위기에 처했다.	➡	1. 소나무 품종을 개량한다. 2. 소나무의 천적을 이용한 생물학적 방제를 한다. 3. 소나무를 보호수로 지정한다.

원인-결과 구조

소나무는 솔잎 혹파리 재선충병 등 병충해에 약하다.	➡	그 결과 소나무는 개체수가 감소하는 등 소나무 숲이 위기를 맞고 있다.

비교/대조 구조

침엽수	—	대응쌍	—	활엽수
뾰족한 모양	—	잎모양	—	둥근 모양
온대, 한대지방	—	서식지	—	온대, 열대지방
소나무(적송), 해송(곰솔, 흑송), 잣나무, 노간주나무, 향나무, 주목 등	—	수종	—	상수리나무, 굴참나무, 졸참나무, 떡갈나무, 갈참나무 등

수집/나열 구조

관상수는 여러 가지 종류가 있다.

1. 소나무는 ...	—	2. 대나무는 ...	—	3. 단풍나무는 ...	—	4. 꽃나무는 ...

[그림] 설명적 텍스트 구조의 예(도식화)

이상의 텍스트 구조는 기본적 구조로서, 글을 쓸 때는 글의 목적이나 필자의 글쓰기 전략에 따라 여러 구조들이 복합적으로 사용된다. 예컨대, 전체적으로는 '문제-해결' 구조를 계획하더라도 '문제점'이나 '해결 방안'을 제시할 때는 '첫째, 둘째' 등을 사용하여 '수집/나열' 구조로 쓸 수 있다. 글을 읽을 때도 글이 어떤 텍스트의 구조로 쓰였는지 생각하며 읽으면 내용상 흐름을 파악하거나 글 전체 내용을 요약하기가 용이해진다.

관련 용어

담화 구조, 글의 짜임, 의미 구조, 이야기 문법

[참고문헌]

서혁(1996). 『담화의 구조와 주제 구성에 관한 연구』. 서울대학교 박사학위논문.

이경화(1999). 『담화 구조와 배경 지식이 설명적 담화의 독해에 미치는 효과에 관한 연구』. 한국교원대학교 박사학위논문.

이삼형(1994). 『텍스트의 내용 구조 분석 방법과 교육적 적용 연구』. 서울대학교 박사학위논문.

Carrell, P. L.(1984). The effect of rhetorical organization on ESL readers. *Tesol Quarterly 18*(3), 441-467.

Weaver, C. A., & Kintsch, W.(1996). Expository text. In R. Barr, M. L. Kamil, P. B. Mosenthal, & P. D. Pearson(eds.). *Handbook of Reading Research II*, New York: Routledge.

읽기 > 읽기 요소 > 텍스트 > 텍스트 구조 >

담화 표지 discourse marker

담화 표지란 문장과 문장 간 혹은 문단과 문단 간의 의미적 연결성을 높이기 위해 사용하는 문법적 장치를 말한다. 이는 응집성▸p.96을 높이는 응집 장치 중 하나이다.

듣기 말하기 연구에서는 메시지 내용과 직접 관여되는 것 외에, 의사소통 상황과 관련하여 특정한 역할을 하는 단서들을 총칭하는 용어로 쓰인다. 그 종류로는 화자의 상태나 의도, 감정을 나타내는 언어적(verbal) 담화 표지와, 몸짓, 표정, 손짓, 억양 및 어조 등 비언어적(non-verbal) 담화 표지로 구분한다. 예컨대, 대화에서 '음-'과 같은 발화는 '고려 중임'을 드러내며, 손가락으로 가리키는 몸짓은 '대상을 지시하거나 시선을 특정 방향으로 이동시킴'을 드러낸다.

반면, 읽기▶p.38 및 쓰기 연구에서는 텍스트언어학 이론을 근거로 하여, 문장과 문장, 문단과 문단 간의 의미적 연결 관계를 높여주는 장치, 즉 텍스트 구조▶p.101 표지(text structure marker)를 뜻하는 경우로 한정하여 쓰이며, 언어학에서 상위 언어(meta language)와 관련하여 연구되기도 했다. 또한 의미를 드러내는 여러 가지 책의 외형적 단서들, 즉 제목, 차례, 그림, 표지, 삽화 등도 담화 표지라 하기도 한다. 책의 앞뒤 그림도 글 내용을 암시하는 담화 표지로 쓰인다. 이들은 독자▶p.120가 의미를 구성하도록 돕는 역할을 한다. 여기서는 텍스트 구조 표지어에 해당하는 담화 표지만 다루고자 한다.

담화 표지는 주로 내용의 예고, 강조, 요약, 예시, 열거 등의 기능을 한다. 예를 들면, 필자의 주장이나 생각을 나열할 때는 각 문단마다 '첫째, 둘째, 셋째' 등을 사용하고, 앞 문단의 내용에 대한 구체적인 사례를 들어 설명하려면 '예컨대, 구체적으로' 등을 쓸 수 있다. 이와 같이 담화 표지를 사용하면 글이 체계적이고 구조화 되며, 독자에게 담화▶p.24의 구조나 내용을 쉽게 파악할 수 있도록 하여, 집중, 내용 구별, 내용 정리, 기억 등에 도움을 준다.

담화 표지는 기능에 따라 다음과 같이 분류할 수 있다.

[표] 담화 표지(텍스트 구조 표지어) 종류

대상을 지시하는 기능	이상으로, 이와 함께, 다음과 같이, 앞에서, 세 번째로, 제시되었듯이 등

관계를 드러내는 기능	종합하면, 구체적으로 말하면, 상세화하면, 예컨대, 이른바, 소위, 바꿔 말하면, 비유하자면 등
글 구조 전반을 개관하는 기능	지금까지는, 다음의 세 가지, 첫째, 둘째, 셋째 등
앞말을 요약하는 기능	요컨대
뒤의 내용을 안내하는 기능	이제, 지금부터(도입), (개관), 다음으로, 바꿔 말하면, 즉(전환), 강조하자면(강조), 보충하자면(보충), 부연하건데(부연), 예를 들어(예증), 결론적으로, 한정하자면(한정), 일단, 나누어 보면(분류), 첫째, 둘째, 먼저, 다음으로(순서)

관련 용어

응집성, 상위언어, 텍스트 구조 표지

[참고문헌]

김봉순(1996). 『텍스트 의미 구조의 표지 연구』. 서울대학교 박사학위논문.

김태옥 역(2002). 『텍스트 언어학 입문』. 한신문화사, De Beaugrande, R., & Dressler, W. U.(1981). *Introduction to text linguistics*. Longman.

Meyer, B. J. F.(1975). *The organization of prose and the effects on memory*. Amsterdam: North-Holland.

읽기 > 읽기 요소 > 텍스트 > 텍스트 구조 >

이야기 문법 story grammar

이야기 문법은 '배경, 에피소드, 결말' 등 이야기를 구성하는 범주들이 연결된 이야기의 기본 구조를 뜻하는 텍스트 구조▶p.101 중 하나이다. 이는 독자▶p.120나 필자가 이야기를 만들어 내고 이해하는 데 중심적인 역할을 한다.

이 개념은 러멀하트(Rumelhart, 1975)에 의해 제안되었으며, 처음에는 일반적인 이야기들에서 흔히 발견되는 전형적인 요소들을 의미했으나 점차 이야기의 기본 구조(도식, 틀)로 이해되었다. 이야기 문법 연구자들에 의하면, 아동은 이야기를 읽을 때 이야기 문법과 같은 도식을 활용하여 이야기의 진행을 파악하고 또 이야기 속의 여러 정보들 중에서 어떤 요소들이 중요하며 어떤 정보들을 기억해야 하는지를 판단한다. 또한 이야기를 지어낼 때도 이 도식을 활용하여 이야기의 구성 요소에 맞는 세부적인 정보들을 채워 넣음으로써 이야기가 의미 있는 것이 되도록 한다.

이야기 문법의 요소는 학자에 따라, '주제'와 '플롯', '배경(시간, 장소, 인물)'과 '사건(시발사건, 반응, 문제 해결(시도), 결과)'으로 구성된 여러 개의 '에피소드'로 이루어져(Rumelhart, 1975; Mandler & Johnson, 1977; Stein & Glenn, 1979; Thorndyke, 1977)있거나, 또는 '시공간적 배경, 주인공, 주인공이 달성하려는 목표, 주인공의 목표 달성 행위, 성취 결과' 등으로 구성된다고 주장하는 견해가 있다.

독자는 이 요소들을 활용함으로써 이야기를 회상하고(Mandler and Johnson, 1977), 요약할 때 그 요소들을 위계적으로 사용하려는 경향이 있으며(Rumelhart, 1975), 5세 정도의 아동들은 기본적인 이야기 구조를 인식하며, 이야기를 듣고 이해하거나 이야기를 만들어낼 때 그것을 기저로 사용한다(Stein and Glenn, 1979). 학자들에 따라 약간씩 서로 다르지만, 이야기 문법을 우리 민담인 '콩쥐와 팥쥐' 이야기에 적용해 보면 [그림]과 같다(천경록 외, 2023:60).

이야기 문법을 활용하여 지도하면, 이야기의 주요 정보들을 분별하거나, 이야기의 구성 요소 간의 논리적인 인과 관계를 파악하거나, 이야기 문법을 중심으로 이야기를 요약하게 하거나 주요 내용의 기억이나 이야기 재구성(retelling) 등의 활동을 도움으로써 아동의 전반적인 문해력▶p.12 향상을 이끌 수 있다.

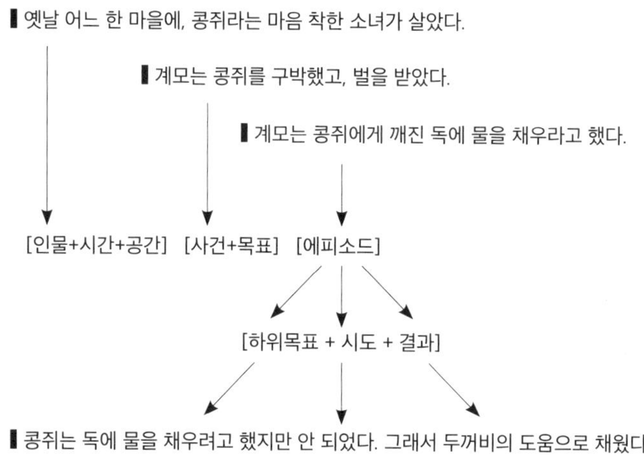

[그림] 이야기 문법의 적용 사례(천경록·김혜정·류보라, 2023:56)

[참고문헌]

이영애 역(2000). 『인지심리학과 그 응용 (제4판)』. 이화여대출판부, Anderson, J. R.(1995). *Cognitive psychology and its implications*(4th ed.). New York: W. H. Freeman and Company.

천경록·김혜정·류보라(2023). 『독서 교육론(개정판)』. 역락.

Rumelhart, D. E.(1975). Notes on a schema for stories. In D.G. Bobrow, & A. Collins(eds.). *Representation and understanding: Studies in cognitive scienc*e. New York: Academic Press.

Short, E. J., & Ryan, E. B.(1984). Metacognitive differences between skilled and less skilled readers: Remediating deficits through story grammar and attribution training. *Journal of Educational Psychology 76*, 225-235.

읽기 > 읽기 요소 > 텍스트 > 텍스트 구조 >

다시쓰기 규칙 rewrite rule

다시쓰기 규칙이란 서사적 텍스트에서 다양한 작은 이야기 단위를 연결하여 이야기를 구체화 하는 규칙을 말한다. 대표적으로 프로프(Propp, 1968)의 러시아 설화 분석, **이야기 문법**▶p.106을 처음 제기한 레이코프(Lakoff, 1972), 이들 이론을 바탕으로 서사 구조를 발전시킨 러멀하트(Rumelhart, 1975) 등은 서사적 텍스트(narrative text) 연구를 통해 특정한 이야기의 패턴을 형성하는, 즉 '배경(Setting), 주제(Theme), 구성(Plot), 결말(Resolution)' 등의 큰 범주들이 서사적 텍스트 구조를 구성한다는 것을 밝혔다. 그러나 이들 범주는 명제 사이의 관계를 구체적으로 보여 주는 작은 요소들로 나눌 수 있게 되는데, 이를 다시쓰기 규칙이라고 한다. 예를 들면, '이야기 → 배경 + 에피소드'로 나뉘는 것이다.

특히 러멀하트는 이야기를 구성하는 층위를 '통사적 구성(syntactic formation)'과 '의미론적 해석(semantic interpretation)'으로 나누고, 하나의 큰 이야기의 단위(a set of story)는 각 마디마다 다시쓰기 규칙에 의해 수많은 층위의 구조로 분석된다고 했다. 즉 다시쓰기 규칙은 기본적인 구성 요소와 그 관계를 제시함으로써 이야기를 분석하고 이해하는 데 필요한 틀을 제공하며, 새로운 이야기 단위인 에피소드(episodes)를 만들어 내는 기능을 한다.

다음은 다시쓰기 규칙에 의해 이야기 문법의 하위 범주들이 파생되는 모습을 보여 준다.

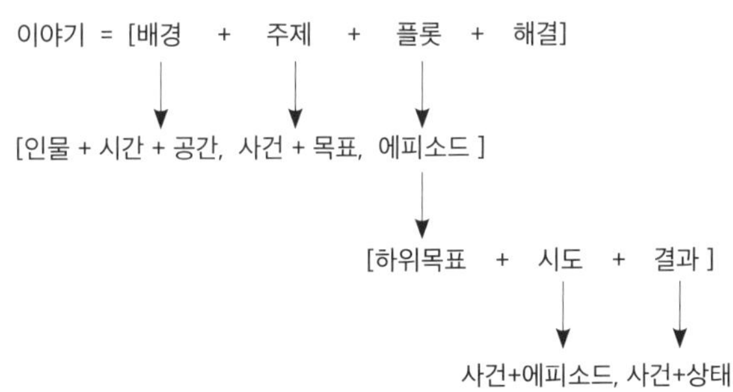

[그림] 서사 구조의 다시쓰기 규칙(천경록·김혜정·류보라, 2023:56)

이를 서사적 텍스트 읽기 교육에 적용하면 이야기의 구조를 분석하는 데 활용할 수 있고, 인물, 사건, 배경 등의 서사 구조를 보다 명료하게 이해하는 데도 도움이 된다.

[참고문헌]

천경록·김혜정·류보라(2023). 『독서 교육론(개정판)』. 역락.

Black J. B., & Wilensky, R.(1979). An evaluation of story grammars. *cognitive science 3*, 213-230.

Rumelhart, D. E.(1975). Notes on a schema for stories. In D.G. Bobrow, & A. Collins(eds.). *Representation and understanding: Studies in cognitive science*, 216, New York: Academic Press.

Thorndyke, P.(1977). Cognitive structures in comprehension and memory of narrative discourse. *Cognitive.*

읽기 > 읽기 요소 > 텍스트 >

텍스트 유형 text type

= 글의 유형

텍스트 유형이란 기능이나 형식 등 텍스트▶p.18의 특성에 따라 텍스트의 종류들을 일정한 기준에 따라 분류하는 것을 뜻한다. 텍스트 유형은 학자와 이론적 전통에 따라 다르게 분류되는데, 대개 2분법, 3분법, 4분법 등으로 나뉜다.

예컨대, 텍스트를 양대 구분하면, 설명적 텍스트(expository text)와 서사적 텍스트(narrative text)로 구분하거나(Weaver & Kintsch, 1991), 정보적 텍스트(informative text)와 문학적 텍스트(literary text)로 구분하기도 한다(미국의 영어과 공통핵심 교육과정. CCSS 2010). 이 둘은 명칭만 다를 뿐 내용이 거의 유사하다. 또한 언어사용 목적에 따라 '정보 전달 목적의 글/말▶p.116, 설득 목적의 글/말▶p.114, 친교 목적의 글/말▶p.117, 정서 표현 목적의 글/말▶p.117' 등 4가지로 나누기도 한다. 그러나 우리나라의 2022 개정 국어과 교육과정에서는 담화▶p.24의 유형을 '정보 전달, 논증, 정서 표현 및 자기 성찰'의 3가지 유형으로 구분하고 있다.

한편, 텍스트 유형은 하위에 여러 가지 텍스트 종류(token), 일명 문종을 포함한다. 예를 들어, 설득을 목적으로 하는 텍스트 '유형'에는 논설문, 만평, 평론, 정론, 사설, 광고, 건의문, 상소문 등의 텍스트 '종류'가 포함된다.

이러한 텍스트의 종류는 담화공동체 내에서 오랫동안 형성된 담화의 관습이라고 할 수 있다. 즉 특정 의사소통 상황에서 말하기나 쓰기가 반복된다면, 사용하는 텍스트 혹은 담화의 형식이 말하기나 쓰기의 관습에 의해 그 형태가 굳어지게 되는데 이것이 텍스트의 종류가 된다. 청자 또는 독자▶p.120도 반복적으로 유사한 담화의 형식을 접하게 되면서 이를 장르(종류)의 특성으로 인식하게 된다. 그 결과 텍스트의 종류는 의사소통 상황에서 말하기와 쓰기의 도구가 되므로, 필자가 특정 의사소통 맥락▶p.28에서 글을 쓸 때는 텍스트의 종류를 선정하여 쓸 수밖에 없고, 독자가 글을 읽을 때도 텍스트의 종류에 따른 형식을 고려하여 읽게 된다.

그래서 텍스트 종류는 그 고유한 텍스트 형식을 띤다. 예를 들어, 기사문은 '표제(title 또는 headline)와 부제(subtitle), 전문(lead), 본문(body), 사진' 등으로 구성되며, 본문에는 반드시 '언제, 어디서, 누가, 무엇을, 왜, 어떻게 했는지(5W1H)'가 포함되어야 한다. 또한 편지글(서간문)은 '편지를 받는 사람, 첫인사, 용건, 끝인사, 날짜, 편지를 쓴 사람과 서명' 등을 편지글의 형식을 지닌다. 논문은 '연구 목적, 연구 필요성, 연구 방법, 이론적 배경, 실험이나 연구 과정, 연구 결과 및 해석, 결론' 등 논문의 형식을 지닌다. 그러므로 신문 기사나 편지나 논문을 쓰는 필자는 각각의 텍스트의 종류에 따른 텍스트 관습(형식)을 따라서 쓰게 되는데, 그래야만 독자도 이러한 글쓰기 관습(형식)을 인식하고 그 글의 종류와 기능을 파악하고, 어떤 목적과 의도로 쓰인 글인지를 짐작할 수 있게 된다.

앞에서 보듯이, 기사문, 논문, 건의문, 시조, 가사, 제문, 상소문, 연설문 등과 같이 특정 의사소통 맥락에서만 사용되기에 화자와 청자가 분명하고, 문체나 서술 방식 등이 엄격히 정해진 것이 있는 반면, 그렇지 않은 것도 많다. 그렇더라도 글을 쓸 때는 텍스트의 종류에 따른 형식적 요건을 따라야, 독자가 글의 종류를 인식하고 어떤 목적의 텍스트 유형인지를 짐작할 수 있게 된다. 이로써 독자와 필자 간의 의사소통이 가능해진다.

텍스트 유형과 그 하위 종류에 대해서는 브루어(Brewer, 1980)의 텍스트의 유형(type) 분류를 예로 들 수 있다. [표]를 보면, '소설'이 친교 유형에도 들어가지만, 설득이나 미적 유형에도 포함된다는 것을 알 수 있다. 즉 하나의 텍스트 종류는 모두 하나의 텍스트 유형에만 포함되는 일대일 대응이 아니라, 의사소통 상황에서 어떤 기능을 담당하느냐에 따라 다양한 유형에 속할 수 있다는 것이다. 예를 들어, '편지글'은 형식을 보면 친교의 글로 분류되지만, 부모님께 용돈을 올려달라고 요구하는 내용이라면, 설득 목적의 글 유형에 속할 수도 있다. 또한 텍스트의 종류는 그것이 어디에 실리는지, 즉 어떤 맥락에서 쓰이냐에 따라 다른 유형이 될 수 있다. 예를 들어, 책에 대한 설명이나 안내가 일간지 하단의 광고란에 실리게 되면, 신문 맥락에서는 광고로 분류되어

[표] 브루어(Brewer, 1980)의 텍스트 유형 구분

Force → Underlying Structure ↓	텍스트 목적			
	정보전달	친교(즐거움)	설득	미적(정서 표현)
묘사(공간성)	기술보고서, 식물학, 지리학	일상묘사	가옥 광고문	시적 묘사
이야기(시간적 연속성)	신문기사, 역사 기록문, 절차 안내문, 처방전, 전기문	추리·서부·괴기 소설, 공상과학 소설, 단편 소설, 전기문, 드라마	교훈성 소설, 우화, 설화, 광고문, 드라마	예술성 소설, 단편 소설, 드라마
설명(논리성)	과학적 글, 철학, 추상적 정의		설교문, 선전문, 사설, 광고문, 논문	

설득을 목적으로 하는 글에 속하게 된다.

따라서 쓰기를 지도할 때, 필자는 자신의 의사소통 목적을 효과적으로 달성하기 위해 글의 종류를 신중하게 선택할 것을 지도한다. 예컨대, 부모님께 용돈을 올려달라는 목적으로 글을 쓰려면, 설득 유형의 글을 선정하는 것이 좋겠지만, 그 중에서도 요구 사항을 제시하는 건의문 형식, 데이터를 포함한 설명문 형식, 대화하는 문체의 편지 형식, 감정을 드러내는 시 형식 등 글쓰기의 맥락을 고려하여 가장 효과적인 글의 종류를 선택하도록 지도한다.

또한 읽기▸p.38를 지도할 때도 텍스트 유형이나 종류를 인식하게 되면 글의 목적이나 필자의 궁극적인 의도를 짐작하기가 쉬워지지만, 동시에 텍스트의 유형이나 형식에 얽매이지 않고, 그 텍스트가 생산된 맥락을 고려하여 텍스트의 목적을 분석할 수 있도록 지도한다. 예컨대, 사건을 객관적으로 보도하는 기사문이라 하더라도, 신문이라는 매체의 특성상 여론을 어떤 방향으로 이끌거나 독자를 설득하기 위한 목적을 지닐 수 있기 때문에, 정보 전달 텍스트로만 생각해서는 안된다. 이는 특정한 읽기 과제 상황에서도 마찬가지이다. 읽기 목적이 무엇이냐에 따라 정서 표현의 글도 비판적으로 분석하며 읽을 수 있고, 정보 전달의 글이라 하더라도 논리적이고 꼼꼼한 논지 전개 과정에 감탄하며 읽을 수 있다. 이와 같이, 하나의 텍스트 종류는 의사소통 기능(function)이나 목적에 따라 다양한 유형으로 분류될 수 있음을 유의하여 지도한다.

관련 용어

담화 관습, 장르

[참고문헌]

이도영(2007). 「국어과 교육과정에 나타난 텍스트 유형에 대한 비판적 검토」. 『텍스트언어학』 22, 249-276.

Brewer, W. F.(1980). Literary theory, rhetoric, and stylistics: Implications for psychology. In R. Spiro, B. Bruce, & W. Brewer(eds.). *Theoretical issues in reading comprehension,*

221-244. Hillsdale, NJ: Erlbaum,.
Britton, J., Burgess, T., Martin, N., McLeod, A., & Rosen, H.(1975). *The development of writing abilities(11-18)*. London: MacMillan Education.

읽기 > 읽기 요소 > 텍스트 > 텍스트 유형 >

설득적 텍스트 persuasive text

설득적 텍스트란 이유 혹은 근거를 제시하여 상대편이 자신의 이야기나 주장을 따르도록 심리적 변화를 유도하는 **텍스트**▸p.18를 말한다. 일반적으로 국어교육에서는 텍스트의 유형인 설득을 목적으로 하는 글/말의 유형을 뜻하며, 그 종류에 논설문, 광고, 사설, 만평, 건의문, 시평 등이 있다.

한편, 커뮤니케이션 이론에서는 설득을 의사소통의 궁극적 목적으로 본다. 이와 관련하여 고대 수사학 시대부터 설득의 방법이 개발되었다. 특히 아리스토텔레스(Aristotle)는 그의 저서, 『니코마코스 윤리학』에서 설득 방법으로 로고스(logos) 파토스(pathos), 에토스(ethos)를 제시하였다. 이 세 가지 수단은 연설을 구성하는 요소인, 메시지, 청중, 연사에 대응되며, 세 가지가 어울려 조화를 이룰 때 설득의 효과를 극대화 할 수 있다고 하였다. 먼저, 로고스는 논리적 설득으로, 실증적인 자료나 정당화될 만한 근거를 제공함으로써 설득하는 방법이다. 흔히 설득의 방법으로 드는 논증(argument)은 로고스에 해당한다. 또한 파토스는 감성적 설득으로, 청중에 대한 공감, 경청 등으로 친밀감을 형성하거나, 유머, 공포, 연민 등의 감정이 일어나도록 자극함으로써 설득하는 방법이다. 끝으로, 에토스는 메시지를 전달하는 사람의 명성이나 권위 등을 내세워, 상대방에게 신뢰감, 호감 등을 줌으로써 설득하는 방법이다.

연설의 시대가 지나고 글쓰기의 시대가 오면서 설득의 주된 방법으로 '논증'이 부각되었다. 그러나 글을 써서 설득할 때도 필자는 위의 3가지 설득 방법을 적절히 활용할 수 있다. 예컨대 주장에 대한 납득할 만한 이유나 객관적이고 타당한 근거를 제시해야 하며(로고스), 예상 독자가 처한 상황이나 조건 등을 미리 고려하여 독자의 요구에 충족되면서도 독자가 충분히 공감할 수 있는 내용을 제시해야 하며(파토스), 해당 분야에 대한 필자의 전문성이나 사안을 다루는 필자의 공정하고 신중한 태도 등을 드러냄으로써 신뢰감을 줄 수 있도록(에토스) 써야 한다.

반면, 독자▶p.120는 비판적 독해▶p.178를 통해 필자의 설득에 적절하게 대응할 수 있다. 독자는 주장하는 글을 읽을 때, 글에 어떤 설득 방법과 전략들이 사용되었는지를 분석하여, 그 적절성을 비판적으로 평가하며 읽어야 한다. 예컨대, 광고, 신문의 사설, 선거 유세장의 후보자 연설, 보험사 직원의 보험 안내 등 생활의 주변에서 흔히 접할 수 있는 설득 목적의 글을 읽으면서 어떤 부분에서 주장이 타당하며 근거가 믿을 만한지(로고스), 주제나 이유가 독자에게 공감을 주는지, 지나치게 독자의 감정에 호소하고 있지 않은지(파토스), 필자가 해당 분야의 권위자 혹은 전문가인지(에토스) 등을 평가하면서 읽어야 한다.

관련 용어

텍스트 유형, 논증, 비판적 독해

[참고문헌]

이현우(2002). 『설득의 심리학』. 21세기북스.

Abelson, R. P.(1988). Conviction. *American Psychologist 43*(4), 267-275.

Greenwald, G. A.(1968). Cognitive learning, cognitive response to persuasion, and attitude change. In A. G. Greenwald, T. C. Brock, & T. M. Ostrom(eds.). *Psychological foundation of attitudes*, 147-171. New York: Academic Press.

읽기 > 읽기 요소 > 텍스트 > 텍스트 유형 >

정보전달적 텍스트 informative text

정보전달적 텍스트란 여러 가지 정보나 지식을 다른 사람에게 객관적으로 알리기 위한 텍스트▸p.18를 말한다. 일반적으로 국어교육에서는 텍스트의 유형인 정보전달을 목적으로 하는 글/말의 유형을 뜻하며, 그 종류에는 설명문, 보고문, 기사문, 안내문 등이 있다.

정보 전달의 글은 다음과 같은 특성을 고려하여 쓰여야 한다. 첫째, 글쓴이의 주관적 의견에 치우침 없이 객관적인 태도로 써야 한다(객관성). 둘째, 정확한 지식이나 정보를 중심으로 사실에 근거하여 써야 한다(사실성). 셋째, 문장의 뜻이 분명하게 드러나도록 명료하게 표현하며(명료성), 넷째, 문체나 어휘 사용에 있어서 쉽고 간결해야 한다(평이성). 다섯째, 정보나 지식이 효과적으로 전달될 수 있도록 일정한 순서를 정해 체계적으로 설명해야 한다(체계성). 여섯째, 정보나 지식의 내용이 쓸모 있는 것이어야 한다(실용성).

특히 체계성을 갖추기 위해 정보 전달의 글은 대개 '처음-중간-끝' 혹은 '머리말(서)-본문(본)-맺음말(결)', 또는 '기-승-전-결' 등으로 구성된다. 예컨대, '머리말'에서는 설명 대상을 소개하고 글을 쓰는 목적과 방향을 제시한다. 대개 독자▸p.120의 흥미와 관심을 유발하기 위해 시사적인 내용으로 시작하는 경우가 많다. '본문'에서는 설명 대상을 쉽고 자세하게 풀이하여 독자를 이해시킨다. 이때 정보 전달의 방법으로 주로 '설명'의 방법을 사용한다. 설명은 설명하려는 대상이나 내용에 맞게 '개념 정의, 지시, 인과, 과정, 비교/대조, 분류/구분, 예시, 열거' 등의 다양한 하위의 설명 방법들을 사용하여 체계적이고 정확하게 표현한다. '맺음말'에는 앞서 설명한 내용을 요약, 정리하여 글을 마무리한다. 이때 글쓴이의 의견을 덧붙이거나 앞으로 해결해야 할 과제 등을 제시하는 등 제언(提言)을 첨가하기도 한다.

정보 전달의 글을 읽을 때에는 설명 대상(화제)이 무엇인지, 새로운 정보가 무엇인지를 파악하며 읽는다. 또한 대상에 대한 설명이 정확하고 믿을 만한 것인지 확인하며 읽어야 한다. 그뿐만 아니라, 글의 구성 방식 및 전개 방법을 파악하여, 이에 맞춰 글의 흐름이나 필자의 논지를 이해해야 한다. 예컨대, 머리말에서는 화제가 무엇인지, 본문에서는 대상에 대해 어떻게 설명하고 있는지, 맺음말에서는 강조하는 부분이 무엇인지 등을 파악할 수 있다. 또한 중요한 정보를 메모하거나 필요한 내용을 요약하며 읽는 것도 좋은 방법이다.

관련 용어

텍스트 유형, 설명, 글의 구성

[참고문헌]

이대규(1995). 『수사학: 독서와 작문의 이론』. 신구문화사.

Britton, F. K., & Black, J. B.(1985). *Understanding expository text: A theoretical and practical handbook for analyzing explanatory text*. Hillsdale, NJ: Erlbaum.

읽기 > 읽기 요소 > 텍스트 > 텍스트 유형 >

친교 및 정서 표현 텍스트

친교 및 정서 표현 텍스트란 사람과 사람 간의 친밀한 사귐이나, 마음에 일어나는 여러 가지 감정을 표현하는 **텍스트**▶p.18를 말한다. 일반적으로 국어교육에서는 2009 개정 교육과정부터 '친교를 목적으로 하는 글/말'과 '정서 표현을 목적으로 하는 글/말'을 합하여 하나의 유형으로 제시한 것을 가리킨다.

먼저, 친교란 사람과 사람 사이의 관계를 친밀하게 이어주는 기능을 하는 **텍스트 유형**▶p.110으로, 그 하위 종류에는 '편지글, 식사문, 초대글, 댓글, 인사말' 등이 있다. 친교를 과거 교육과정(2007 개정)에서는 '사회적 상호 작용'이라는 명칭으로 불렀는데, 이는 주변 사람들과 행동하고 반응하는 과정이라는 의미로 사회학자 고프만(E. Goffman)에 의해 제안된 용어이다. 이 말에서 짐작할 수 있듯이, 친교를 위한 글은 '편지, 의식, 초대, 인사' 등 특정한 상황 맥락▶p.149에서 다른 사람과의 상호 작용을 목적으로 생산되는 글이다. 따라서 '편지글, 초대장, 안부 인사' 등 친교 유형에 속하는 텍스트 종류에는 그 상황에 따라 관습적으로 굳어진 의사소통 방식을 따르며, 텍스트 유형에 따라 일정한 글쓰기 형식을 갖추고 있다. 예컨대, 초대장에는 '받는 사람, 초대 목적, 행사 내용, 일시와 장소' 등을 포함한다.

최근에는 디지털 매체가 발달하면서 인터넷 기사의 댓글이나 휴대전화의 문자 등을 통해 또 하나의 새로운 친교적 텍스트 유형으로 자리 잡고 있다. 이들 디지털 매체에 속하는 친교 목적의 글들은 예전과 같이 문어적 형식을 갖추기보다는 구어성이 강화되어 자연스럽게 대화하듯이 짧게 주고받는 형식이 많으며, 이모티콘이나 축어, 약어 등을 사용하는 등 하나의 글쓰기 장르로 자리 잡았다고 할 수 있다.

다음으로, 정서 표현의 텍스트란 생활 속에서 느끼는 다양한 정서와 생각을 드러내기 위한 기능을 하는 텍스트 유형으로, 그 하위에는 '이야기(민담, 동화), 일기, 기행문, 감상문' 등이 있다. 이때, '시, 소설, 희곡, 수필'과 같은 문학 장르도 '정서 표현을 목적으로 하는 글'에 포함될 수 있다.

정서 표현의 글은 삶의 기록이자, 인생의 경험에서 나오는 감정과 사상을 진솔하게 표현한 글이므로 독자▶p.120에게 공감을 불러일으키고 때로는 감동과 교훈을 주기도 한다. 또한 주로 생활 속에서 일어나는 일들을 대상으로 하기 때문에 누구나 글쓰기에 다가가기 쉬우며 개인적인 정서가 잘 드러나므로 개성적이고 독창적인 글일 경우가 많다. 따라서 이러한 유형의 글을 읽을 때는 공감▶p.186과 내면화▶p.187 등을 중심으로 감상적 독해▶p.184를 하거나, 글 내용을 자신의 삶의 문제와 연결 지음으로써 그 해결의 실마리를 얻어 낼 수 있는 창의적 독해▶p.188 전략을 사용할 수 있다.

관련 용어

텍스트 유형, 감상적 독해, 창의적 독해, 댓글, 작문 관습

[참고문헌]

이대규(1995). 『수사학: 독서와 작문의 이론』. 신구문화사.

Britton, F. K., & Black, J. B.(1985). *Understanding expository text: A theoretical and practical handbook for analyzing explanatory text*. Hillsdale, NJ: Erlbaum.

읽기 > 읽기 요소 >

독자 reader

독자는 사회문화적 맥락▶p.151 속에서 읽기 목적을 달성하기 위하여 글을 읽으며 의미를 구성하는 능동적 주체이다. 독자는 읽기▶p.38를 구성하는 요소인 텍스트▶p.18, 맥락▶p.28과 더불어 읽기 행위를 구성하는 필수 요소의 하나이다. 독자의 지식(어휘력, 언어학·담화적 지식, 읽기 기능▶p.163 및 전략▶p.190에 대한 지식, 주제에 대한 지식 등) 및 인지적 능력(주의력, 시각화 능력, 기억력, 추론적 능력, 비판적 능력, 상위인지▶p.192 등), 정의적 요소▶p.128(읽기 동기▶p.132, 읽기 흥미▶p.134, 읽기 효능감▶p.139 등)는 읽기의 모든 과정에 영향을 미친다.

독자에 대한 개념은 읽기를 정의하는 방식에 따라 변화해 왔다. 읽기에 대한 관점은 글(텍스트) 중심에서 독자 중심으로 변화해 왔는데 그 과정에서 독자의 역할과 위상도 함께 변화하였다. 글 중심의 읽기관에 의하면 독자는 글에 나타난 필자의 메시지를 정확하게 파악해 내는 역할을 수행하는 존재에 불과하다. 텍스트의 의미는 텍스트에 내재되어 있다고 보는 관점이다. 이 과정에 따르면 필자가 전달하고자 하는 메시지를 얼마나 잘 파악했느냐가 우수한 독자의 기준이 된다.

1980년대 인지주의가 등장하면서 읽기는 독자의 의미 구성 과정으로 재개념화 되었다. 읽기가 글의 내용을 바탕으로 독자의 배경지식을 활용하여 의미를 재구성하는 과정이라고 재개념화되면서 독자의 존재와 역할도 새롭게 정립되었다. 1980년대 미국의 로젠블랫(Rosenblatt, 1978)은 독자 반응 이론▶p.84을 통해 텍스트 해석에서 독자의 역할을 강조하였다. 이러한 논의는 그간 독자를 수동적인 존재로 바라보던 읽기의 관점에서 나아가 능동적인 주체로서의 독자를 상정하게 되었다는 점에서 의의가 있다.

독서의 모든 과정에는 독자의 인지적·정의적·사회적 요소가 영향을 미친다. 인지적 영역이 읽기의 기능 및 전략 등에 대한 지식은 물론 세상사에 대한 배경지식 등을 바탕으로 텍스트의 의미를 파악하는 것과 관련된 것이라면, 독서의 정의적 영역은 독서 행위를 추동하고 **독해▶p.48**를 촉진하는 등 독자의 감정 및 태도와 관련된 부분이다. 독자가 속한 사회문화적 맥락도 독자의 인지적·정의적 특성에 영향을 미침으로써 궁극적으로 독자의 읽기에 영향을 준다. 즉, 개인적 차원에서뿐만 아니라 **해석공동체▶p.153**라는 사회적 차원 속에서 독자는 독서를 하며 **독자 정체성▶p.127**, 즉 독자로서의 자신에 대한 인식을 구성해 간다.

독자는 독서의 주체이면서 독서 교육의 대상이다. 독서(읽기) 교육에서는 독자에게 효율적인 읽기 교육을 위한 기능 및 전략에 대한 지도 방법은 물론 독자의 정의적 영역 발달 역시 중요하게 다룬다. 1990년대 이후에는 독서(읽기) 교육 분야에서 독자의 정의적 영역에 대한 관심이 높아졌다. 읽기의 정의적 특성은 읽기 개인차를 밝히는 핵심적인 요인이라는 인식과 함께, 자발적으로는 책을 읽지 않는 **비독자▶p.120**가 늘어나는 문제 등이 부각되면서 독자의 정의적 측면에 대한 관심이 높아지고 있다. 뿐만 아니라 독자를 둘러싼 환경 속에서 독자가 독자로서의 자신을 올바르게 인식하고 긍정적이고 주체적인 독자 정체성을 구성할 수 있도록 해야 한다는 논의도 심화되고 있다.

한 독자가 **평생 독자▶p.120**로 성장하는 데에는 독자의 **읽기 태도▶p.130**나 읽기 흥미, 읽기 효능감 등 독자의 정의적 영역 측면에서 충분한 지원이 필요하다. 독서를 지도할 때에는 독자의 인지적·정의적인 특성 및 독자가 속한 환경에 대해 고려하면서 읽기 지도 방법을 개별화할 필요가 있다.

관련 용어

읽기 기능, 읽기 전략, 독자 정체성

[참고문헌]

윤준채(2007). 「독자의 정의적 영역 발달: 초등학생의 여가 및 학습 읽기 태도를 중심으로」. 『독서연구』 17, 229-259.
이순영·최숙기·김주환·서혁·박영민(2015). 『독서교육론』. 사회평론아카데미.
천경록(2017). 「독자 연구의 동향과 방향: 2001~2016년 시기를 중심으로」. 『독서연구』 43, 67-97.
천경록·이재승(1997). 『읽기의 이해』. 우리교육.
Rosenblatt, L. M.(1978). *The reader, the text, the poem: The transactional theory of the literary work*. Carbondale: Southern Illinois University Press.

읽기 > 읽기 요소 > 독자 >

독자 유형

독자 유형은 독자▶p.120의 특성을 고려하여 독자를 범주화한 것이다. 독자는 다양한 기준으로 그 유형을 분류할 수 있다. 독자 유형에 대한 정보를 바탕으로 독서 교육의 대상인 독자에 대한 파악이 가능하므로 독서 교육의 내용과 방법을 결정하는 데 도움이 된다. 독자 유형은 독자의 나이, 독서 수준, 능동성 등의 기준에 따라 분류할 수 있다. 독자를 나이 기준으로 나누면 크게 유아 독자, 아동 독자(어린이 독자, 초등학생), 청소년 독자(중학생, 고등학생), 성인 독자, 노인 독자로 구분할 수 있다. 이처럼 나이를 기준으로 독자를 분류하면 읽기 발달▶p.53의 단계를 고려하여 특정 생애 주기에 따른 읽기 교육의 내용과 방법에 대한 정보를 알 수 있다. 독서 수준에 따른 유형 분류는 주로 능숙한 독자와 미숙한 독자, 또는 읽기 부진▶p.62이나 읽기 장애와 같은 논의에서 활용된다. 또한 독서의 태도나 성향에 따라 애독자와 비독자▶p.120로 분류할 수 있다. 다만 그간의 논의는 독자를 주로 나이나 독서 수준 등 인지적 영역에 초점을 두어 독자를 분류해 온 것에 비해 최근에는 독서의 능동성, 독서에 대한 태도 등을 기준으로 독자 유형을 분석하고 있다. 이는 독자를 분류하는 기준이 다양해지고 있음은 물론 독자의 정의적 요인이 독자의 유형을 가르는 중요한 특성으로 연구되는 연구의 흐름을 시사한다.

[참고문헌]

이순영·최숙기·김주환·서혁·박영민(2015). 『독서교육론』. 사회평론.

이순영(2019). 「독자와 비독자 이해하기-용어, 현황, 특성, 생성·전환을 중심으로」. 『리터러시 연구』 10(6), 357-384.

읽기 > 읽기 요소 > 독자 > 독자 유형 >

평생 독자 life-long reader

= 생애 독자

평생 독자란 거의 전(全) 생애 동안 지속적, 적극적, 자발적으로 독서 활동을 영위하는 독자▶p.120이다. 평생 독자라는 용어는 독자가 일생 동안 독서를 통해 성장과 발달을 지속하는 능동적이고 적극적인 주체라는 관점을 담고 있다. 평생 독자에 대한 관심과 지원은 독서교육이 학교 정규 교육과정 내에 국한되는 것이 아니라, 모든 생애 주기에 걸쳐 필요하다는 인식을 보여 준다.

1999년을 전후로 우리나라는 평생교육 진흥을 위해 관련 법을 제정하고 모든 국민에게 평생학습의 기회를 제공하려는 노력을 취해 왔다. 이러한 흐름과 맞물려 독서 교육 분야에서도 평생 독자에 대한 개념이 강조되었다. 평생 독자는 평생 학습의 개념과 그 맥락을 같이 하는데, 평생 학습은 학습자를 평생에 걸친 교육의 문제를 능동적, 적극적인 태도로 다루는 주체로 상정한다.

학생들이 학교나 교사, 부모에 의한 수동적 독자가 아닌 자기 스스로 자신의 문제를 해결해 나가며 독서를 즐기는 자발적인 독자로서 성장해 나갈 수 있는 발판을 마련하는 것은 독서교육의 주된 목표 중 하나이다. 다만 우리나라의 경우 청소년 시기에 학업량의 증가와 함께 독서량은 줄어들고, 독서에 대한 부정적인 태도를 형성하는 경향이 있다. 청소년기에 독서에 대한 부정적 태도를 형성할 경우 성인이 되어서도 비독자▶p.120가 될 가능성이 높기 때문에 학교 교육에서 평생 독자를 길러내는 일에 더욱 관심을 가질 필요가 있다.

평생 독자가 되기 위해서는 독서를 할 수 있는 언어적·인지적 능력뿐 아니라, 독서를 지속하고자 하는 태도와 의지가 필요하다. 한 개인을 평생 독자로 길러내기 위해서는 독자의 긍정적 독서 경험의 기회를 높여 독서를 즐기는 태도를 갖도록 해야 한다. 따라서 독서 기능과 전략은 물론 독자의 정의적 특성(읽기 동기▶p.132, 읽기 흥미▶p.134, 읽기 효능감▶p.139 등)을 고려한 독서 지도가 중요하다. 또한 학교 교육과정 내 독서교육은 물론 지역 사회 도서관 등의 다양한 프로그램 개발 및 홍보 등을 통한 독서 문화 진흥 차원의 노력이 함께 이루어져야 한다.

[참고문헌]

정옥년(2017). 「평생 독자의 성장과 교육적 지원」. 『독서연구』 43, 35-66.

Kimmel, M. M.(1991). The secret of the life-Long reader or the clue in the classroom. Koebler, S., Kirsch, S. A, & Bean, R. M.(1991). *Literacy through literature*[proceedings of the 38th annual conference and course on literacy June, 1991)]. Pennsylvania: Pittsburgh Univ.

읽기 > 읽기 요소 > 독자 > 독자 유형 >

비독자 aliteracy

= 책맹, 준문맹

비독자는 책을 읽을 수 있는 능력이 있지만 읽지 않는 사람을 뜻한다. 비독자가 책을 읽지 않는 이유는 읽기▶p.38에 대한 관심이나 흥미, 동기의 부족, 독서 습관의 미형성 등으로 다양하다. 비독자는 'aliteracy'라는 용어를 번역한 것으로서, 국내에서는 책맹, 준문맹 등으로 사용하기도 한다. 책맹은 책(冊)과 맹(盲)의 합성어로, 읽을 수 있는 능력은 갖추었으나 책을 자발적으로는 읽지 않는 성향을 의미한다. 다만 맹(盲)이 함축하는 부정적 뉘앙스에 대해 재고가 필요하다는 의견이 제기되었고, 최근에는 이러한 맥락을 고려하여 비독자(非讀者)라는 표현을 주로 쓰게 되었다.

비독자라는 용어에는 디지털 매체 기반 읽기 환경에서 짧은 글 읽기나 영상 정보에 익숙해진 독자▶p.120들이 긴 호흡으로 읽어야 하는 글이나 책을 읽어내지 못하는 우려의 관점이 내포되어 있다. 그런데 '비독자'라는 명명은 읽기의 대상을 서책으로 한정하여, 디지털 매체 자료를 포함한 일상의 다양한 읽기 활동▶p.276을 다루지 못한다는 한계가 있다.

비독자에 대한 원인과 해결 방안은 독자의 정의적 특성 측면을 중심으로 논의되고 있다. 비독자에 관한 문제를 해결하기 위해서는 주로 독서의 정의적 영역 측면에 대한 지원을 통해 독자가 긍정적 읽기 동기▶p.132나 태도▶p.130를 형성하도록 하는 방안이 고려된다. 또한 공동체의 독서 상황에 참여하여 독서 수행에서 흥미를 느낄 수 있도록 하고 읽기 효능감▶p.139을 높이는 데 방점을 둘 필요가 있다.

[참고문헌]

김혜정(2019). 「미디어 시대의 책맹(비독서) 현상과 독서 교육의 방향」. 『독서연구』 52, 9-49.

이순영(2019). 「독자와 비독자 이해하기: 용어, 현황, 특성, 생성·전환을 중심으로」. 『리터러시 연구』 10(6), 357-384.

정혜승(2006). 「읽기 태도의 개념과 성격」. 『독서연구』 16, 383-405.

Decker, B. C.(1986). Aliteracy: What teachers can do to keep Johnny reading. *Journal of Teacher Education 37*(6), 55-58.

Mikulecky, L.(1978). Aliteracy and a changing view of reading goals. *Paper presented at the annual meeting of the International Reading Association*, 1-13.

읽기 > 읽기 요소 > 독자 > 독자 유형 >

비문해 illiterate

= 문맹

비문해란 글을 읽고 쓰는 능력을 갖추지 못한 사람 또는 그러한 현상을 의미한다. 문해(文解), 즉 문자 해득(文字 解得)에 대조되는 개념으로서 문맹이라는 용어로 일컬어지기도 한다. '글을 읽고 쓸 수 있는'이라는 의미인 'literate'의 반대 개념으로, 비문해는 말 그대로 글자를 전혀 읽지도 쓰지도 못하는 사람을 가리킨다. 하지만 유네스코에서 '문해'를 "일상생활 및 사회생활에서 필요한 읽기▶p.38와 쓰기를 행할 수 있는 능력"이라고 정의함에 따라, 문해는 단순히 문자 해득을 의미하는 것에서 나아가 그 시대 및 사회에서 필요로 하는 읽기 능력▶p.41과 쓰기 능력을 포함하는 개념으로 확장되어 쓰이고 있다. 평생교육법 제2조 제3호에서도 '문해'를 "일상생활을 영위하는 데 필요한 문자 해득 능력을 포함한 사회적·문화적으로 요청되는 기초생활능력"으로 정의한 바 있다. 이러한 맥락에서 국가평생교육진흥원에서 3년 주기로 시행하는 '성인 문해 능력 조사'에서는 다양화되고 확대된 문해 개념을 반영하여 '비문해' 수준을 3수준으로 나누어 다루고 있다. '수준 1'은 일상생활에 필요한 기본적인 읽기, 쓰기, 셈하기가 불가능한 수준(초등학교 1~2학년 학습 필요 수준), '수준 2'는 기본적인 읽기, 쓰기, 셈하기는 가능하지만 일상생활에 활용은 미흡한 수준(초등학교 3~6학년 학습 필요 수준), '수준 3'은 가정 및 여가 생활 등 단순한 일상생활에 활용은 가능하지만 공공 및 경제생활 등의 일상생활은 미흡한 수준(중학교 1~3학년 학습 필요 수준)을 가리킨다. 2023년 성인 문해 능력 조사 결과에 따르면 우리나라 성인 중 비문해 수준 1에 해당하는 성인은 3.3%, 수준 2는 5.2%, 수준 3는 8.1%로 나타났다.

[참고문헌]

교육부·국가평생교육진흥원(2024). 『2023년 제4차 성인문해능력조사』. 국가평생교육진흥원.

UNESCO(2004). *The plurality of literacy and its implications for policies and programs: Position paper*. UNESCO.

독자 정체성 reader identity

독자 정체성은 독자▸p.120로서의 자기 인식, 타인이 바라보는 독자로서의 자신의 모습 등에 대한 인식 등을 포함한 자아 개념을 말한다. 즉 독자로서 나는 어떠한가, 다른 사람들에게 나는 어떤 독자로 보이는가, 나는 어떠한 독자가 되고 싶은가 등과 관련된 인식이 포함되어 있다. 독자 정체성은 독서 실행에 영향을 미치기도 하고, 독서 실행에 의해 형성되기도 한다. 예를 들어, 스스로를 끈기 있는 독자라고 생각하고 있다면 독서의 과정이 어렵더라도 끝까지 책을 읽어낼 것이고, 이러한 독서 경험의 축적은 끈기 있는 독자로서의 정체성을 형성하는 데 기여할 수 있다.

정체성이란 개념은 심리학 분야에서 연구되었으며, 정체성을 고정적이고 단일한 형태를 지니고 있는 대상으로 인식하였다. 에릭슨(Erikson, 1968)에서는 정체성을 자기 자신의 독특성에 대한 안정적이고 일관된 느낌을 갖는 것이라고 정의하였다. 이후 사회 구성주의 관점에서는 사회적 존재로서의 개인인 '주체'에 대한 개념으로 의미가 확대되었다. 사회 구성주의의 관점에서는 정체성의 역동적 속성과 구성의 측면을 강조하여 정체성이 어떤 한 가지 방식으로 고정된 것이 아니라 사회적 관계 속에서 역동적으로 재구성되는 것으로 이해하며, 정체성은 다면성을 가지고 있다고 본다(Moje & Luke, 2009). 이러한 입장에서는 정체성을 자기 이해로서 스스로 자신이 누구인지 말하고 그에 따라 행동하는 것, 다른 종류의 사회적 모임, 문화, 단체 속에서 각각 다른 방식으로 참여하는 것 등으로 정의한다(Gee, 2005).

독자 정체성을 좁은 의미로는 읽기▸p.38와 관련된 개인적 차원의 자아 개념으로 이해하기도 하지만, 사회 구성주의 관점에서 독자 정체성 개념은 이러한 자기 인식 차원에서 그치는 것이 아니라 사회적 상호 작용 속에서 역동적으로 구성되는 개념으로 이해할 수 있다. 또한 독자 정체성은 공동체의 독서 담론▶p.156이나 문화에 따른 독서 경험에 의해서도 영향을 받는다.

관련 용어

읽기 효능감, 읽기 태도

[참고문헌]

류보라(2012). 『청소년 독자의 문식 실행과 정체성 구성 연구』. 고려대학교 박사학위논문.

류수경(2019). 『자기결정 조절동기를 통한 독자 정체성 형성 방안 연구』. 이화여자대학교 박사학위논문.

옥현진(2009). 「정체성과 문식성」. 『국어교육학연구』 35, 361-385.

Erikson, E. H.(1968). *Identity: Youth, and crisis*. New York: Norton.

Gee, J. P.(2005). *An Introduction to discourse analysis: Theory and method*. New York: Routledge.

Moje, E. B., & Luke, A.(2009). Literacy and identity: Examining the metaphors in history and contemporary research. *Reading Research Quarterly 44*(4), 415-437.

읽기 > 읽기 요소 > 독자 >

읽기의 정의적 특성

읽기의 정의적 특성은 정서와 감정을 밑바탕으로 형성되는 읽기▶p.38에 대한 독자▶p.120의 심적 태세를 말한다. 읽기의 정의적 특성을 구성하는 요인에는 읽기 태도▶p.130, 동기▶p.132, 흥미▶p.134, 습관▶p.136, 가치▶p.137, 효능감▶p.139, 몰입▶p.140, 관여▶p.142 등이 있으며, 이들은 읽기에 대한 느낌이나 감정의 수용 혹은 거부를 강조한다는 점에서 인지적 영역의 특성 요인들과 구별된다. 국어과 교육과정에는 읽기의 정의적 특성을 포괄하는 용어로 '읽기 태도'를 사용하고 있다.

읽기의 정의적 특성은 독서 행위를 유도하고 독해▶p.48를 촉진할 뿐만 아니라, 즐거움이나 만족감을 높여 독자가 체감하는 독서 경험의 질에도 큰 영향을 미치는데, 이는 다시 정의적 특성을 강화하여 후속적인 읽기 활동▶p.276을 유발하는 선순환 구조를 형성한다. 또한 읽기의 정의적 특성은 읽기 개인차를 발생시키는 주요 요인이 된다. 비슷한 독서 능력을 가지고 있어도 독자의 읽기 동기나 흥미에 따라 독자에게 적절한 읽기 텍스트▶p.18나 활동이 달라질 수 있으며, 그에 따라 독해의 과정이나 수준이 달라질 수 있다. 일반적으로 효과적이라고 알려진 독서 교육의 방법도 독자의 읽기 태도나 효능감에 따라 효과적이지 않을 수도 있다. 따라서 독서를 지도할 때에 독자를 둘러싼 환경과 독자의 정의적인 특성을 고려하여 텍스트 선정과 지도 방법을 달리할 필요가 있다.

읽기의 정의적 특성의 긍정적 변화를 위해서는 학교와 가정의 지원이 꾸준히 이루어져야 한다. 충분한 독서 능력을 갖추고 있음에도 불구하고 자발적으로 책을 읽지 않는 비독자▶p.120가 증가하는 사회적 문제로 인해 읽기의 정의적 특성에 대한 교육은 독자의 인지적 능력을 발달시키는 것과 함께 읽기 교육의 중요한 축을 이루고 있다. 학교에서는 교사와 학습자의 애정과 신뢰 관계를 바탕으로 학생들에게 흥미롭거나 적절히 도전적인 과제를 제시하며, 독서 활동에서 학생이 자율성을 바탕으로 자기 선택을 할 수 있도록 한다. 가정에서는 가족 구성원 간의 독서 대화를 촉진하고 학교 독서 활동에 대한 지속적인 관심과 지원이 필요하다.

관련 용어

읽기 태도, 읽기 동기, 읽기 흥미, 읽기 습관, 읽기 가치관, 읽기 효능감, 몰입, 읽기 관여(reading engagement)

[참고문헌]

장봉기·김영란(2014). 「국어과 학습 관련 정의적 요소와 학업성취도 간의 관계 연구: 자아 효능감,

흥미, 가치 인식과 수업 몰입, 학업성취도 간의 관계를 중심으로」. 『국어교육』 144, 431-464.
정옥년(2007). 「독서의 정의적 영역과 독자 발달」. 『독서연구』 17, 139-180.
Afflerbach, P.(2015). *Handbook of individual differences in reading*. New York: Routledge.

읽기 > 읽기 요소 > 독자 > 읽기의 정의적 특성 >

읽기 태도 reading attitude

읽기 태도는 읽기▶p.38와 관련하여 지속적이고 일관성 있는 정서적 반응을 불러일으키는 학습된 성향이다. 읽기 활동▶p.276을 좋아하거나 그렇지 않은 것, 읽기를 중요하고 가치 있게 여기거나 그렇지 않은 것, 읽기를 자주하거나 그렇지 않은 것 등 읽기에 관한 인지, 정서, 행동 측면의 복합적인 심리적 경향이다.

읽기 태도의 정의는 태도를 정서적 요소로 단일하게 보는지, 인지, 정서, 행동의 복합적 구성으로 보는지에 따라 달라질 수 있다. 맥케나(McKenna, 1994)는 읽기 태도를 '읽기 활동에 대해 지속적으로 호의적이거나 비호의적인 반응을 보이는 학습된 정서적 성향'이라는 정서 요소만으로 정의하고, 인지적, 행동적 요인들을 읽기 태도와 인과 관계에 있는 변인들로 설명하였다. 반면에 매튜슨(Mathewson, 1994)은 읽기 태도는 '독서에 대한 주된 느낌, 독서 준비도, 독서에 대한 평가적 신념으로 구성'되며, 읽기 태도가 읽기를 지속하려는 의도에 가장 많은 영향을 미친다고 설명하였다. 따라서 좁은 의미의 읽기 태도는 읽기 및 그와 관련된 대상에 대한 좋고 싫은 느낌과 감정이지만, 인지, 정서, 행동 3요소를 아우르는 읽기 태도는 '읽기를 대상으로 좋고 싫음의 평가를 내리고 그러한 평가에 따라 읽기 상황에 접근하거나 회피하는 등의 반응을 일관되게 산출하는 심리적 경향(정혜승, 2006)'이라 할 수 있다.

읽기 태도는 읽기 동기▶p.132및 읽기 흥미▶p.134와 유사하게 느껴지지만 구분할 필요가 있다. 읽기 동기는 행동을 촉발하는 역할을 하지만, 읽기 태도는 읽기 행동을 선택하고 지속하게 하는 역할을 한다는 점에서 기능 면에서 차이가 있다. 읽기 흥미는 읽기에 대한 '좋고 싫음'의 감정 중심의 정서이고, 읽기 태도는 감정뿐만 아니라 인지적인 판단도 포함되며 흥미보다 더 안정적이고 변화가 덜하다는 차이가 있다.

많은 연구에서 읽기 태도는 독자▸p.120의 읽기 행동과 읽기 성취를 예측하는 주요 변인으로 밝혀졌다. 긍정적인 읽기 태도를 지닌 독자는 읽기 활동에 참여하는 빈도가 높고 읽기 성취도 높지만, 부정적인 읽기 태도를 지닌 독자는 읽기 활동에 참여하는 빈도도 낮고 읽기에 어려움을 겪거나 성취가 낮았다. 특히 초등학교 저학년에서 고학년이 되면서 읽기 태도가 부정적으로 변화하는 경향이 있으므로, 긍정적인 읽기 태도를 형성할 수 있도록 교육할 필요가 있다. 이를 위해서는 발달 단계에 맞게 다양한 주제와 장르의 글을 제시하여 학생의 호기심과 탐구심을 유발하고 성공적인 읽기를 경험하여 자신감을 갖도록 해 줄 필요가 있고, 스스로 도서를 선택할 수 있도록 자율성을 주면서 학생이 편안하게 읽을 수 있는 문해 환경을 조성해 주어야 한다.

긍정적인 독서 태도를 형성하기 위해서는 다음과 같은 교육이 요구된다. 첫째, 교사는 학생이 성공적 독서를 하도록 하여 자신감을 갖게 한다. 책을 이해하고, 즐겁고 유창하게 읽는 경험을 지니게 한다. 둘째, 적절한 정도의 도전 의식을 불러일으키는 책을 제시하거나 선정하는 능력을 길러준다. 다양한 장르, 형식, 주제의 글을 발달 단계 맞게 제시하여 학생의 본질적인 호기심과 탐구심을 유발한다. 셋째, 학생이 편안하게 글을 읽을 수 있는 문해 환경을 조성해야 한다. 이렇듯 다양한 미디어의 발달과 함께 문해 환경이 급변함에 따라, 학년이 올라갈수록 읽기 태도는 부적 발달의 경향을 보이므로, 읽기 태도 교육에 구체적인 교육 방안이 마련될 필요가 있다.

관련 용어

읽기의 정의적 특성, 읽기 동기, 읽기 흥미

[참고문헌]

윤준채(2007). 「독자의 정의적 영역 발달: 초등학생의 여가 및 학습 읽기 태도를 중심으로」. 『독서연구』 17, 229-259.

정혜승(2006). 「읽기 태도의 개념과 성격」. 『독서연구』 16, 383-405.

Mathewson, G. C.(1994). Model of attitude influence upon reading and learning to read. In R. B. Ruddell, M. R. Ruddell, & H. Singer(eds.). *Theoretical models and processes of reading*(4th ed.), 1131-1161. Newark, DE: International Reading Association.

McKenna, M. C.(1994). Toward a model of reading attitude acquisition. In Cramer, S., & Castle, S.(eds.). *Fostering the love of reading: The affective domain in reading education*. Newark, DE: International Reading Association.

읽기 > 읽기 요소 > 독자 > 읽기의 정의적 특성 >

읽기 동기 reading motivation

읽기 동기는 독서 행위를 촉발하고, 지속적으로 유지하며, 강화시키는 독자▶p.120의 심리로서, 읽기▶p.38에 대한 목표, 신념, 태도가 종합적으로 작용하여 형성되는, 읽기에 대한 내적 ·외적 욕구이다.

읽기 동기에 대한 연구는 동기의 개념에 따라 다양하다. 우선, 읽기 동기를 크게 내재적 읽기 동기와 외재적 읽기 동기로 양분하여 설명하는 관점이 있다. 대표적인 예로 거스리와 위그필드(Guthrie & Wigfield, 2000)에서는 내재적 읽기 동기를 '독자가 자신의 목적을 달성하기 위해 읽기 활동을 하면서 느끼는 즐거움'이자, 읽기에 대한 관심, 호기심 등 독자의 내적인 요인에 의해 촉구되는 자기목적적인 동기로 설명하였다. 동시에 외재적 읽기 동기는 '독자가 읽기 활동을 통해 외부적 보상이나 격려를 받고자 하는 의지'로서, 읽기와 관련된 경쟁, 성적, 칭찬, 인정, 벌 등의 외적 자극이나 행위 후 주어질 결과에 의해 읽기 행위가 유발되는 것으로 설명하였다.

반면, 다른 연구에서는 읽기 동기의 하위 요인을 여러 범주들로 구분하여 설명하는 관점이 있다. 대표적인 예로, 위그필드, 거스리와 맥거프(Wigfield, Guthrie, & McGough, 1996)에서는 읽기 동기 검사 도구로 MRQ(Motivation for reading questionnaire)를 개발하였는데, 이를 보면, 읽기 동기의 하위 요인을 11개로 구성하고 있음을 알 수 있다([표]).

[표] 읽기 요인의 하위 범주

독자의 효능 범주	내재적 동기	외재적 동기	사회적 동기
읽기 효능감▸p.139 읽기 도전심 읽기 회피	읽기 호기심 읽기 몰두 읽기 중요성	읽기 경쟁 읽기 성적 읽기 인정	사회적 요인 순응 요인

내재적 동기를 유발하는 방법으로는 독서의 효용과 가치를 깨닫게 하는 경험을 만들어 주는 것이 중요하다. 독서를 통해 호기심을 충족시키는 경험, 재미와 즐거움을 느끼는 경험, 독서를 통해 스스로 성취감을 느낀 경험은 독서의 효용과 가치를 깨닫게 되는 경험이 된다. 독서의 내재적 동기가 지속되고 장려되기 위해서는 외부 환경을 조성하는 것 역시 중요하다. 자기 스스로 도서를 선택해서 읽을 수 있도록 하고, 자신에게 맞는 **텍스트**▸p.18를 선택하기 쉽도록 독서 자료에 대한 정보를 제공해 주는 것이 필요하다. 또한 **북 클럽**▸p.285 활동이나 독서 발표회 등을 통해 동료나 단체에 속해서 주변 사람과 사회적 관계를 하게 하는 것도 내재적 동기를 높이는 방법이 될 수 있다.

관련 용어

읽기 태도, 읽기 흥미

[참고문헌]

류수경(2019). 『자기결정 조절동기를 통한 독자 정체성 형성 방안 연구』. 이화여자대학교 박사학위논문.

최숙기(2010). 『중학생의 읽기 능력 발달 양상에 관한 연구』. 한국교원대학교 박사학위논문.

Conradi, K., Jang, B. G., & McKenna, M. C.(2014). Motivational terminology in reading research: A conceptual review. *Educational psychology review 26*, 127-164.

Guthrie, J. T., & Wigfield, A.(2000). Engagement and motivation in reading. In M. L. Kamil, P. B. Mosenthal, P. D. Pearson, & R. Barr(eds.). *Handbook of reading research: Vol. III*, 403-422. Mahwah, NJ: Erlbaum.

Wigfield, A., & Guthrie, J. T.(1997). Relations of children's motivation for reading to the amount and breadth of their reading. *Journal of educational psychology 89*, 420-432.

Wigfield, A., Guthrie, J., & McGough, K.(1996). *A questionnaire measure of children's motivations for reading*. MD: National Reading Research Center.

읽기 > 읽기 요소 > 독자 > 읽기의 정의적 특성 >

읽기 흥미 reading interest

읽기 흥미란 특정한 독서 주제나 분야에 대한 독자▶p.120의 선호도(preference)나 취향(taste)을 뜻한다. 읽기 흥미는 독서 자료의 주제, 장르, 형식이나 매체, 독서 환경의 영향을 받으며, 개인의 독서 행동과 도서 선택에 영향을 미친다. 읽기 흥미는 학생들이 특정 텍스트▶p.18나 장르, 상황 등을 선호하는 것과 관련이 깊어서 미시적 차원의 태도(micro attitude)로 이해하는 것이 타당하다(McKenna, 2001). 학자에 따라서는 읽기 흥미를 읽기 선호도와 구분하기도 하고, 읽기 흥미에 읽기 선호도가 포함된다고 보기도 한다. 읽기 흥미와 선호도를 구분하는 입장에서는 흥미는 대상에 대한 관심이나 욕구를 불러일으키는 감정이지만 선호도는 다른 것과 비교했을 때 선택적으로 좋아하는 감정 상태이다. 그러나 구체적인 읽기▶p.38 상황에서 읽기 흥미와 읽기 선호도가 잘 구분되지 않기 때문에 읽기 흥미에 읽기 선호도가 포함되는 것으로 보기도 한다.

흥미에는 개인적 흥미(individual interest)와 상황적 흥미(situational interest)가 있다. 개인적 흥미는 특정 주제나 과제에 대해 개인이 가지는 비교적 지속적이고 안정적인 상태 및 성향이며, 상황적 흥미는 어떤 조건이나 환경적인 특성에 의해 즉각적으로 발생하는 흥미이다. 판타지 소설을 좋아해서 꾸준히 읽거나 사회과학 분야의 책을 즐겨 읽는 것은 개인적 흥미가 발현된 것이고, 혼자서는 잘 읽지 않던 아이가 부모와 함께 책을 읽자고 하니 선뜻 읽는 것은 상황적 흥미가 발현된 것이라 할 수 있다.

읽기 흥미는 독서에 대한 내재적 동기의 핵심적인 부분을 차지한다. 읽기 흥미는 재미와 즐거움, 혹은 만족감을 주기 때문에 독자는 이를 지속시키기 위하여 계속해서 자발적으로 읽고자 하는 동기가 생기게 되는 것이다. 또한 읽기 흥미는 독해력과 기억을 촉진시킨다(Hidi, 2001). 자신이 흥미 있어 하는 읽기를 할 경우에는 그에 필요한 능력을 기르고 스스로 학습하고 발전시키려는 욕구가 촉진되기 때문에 독자는 자신의 독해▶p.48 능력과 인지 능력을 최대한 발휘하여 독서 활동에 몰입하게 된다. 이처럼 읽기 흥미는 독자의 인지적·정의적인 부분에 모두 영향을 미치기 때문에 읽기 교육에서 중요하다.

읽기 흥미 발달에 대한 연구는 상당히 오래 전부터 논의되었지만, 개인차 또는 문화적 차이가 존재하기 때문에, 연령별로 세분화하거나 일반화하기 어렵다. 이에 따라 해리스(Harris, 1956)와 같은 초기 연구자들은, 아동들은 재미있는 짧은 이야기, 환상적인 이야기, 동물에 대한 이야기로부터 흥미를 가지고 읽다가 점차 모험이나 불가사의 이야기, 로맨틱한 소설 등에 흥미를 나타낸다고 한다. 또 국내에서는 사카모토 이치로(阪本一郎, 1960)의 연구를 바탕으로 국내의 실정에 맞게 보완하여 제시한 사례가 있다(정동화, 1997; 김경일, 1997). 이를 종합하면 읽기 흥미는 옛날 이야기기(4~6세), 우화기(6~8세), 동화기(8~10세), 이야기기(10~12세), 전기기(12~14세), 문학기(14세~), 사색기(17세~)로 나눌 수 있다(손정표, 1999). 이와 같이 읽기 흥미 발달 단계를 고려하여 도서를 추천해 주고, 스스로 도서를 선택할 수 있는 자율성을 부여하면 독서 흥미가 제고될 수 있을 것이다.

관련 용어

읽기 태도, 읽기 동기, 읽기 선호

[참고문헌]

손정표(1999). 『신 독서지도 방법론』. 학문사.

이경화(2003). 『읽기 교육의 원리와 방법』. 박이정.

이현진(2017). 『독자가 읽기 과정에서 경험하는 텍스트 기반 흥미에 관한 연구: 이야기 텍스트를 중심으로』. 고려대학교 박사학위논문.

정동화(1977). 「독서 흥미의 발달에 대한 연구: 독서흥미의 발달 단계 설정을 중심으로」. 『국어교육』 30, 69-120.

정혜승·서수현(2012). 「초등학생의 읽기 선호도 조사 연구」. 『국어교육』 138, 379-409.

Hidi, S.(2001). Interest, reading, and learning: Theoretical and practical considerations. *Educational Psychology Review 13*, 191-209.

McKenna, M. C.(2001). Development of reading attitudes. In L. Verhoeven and C. Snow(eds.). *Literacy and motivation: Reading engagement in individuals and groups*, 135-158. Mahwah, NJ: Lawrence Erlbaum Associates.

읽기 > 읽기 요소 > 독자 > 읽기의 정의적 특성 >

읽기 습관

읽기 습관이란 읽기▸p.38를 반복적으로 행함으로써 자연스럽게 익혀진 행동 방식을 말한다. 읽기 습관은 자발성, 지속성이라는 속성을 지니며 일정한 유형을 지닌다. 예를 들어, 독자▸p.120로서 성장하기 위한 바람직한 읽기 습관 중에는 자발적이고 꾸준한 읽기, 여러 분야의 글 골고루 읽기, 독서공동체▸p.155에 참여하여 다른 사람과 독서 경험을 공유하기 등이 있다.

바람직한 읽기 습관은 긍정적인 읽기 태도▶p.130를 형성할 뿐만 아니라 독자의 읽기 능력▶p.41을 기르는 데에도 기여한다. 예컨대, 꾸준한 읽기 습관은 독서공동체의 해석의 관습을 익히고 학교에서 배운 읽기 기능▶p.163을 숙달시킬 수 있으며, 읽기 목적과 상황에 따라 자신의 읽기 활동을 조절하는 초인지 능력을 자연스럽게 신장시킬 수 있기 때문이다.

독자가 바람직한 읽기 습관을 기르도록 지도하기 위해서는 독서의 중요성과 그 가치를 인식하게 하는 것이 필요하다. 자신의 독서 경험을 토대로 독서의 중요성과 가치를 발견하도록 하여 바람직한 읽기 습관의 필요성을 느끼도록 지도한다. 또한 읽기 습관은 단기간에 형성되는 것이 아니라 가정에서 잠들기 전에 책 읽기, 학교에서 아침 독서 시간 읽기 또는 하루에 10분 읽기 등 틈틈이 이루어지는 경험 속에서 오랜 시간 형성된다. 따라서 자신의 읽기 습관을 돌아보고 부족한 점을 개선하기 위해 독서 계획을 세워 실천하도록 지도한다.

관련 용어

읽기 동기, 읽기 태도

[참고문헌]

박혜숙(2008). 「시간에 따른 중학생의 독서태도, 독서습관, 독서시간과 국어성취도와의 관계」. 『교육과학연구』 39(3), 27-49.

윤준채(2003). What's meta analytic review of three decades of SSR says about reading comprehension. 『교육과정평가연구』 6, 171-186.

읽기 > 읽기 요소 > 독자 > 읽기의 정의적 특성 >

읽기 가치

읽기 가치란 읽기▶p.38의 중요성과 효용성에 대해 독자▶p.120가 지닌 가치관으로서, 독자의 읽기 행동이나 사고의 양식에 영향을 주는 판단과 평가 체계이다. 독자가 읽기를 얼마나 중요하고 의미 있게 여기느냐, 어떤 읽기 가치관을 가지고 있느냐에 따라 읽기 방법과 수행 양상이 달라진다는 점에서 매우 중요하다.

읽기 가치는 읽기 동기▶p.132에 영향을 미친다. 위그필드와 에클스(Wigfield & Eccles, 2000)는 인간의 성취 동기를 설명하는 '기대-가치 이론'을 제시하며, 인간의 성취는 당면한 과제 상황에서 성공할 수 있다는 '기대'와, 그 과제를 통해 발생하는 직·간접적인 이익에 대한 '가치'를 바탕으로 하는데, 동기는 이 두 가지에 대한 평가를 기반으로 형성된다고 설명한다. 독자는 글을 읽기 전에 읽기를 수행함으로써 얻게 되는 이익이 무엇이며, 그것이 자신에게 얼마나 중요하고 의미 있는 것인지 평가하는 과정을 거친다. 만약 읽기를 통해 얻게 되는 이익이 자신에게 매우 중요하고 의미 있다고 판단되면 읽기 동기가 높아지지만, 글을 읽는 데에 걸리는 시간과 노력이 많이 들고, 읽기보다 더 중요하고 의미 있는 활동이 있다고 생각되면 읽기 동기는 낮아지게 된다. 읽기 가치에 대한 인식은 읽기를 수단으로 인식하는 외재적 동기뿐만 아니라 읽기 자체를 중요하고 의미 있게 여기는 내재적 동기에 모두 영향을 미친다.

읽기 가치에 대한 인식은 개인적인 읽기 경험을 통해 형성되기도 하지만 읽기에 대한 주변 사람들의 가치 부여와 직접적인 설명에 의해서도 영향을 받는다(Mathewson, 1994). 독자는 꾸준한 독서 경험을 통해 자신에게 읽기가 왜 중요하고 어떤 효용성이 있는지 주관적인 신념을 형성하게 된다. 또한 교사나 주변 사람들과 상호 작용을 통해 읽기 가치에 대한 인식이 변화하기도 한다. 따라서 교사는 독서를 통해 삶의 태도를 바꾸어 성장한 사람들의 사례를 들려주고, 독서를 통해 학업 능력을 신장하거나 진로에 도움을 받을 수 있다는 점과 같이 읽기의 중요성과 효용성을 설명함으로써 부정적인 신념의 줄이고 긍정적인 읽기 가치를 지닐 수 있도록 지도할 수 있다.

관련 용어

읽기 태도, 읽기 동기

[참고문헌]

Mathewson, G. C.(1994). Model of attitude influence upon reading and learning to read. In R. B. Ruddell, M. R. Ruddell, & H. Singer(eds.). *Theoretical models and processes of reading*(4th ed.), 1131-1161, Newark, DE: International Reading Association.

Schwanenflugel, P. J., & Knapp, N. F.(2016). *The psychology of reading: Theory and appplications*. The Guilford Press.

Wigfield, A. & Eccles, J. S.(2000). Expectancy-value theory of achievement motivation. *Contemporary Educational Psychology 25*, 68-81.

읽기 > 읽기 요소 > 독자 > 읽기의 정의적 특성 >

읽기 효능감 reading efficacy

읽기 효능감이란 자신의 읽기 능력▸p.41과 성공적인 읽기▸p.38 행위에 대한 독자▸p.120의 믿음과 기대로서, 반두라(Bandura, 1986)가 제안한 자기 효능감 개념을 읽기 영역에 적용한 것이다(Wigfield & Guthrie, 1997). 반두라의 자기 효능감은 주변 환경이나 이전의 학습 경험에 영향을 받으며, 이후 나타나는 행동을 통제함으로써 행동의 발달에 영향을 미친다는 점에서 학생들의 학업 성취를 예측하고 설명하는 주요 지표로 활용된다. 따라서 읽기 효능감도 학습자의 읽기 성취를 예측하거나 설명하는 지표로 활용될 수 있다.

위그필드와 거스리(Wigfield & Guthrie, 1997)는 읽기 효능감이 높은 학생은 더 자주 읽으며, 어려운 텍스트▸p.18를 읽고자 하는 도전 의식이 강하다고 했다. 베이커와 위그필드(Baker & Wigfield, 1999)도 읽기 효능감은 도전 의식, 호기심, 몰입▸p.140 등과 연관되면서 효능감이 높을수록 읽기를 빈번하게 수행한다고 하였다. 또한 이러한 연구들은 공통적으로 읽기 효능감이 읽기 동기▸

p.132를 형성하는 주요 요인으로 보고 있다.

읽기 효능감은 학년이 낮을수록 높으며, 학년이 올라갈수록 낮아지는 경향이 있다. 학생들은 자신의 능력보다 더 어려운 읽기 과제에 직면하게 되면, 읽기 실패 경험이 증가하고 그로 인해 자신의 읽기 능력에 대한 믿음이 감소하기 때문에 읽기 효능감이 떨어질 수 있다. 따라서 학습자 수준에 맞는 교육 내용을 구성해서 읽기에서 성공하는 경험이 축적될 수 있도록 하고, 도전적인 어려운 읽기 과제를 해야 할 때는 교사가 학생이 읽기에서 성공할 수 있도록 적절한 인지적 중재를 제공하면서 읽기 성공을 유도해야 한다.

관련 용어

읽기 동기, 읽기 태도

[참고문헌]

박영민(2006). 「중학생 읽기 동기 구성 요인 연구」. 『독서연구』 16, 297-334.

이순영(2006). 「독서 동기와 몰입에 영향을 주는 요인에 관한 이론적 고찰」. 『독서연구』 16, 359-381.

최숙기(2008). 「인문계 고등학생 읽기 효능감 구성 요인 연구」. 『청람어문교육』 38, 273-307.

Baker, L., & Wigfield, A.(1999). Dimensions of children's motivation for reading and their relations to reading activity and reading achievement. *Reading research quarterly 34*(4), 452-477.

Bandura, A.(1986). *Social foundations of thought and action.* Englewood Cliffs, NJ.

Wigfield, A., & Guthrie, J. T.(1997). Relations of children's motivation for reading to the amount and breadth or their reading. *Journal of educational psychology 89*(3), 420-432.

읽기 > 읽기 요소 > 독자 > 읽기의 정의적 특성 >

읽기 몰입 reading flow

읽기 몰입이란 독자▶p.120가 읽기▶p.38 활동 자체에 즐거움을 느끼며 완전히 열중하는 상태 또는 그러한 읽기 경험을 말한다. 읽기에서 몰입은 심리학 분야에서 칙센트미하이(Csikszentmihalyi)가 제안한 몰입 이론(flow theory)에 기반하여 설명될 수 있다. 칙센트미하이(1997)는 몰입을 자신이 행하는 활동에 온전히 몰두하고 열중한 상태 또는 경험이라고 보았다. 'flow'라는 은유는 운동선수의 무아지경, 예술가들의 미적 황홀경과 같이, 현재 행하는 활동에 온전히 집중하고 이를 즐기게 되어, 생각과 느낌, 그리고 행동이 조화를 이루며 물 흐르듯이 자연스럽게 진행되는 순간의 느낌을 표현하기 위한 것이다. 칙센트미하이에 따르면 몰입은 자신이 좋아하는 활동, 구체적으로는 외적 보상이 없더라도 행동 자체에서 즐거움을 느낄 수 있는 활동일 때 경험할 가능성이 높다.

이러한 관점에 따르면, 읽기 몰입은 독자가 읽기 활동에 완벽히 몰두하는 상태 또는 경험, 즉 읽기 활동에 완벽하게 집중하고 즐거움을 느끼는 것을 강조하는 개념이다. 또한 읽기 몰입은 독자가 읽기 활동 자체를 좋아하고 즐길 때 가능하다는 점에서 읽기에 대한 내재적 동기와 관련된다. 이는 읽기 몰입이 독자의 정의적 측면을 계발하기 위한 교육에서 주목할 개념임을 시사한다. 읽기 몰입은 학생들이 읽기 활동에 대한 만족감을 느끼도록 이끄는 경험이라는 점에서 읽기 효능감▶p.139의 신장과 관련될 뿐 아니라, 읽기에 대한 내재적 동기를 고취할 수 있기 때문이다. 일반적으로 몰입은 도전 과제와 능력 수준이 적절한 균형을 이루었을 때 발생하는 경우가 많다. 그러므로 읽기 몰입을 경험하도록 이끌기 위해서는 학생들이 충분히 도전할 만한 수준의 책(또는 읽기 과제)을 제시하는 것이 무엇보다 중요하다.

관련 용어

읽기 관여, 읽기 경험, 읽기 동기

[참고문헌]

이순영(2006). 「몰입 독서의 개념에 대한 비판적 검토」. 『국어교육』 120, 201-224.

Csikszentmihalyi, M.(1997). *Finding flow: The psychology of engagement with everyday life*. BasicBooks.

Csikszentmihalyi, M.(2014). *Applications of flow in human development and education*. Dordrecht: Springer.

Mcquillan, J., & Conde, G.(1996). The conditions of flow in reading: Two studies of optimal experience. *Reading Psychology 17*(2), 109-135.

읽기 > 읽기 요소 > 독자 > 읽기의 정의적 특성 >

읽기 관여 reading engagement, engaged reading

읽기 관여란 동기 부여된 독자▶p.120가 목표 달성을 위해 인지적, 정서적, 행동적 노력을 동원하며 읽기▶p.38 활동에 능동적이고 전략적으로 참여하는 태도나 그러한 행위를 뜻한다. 읽기 관여 또는 관여적 읽기(engaged reading)라는 용어는 읽기 과정에 적극적이고 능동적으로 참여하는 독자의 활동 또는 독자의 적극적 참여를 바탕으로 한 읽기 수행을 강조할 때에 사용된다. 텍스트를 깊이 이해하기 위해 전략적으로 읽는 것, 읽기 과정에 인지적, 정의적으로 몰입하는 것, 텍스트를 읽고 대화나 토론 등에 참여하며 다른 독자와 상호 작용하는 것, 읽기 목표를 달성하기 위해 정서적, 행동적 측면을 조절하는 것 등 읽기 과정에 대한 독자의 인지적, 정서적, 행동적 노력과 실천이 강조되는 읽기 행위 등이 읽기 관여의 사례이다. 이처럼 읽기 관여에서 독자의 행위는 텍스트를 읽는 과정에서 전략적으로 행동하고, 정서적으로 반응하는 것뿐 아니라, 다른 독자나 읽기 공동체와 상호 작용하며 읽기 과정에 사회적으로 참여하는 것까지를 아우른다.

읽기 관여는 능동적으로 읽기를 수행하는 동기부여된 독자(motivated reader)의 행위와 실천을 강조한다(Wigfield & Guthrie, 2000). 이러한 맥락에서 읽기 관여와 읽기 동기▶p.132 간의 관련성이 언급되기도 한다. 즉, 읽기 동기가 읽기를 추동하는 독자의 욕구라면, 읽기 관여는 이러한 읽기 동기를 가진 독자가 적극적이고 전략적으로 읽기 활동을 실천하도록 하는 힘 또는 그러한 읽기 행위라는 것이다. 읽기 관여는 읽기 활동 자체에 대한 독자의 주체적 참여를 강조한다는 점에서 독자 주도성▶p.143과도 긴밀하게 관련된다.

관련 용어

읽기 동기, 읽기 몰입, 독자 주도성, 능동적 읽기

[참고문헌]

이용준(2020). 「읽기 몰입 연구의 쟁점에 관한 고찰: 읽기 동기, 몰입 차원, 몰입 속성을 중심으로」. 『독서연구』 55, 49-80.

편지윤(2018). 「읽기 관여(reading engagement) 개념 정립을 위한 시론」. 『독서연구』 48, 105-132.

Afflerbach, P.(1996). Engaged assessment of engaged readers. In L. Baker, P. Afflerbach, & D. Reinking.(1996). *Developing engaged readers in school and home communities*, 191-214. Routledge.

Wigfield, A., & Guthrie, J. T.(2000). Engagement and motivation in reading. *Handbook of reading research 3*, 403-422.

읽기 > 읽기 요소 > 독자 > 읽기의 정의적 특성 >

독자 주도성 reader agency

독자 주도성이란 읽기▶p.38 활동 전반을 주체적으로 계획하여 실천하고 성찰하며, 능동적으로 읽기 활동을 해 나가고자 하는 독자▶p.120의 성향 또는 이러한 성향을 실현해 내는 능력을 뜻한다. 주도성을 가진 독자는 스스로 읽기 목적을 설정하고, 무엇을, 어떻게 읽을지에 대해 주체적으로 결정하며, 읽기 목적을 포함해 다양한 읽기 맥락▶p.146을 고려하며 텍스트의 내용과 가치를 분석하고 평가한다. 또한 자신의 읽기 과정과 결과를 성찰적으로 점검하며 조절한다. 이러한 독자 주도성의 근간에는 독자로서 긍정적인 자기 인식과 높은 효능감▶p.139이 자리 잡고 있다.

독자 주도성을 신장하기 위해서는 학습자들이 읽기의 전, 중, 후 모든 과정에 관여할 수 있도록 권한을 부여하는 것이 중요하다. 즉, 학습자가 주체적으로 선택하고 판단할 수 있도록 지원해야 한다. 학습자의 선택과 판단을 지원한다는 것은 단순히 스스로 선택하고 판단할 수 있는 기회를 부여하는 차원에 그치지 않는다. 권한 부여는 물론이고 적절한 선택과 판단을 할 수 있도록 가르치는 것까지를 포함한다. 가령, 학습자가 자신의 읽기 목표에 맞는 책을 선택할 수 있도록 기회를 부여함과 동시에 책을 선택하는 방법이나 전략을 가르쳐야 한다. 단순히 선택권을 많이 부여하는 것을 넘어, 좋은 선택을 할 수 있는 능력을 길러줄 때, 학습자의 선택을 실질적으로 지원할 수 있으며 학습자의 긍정적인 자기 인식과 효능감을 형성할 수 있다. 다만, 진정한 의미의 주도성은 선택에 대한 책임을 바탕으로 한다. 그러므로 풍부한 선택권 부여와 함께 자기 점검이나 평가 활동을 통해 학습자들이 지속적으로 자신의 읽기를 점검하고, 그 결과를 바탕으로 자신의 읽기 행동을 조절해 나가도록 지도해야 한다.

독자 주도성 교육을 통해 학습자들은 읽기 목적을 달성하기 위해 독자로서 무엇을, 어떻게 해야 하는지를 알고 경험할 수 있다. 이를 통해 학습자들은 자신이 처한 상황과 필요에 맞게 주체적으로 읽기 활동을 설계하고 실천할 수 있는 능력과 태도를 함양할 수 있다. 이러한 점에서 독자 주도성 교육은 평생 독자▶p.120로의 성장이라는 읽기 교육의 목표에 기여하는 바가 크다.

관련 용어

읽기 관여, 읽기 효능감, 읽기 동기, 주체성

[참고문헌]

김종윤·양길석·장봉기·편지윤·서혁(2024). 「독자의 비인지적 특성 조사를 위한 '독서 성향'의 개념 및 구인 탐색」. 『국어교육연구』 86, 1-47.

편지윤·정혜승(2023). 「학생 주도성의 의미와 교육의 방향」. 『교과교육학연구』 27(2), 229-243.

편지윤(2020). 『행위 주도적 독자(Agent Reader) 형성을 위한 읽기 교육 연구』. 이화여자대학교 박사학위논문.

Vaughn, M., Jang, B. G., Sotirovska, V., & Cooper-Novack, G.(2020). Student agency in literacy: A systematic review of the literature. *Reading Psychology 41*(7), 712-734.

읽기 > 읽기 요소 >

읽기 맥락 reading context

정의

읽기 맥락이란 독자▶p.120가 텍스트▶p.18를 읽는 데 직간접적으로 영향을 미치는 언어적, 상황적, 사회문화적 요소를 총칭한다. 동일한 텍스트라도 누가, 언제, 어디서, 어떤 매체를 통해, 어떤 목적으로, 어떠한 상황 및 사회문화적 배경에서 읽는지에 따라 읽기▶p.38 과정의 양상, 그리고 읽기의 결과로서 독자가 구성하게 되는 텍스트의 의미가 달라진다. 이처럼 독자의 텍스트 읽기에 영향을 미치는 모든 요소가 읽기 맥락일 수 있지만, 국어과 교육과정에서는 읽기 맥락을 상황 맥락▶p.149과 사회문화적 맥락▶p.151으로 제시하였다. 읽기 맥락의 요소와 범위 설정의 양상과 관계없이, 맥락은 텍스트 이해에 직간접적으로 관여하며 텍스트의 의미 구성을 가능하게 하는 핵심 기제라는 점에서 독자 및 텍스트와 함께 읽기▶p.283를 구성하는 요소로 여겨진다.

유형

맥락▶p.28을 분류하는 가장 일반적인 방식은 맥락이 어디에 위치하고 작용하는지를 기준으로 텍스트 내적 맥락-텍스트 간 맥락-텍스트 외적 맥락으로 구분하는 것이다. 이때 텍스트 외적 맥락은 다시 상황 맥락과 사회문화적 맥락으로 나뉜다. 이러한 범주 체계에 따라 읽기 맥락을 살펴보면, 텍스트 내적 맥락은 어떤 언어적 표현과 선후 또는 포함 관계를 이루며 그 언어적 표현의 의미를 파악하는 데 관여하는 맥락을 일컫는다. 텍스트 내적 맥락은 독자에게 '주어진 맥락'으로, 텍스트에 드러난 언어적 자질(features), 텍스트의 의미 관계를 실현하는 응집성▶p.96이나 통일성▶p.94, 그리고 글자체(폰트)나 글자의 크기, 이미지나 삽화, 텍스트의 구도나 편집 등 흔히 문맥을 파악하는 데 중요하게 관여하는 요소들이 포함된다. 텍스트 간 맥락은 독자가 현재 읽고 있는 텍스트와 관련이 있는 다른 텍스트들과의 상호텍스트적 관계 ▶p.98에 의해 발생하는 맥락을 뜻한다. 필자가 작성한 다른 텍스트, 주제나 관점, 구조 등이 유사하거나 상반되는 텍스트와의 관계 또는 그 관계에서 형성되는 의미 등이 해당된다. 비언어적 맥락인 상황 맥락과 사회문화적 맥락은 텍스트에 언어적으로 실현되지 않으면서 독자의 텍스트 이해에 직간접적으로 관여한다.

교수학습

읽기 교육에서 맥락을 가르친다는 것은 맥락 자체를 가르친다기보다는 맥락을 고려하여 텍스트를 읽는 능력과 그러한 경험을 제공한다는 것을 뜻한다. 물론 이러한 맥락 활용 능력을 신장하기 위해서는 텍스트 읽기에서 맥락의 중요성, 그리고 텍스트 읽기에 영향을 미치는 맥락의 제 유형에 대한 명시적 지도가 선행되어야 한다. 이를 통해 학생들이 텍스트 이해가 읽기 맥락의 파악과 활용에 따라 달라질 수 있다는 점을 인식하는 것이 중요하다.

그 후에는 텍스트 읽기에 관여하는 다양한 맥락을 고려하며 직접 텍스트를 읽어 보는 경험을 풍부하게 마련해 줄 필요가 있다. 이를 위해서는 학생들이 텍스트 이해 과정에 다양한 맥락을 적극적으로 탐색하여 활용할 수 있도록 이끄는 과제나 활동을 제시하는 것이 효과적이다. 가령, 텍스트의 주제나 의도를 파악하는 데 중요한 역할을 하는 언어적, 비언어적 요소를 분석해 보는 과제나 한 편의 텍스트에 대해 동시대의 독자와 과거 독자의 이해 및 평가가 어떻게 다른지를 비교·대조하고, 왜 다른지를 분석해 보는 과제를 제시할 수 있다. 전자를 통해 텍스트 내적 맥락을 고려해 텍스트를 이해해 보도록 하고, 후자를 통해 텍스트 간 또는 텍스트 외적 맥락 등 다양한 읽기 맥락을 탐색해 보고 이들 맥락에 따라 텍스트 이해가 어떻게, 얼마나, 왜 달라지는지를 경험해 보도록 한다. 또한 동료 학생과 텍스트에 대한 자신의 해석이나 비평을 공유하는 토의·토론 활동도 마련할 수 있다. 동료 학생과의 토의·토론 활동은 텍스트 이해에 맥락을 활용하는 양상과 방법을 학습할 수 있는 계기가 될 수 있을 뿐 아니라, 적절한 맥락을 선택하고 조정하는 능력을 신장하는 기회를 마련해 준다. 학생들은 '텍스트에 대한 타당한 이해'를 겨루는 과정에서 다양한 맥락을 검토하고, 보다 적절한 맥락을 선택하여 맥락을 조정하는 것의 중요성과 방법을 터득해 나갈 수 있다.

아울러, 텍스트 이해가 언제나 맥락 속에서 이루어진다는 것을 인식하는 것과 함께 텍스트가 그 자체로 맥락의 산물임을 알도록 지도하는 것 역시 중요하다. 텍스트의 언어적 자질이나 의사소통 방식, 그리고 주제나 내용 등은 모두 텍스트가 생산 또는 수용되는 맥락을 반영하고 있다. 이러한 텍스트 자체의 맥락성을 지도하기 위해서는 학생들이 사회문화적, 시대적으로 다양한 텍스트를 직접 접해 보며, 다양한 언어와 사고, 그리고 의사소통 방식을 깊이 이해하도록 이끌어야 한다.

의의

읽기 교육에서 맥락에 주목하는 이유는 텍스트의 의미를 보다 타당하고 풍부하게 구성하여 경험할 수 있도록 하기 위함이다. 다양한 읽기 맥락을 고려하며 읽을수록 텍스트의 의미를 다층적, 다각적으로 경험할 수 있다. 모든 맥락이 다 영향을 미치지만, 텍스트 내적 맥락을 고려하며 읽는 것은 텍스트의 의미, 그리고 필자의 의도를 정확하게 파악하는 데 많은 도움을 준다. 또한 상호텍스트적 맥락이나 사회문화적 맥락을 고려함으로써 텍스트가 생산된 당시의 관점에서 텍스트가 어떤 의미를 지니는지, 당대의 독자들에게 어떻게 수용되었고 어떤 영향을 미쳤는지도 파악할 수 있다. 나아가서 상황 및 사회문화적 맥락을 고려함으로써 독자가 처한 상황이나 사회의 관점에 따라 재구성되는 텍스트의 다양한 의미와 효과를 이해할 수도 있다. 그러므로 읽기 지도 시에 학생들이 텍스트 이해에 관여하는 다양한 맥락을 인식하고, 적절한 맥락을 선택하고 활용하여 텍스트의 의미를 파악해 볼 기회를 풍부하게 마련해야 할 것이다. 이를 통해 학생들은 텍스트 이해의 폭을 넓힐 뿐 아니라, 맥락에 맞게 효과적으로 소통하는 능력을 기를 수 있다.

관련 용어

상황 맥락, 사회문화적 맥락, 상호텍스트적 맥락, 텍스트 내적 맥락

[참고문헌]

김혜정(2011). 「국어과 교육내용으로서 맥락의 교육적 실행 연구」. 『한말연구』 28, 61-87.

이재기(2006). 「맥락 중심 문식성 교육 방법론 고찰」. 『청람어문교육』 34, 99-128.

Halliday, M. A., & Hasan, R.(1989). *Language, context, and text: Aspects of language in a social-semiotic perspective*. Oxford: Oxford University.

상황 맥락 situational context

상황 맥락은 독자▶p.120의 텍스트▶p.18 읽기▶p.38에 직접적으로 영향을 미치는 물리적, 정신적 요소를 총칭한다. 독자가 텍스트와 상호 작용하기 위해 활용하는 정보와 지식 중 텍스트 이해에 비교적 직접적으로 영향을 미치는 요소라고 할 수 있다. 구체적으로는 텍스트를 읽는 독자의 특성(독자의 읽기 능력▶p.41과 정체성▶p.127 및 태도▶p.130, 텍스트 주제나 화제에 대한 관점 및 스키마▶p.81 등), 텍스트의 특성(텍스트의 장르, 내용 및 형식상의 특징), 읽기 목적이나 과제(학업, 교양, 여가, 문제 해결, 관계 등), 시공간적 배경, 매체를 포함한 물적·인적 환경 등이 포함된다.

독자가 텍스트의 화제에 대해 어떠한 관점과 배경지식을 가지고 있는지, 독자 정체성이 어떠한지, 어떠한 읽기 목적으로, 어떠한 시공간적 배경에서, 어떠한 매체를 통해, 어떠한 물적·인적 환경에서 읽기를 수행하는지에 따라

텍스트에 대한 이해는 달라질 수 있다. 이처럼 상황 맥락은 특정 텍스트를 이해하는 독자의 개인적 특성, 그리고 그가 존재하는 상황의 특성 등을 뜻한다는 점에서, 사회문화적 맥락▶p.151에 비해 개별적이며 미시적이다.

상황 맥락은 독자의 텍스트 이해에 직접적으로 영향을 미치므로, 학생들이 텍스트 이해에 관여하는 상황 맥락을 적극적으로 탐색하여 이해하고, 이를 적절하게 고려할 수 있도록 지도하는 것이 중요하다. 구체적으로 상황 맥락을 고려하며 읽도록 지도할 때에는 독자가 고려해야 할 상황 맥락의 요소들이 무엇인지 설명하고, 학생들이 읽기를 할 때 이를 직접 탐색할 수 있도록 알려주어야 한다. 그 다음으로는 다양한 상황 맥락을 고려하여 텍스트를 직접 읽고 이해하는 활동을 경험할 수 있도록 기회를 제공해야 한다. 구체적으로는 독자의 읽기 목적이나 과제의 내용을 분석하고 이에 부합하는 방향에서 텍스트를 읽고 그 의미를 구성해 나가도록 지도해야 한다. 이를 통해 학생들이 읽기 목적 또는 읽기 과제에 따라, 독자의 시공간적 배경이나 읽기 매체에 따라, 텍스트의 주제나 관점에 대한 독자의 입장에 따라, 텍스트에서 다루는 내용에 대한 독자의 배경지식 수준이나 흥미 정도에 따라, 읽는 방법, 텍스트에서 주목해야 할 부분, 나아가서는 텍스트에 대한 해석 등이 달라질 수 있고 또 달라져야 함을 경험하도록 해야 할 것이다. 마지막으로, 독자가 상황 맥락을 어디까지 고려했고, 어떤 상황 맥락을 선택했는지에 따라 읽기의 양상은 달라질 수 있다. 그러므로 학생들이 자신의 선택을 수시로 점검하며, 보다 전략적으로 상황 맥락을 선택하여 적용할 수 있도록 지도해야 한다.

관련 용어

읽기 맥락, 상호텍스트적 맥락, 사회문화적 맥락

[참고문헌]

김혜정(2009).「텍스트, 상호텍스트, 콘텍스트; 읽기의 맥락과 맥락 읽기」.『독서연구』21, 33-79.

박수자(2011). 「맥락 기반 읽기 지도의 관점과 반성」. 『한국초등국어교육』 47, 69-92.

읽기 > 읽기 요소 > 읽기 맥락 >

사회문화적 맥락 socio-cultural context

사회문화적 맥락은 독자▶p.120의 텍스트▶p.18 읽기▶p.38에 영향을 미치는 사회적·문화적·역사적 상황과 그러한 상황을 공유하면서 축적된 읽기 공동체 구성원들의 신념, 지식, 기대나 가치, 관습이나 제도 등을 총칭한다. 독자가 텍스트와 상호 작용하기 위해 활용하는 정보와 지식 중 텍스트 이해에 비교적 간접적으로 영향을 미친다. 구체적으로는 독자가 텍스트를 수용하는 시점에서의 사회문화적 배경, 당대의 공동체 구성원들이 공유하는 신념, 가치, 지식, 관습, 규범 등이 포함된다. 텍스트가 생산될 당시의 맥락▶p.28이나 텍스트에 반영된 세계의 맥락 역시 독자가 고려해야 할 사회문화적 맥락에 포함될 수 있다. 사회문화적 맥락은 텍스트의 사회문화적, 역사적 가치까지도 폭넓게 이해할 수 있도록 한다.

사회문화적 맥락은 역사 및 문화를 공유하는 공동체 구성원▶p.153들의 합의를 바탕으로 함에 따라 상황 맥락▶p.149에 비해 거시적이고 지속적이며 집단적이다. 공동체 구성원들의 텍스트 이해의 과정 및 결과에 영향을 미치는 사회문화적 맥락은 대체로 유사한 편이다. 그러나 공동체 내에서도 다양한 가치나 이데올로기가 존재할 경우, 텍스트 이해의 양상이 상이할 수 있다. 그럼에도 사회문화적 맥락을 고려한 읽기는 독자가 텍스트를 수용하는 시점에서 가장 적절하고 타당한 텍스트 이해, 공동체 구성원들과 공감하며 소통할 수 있는 텍스트 이해를 돕는다. 독자는 사회문화적 맥락을 고려함으로써 텍스트 이해의 실제성과 타당성을 제고할 수 있을 뿐 아니라, 텍스트 이해의 폭과 깊이를 심화·확대할 수 있다.

사회문화적 맥락은 텍스트 이해의 다양성을 확대하고 수준을 심화하므로, 학생들이 텍스트 이해에 관여하는 다양한 사회문화적 맥락을 적극적으로 탐색하고 이를 적절하게 활용할 수 있도록 지도하는 것이 중요하다. 이를 통해 사회문화적 맥락에 따라 텍스트 이해가 어떻게 달라지는지를 알고 다양한 관점과 입장에서 텍스트의 의미를 풍부하게 경험할 수 있도록 한다. 아울러, 텍스트가 사회에 미치는 영향에 대해서도 비판적으로 따져 볼 수 있도록 지도한다.

한편, 사회문화적 맥락은 그 특성상 독자가 인식하지 못하는 사이에 무의식적으로 텍스트 읽기에 관여할 수도 있다. 또는 필자나 독자에 의해 의식적으로 특정한 사회문화적 맥락이 선택적으로 결합될 수도 있다. 그러므로 사회문화적 맥락을 고려한 읽기를 지도할 때에는 자신의 텍스트 이해 결과를 성찰적으로 따져 보도록 하는 것이 중요하다. 즉, 텍스트에 대한 자신의 반응이나 이해가 적절한지, 이러한 반응과 이해의 근원이 무엇인지 등을 스스로에게 질문함으로써 학생들이 자신이 속한 공동체의 규범이나 가치에 따른 해석에 대해서도 비판적으로 평가하고 성찰하는 자세를 가지도록 지도해야 한다. 이를 통해 텍스트에 대한 보다 타당한 이해를 형성하도록 할 수 있으며, 텍스트와 이를 둘러싼 여러 공동체의 반응을 비판적인 안목으로 살펴봄으로써 텍스트에 대한 폭넓고 심화된 이해를 견인할 수 있다.

한편, 사회문화적 맥락에 해당하는 사회문화적 배경이나 공동체의 가치, 관습, 문화 등은 그 자체로 문화 역사적 산물이라는 점에서 이를 파악하기 위한 독자의 적극적인 노력이 요구된다. 학생의 수준에 따라 교사가 텍스트 이해와 관련된 사회문화적 맥락을 제공하는 것도 가능하지만, 점차적으로 학생이 스스로 자신의 배경지식이나 경험을 활용하거나 다양한 자료원을 직접 탐색하는 식으로 지도 방식을 바꾸어 나가야 한다.

관련 용어

읽기 맥락, 상황 맥락, 상호텍스트적 맥락

[참고문헌]

이재기(2006). 「맥락 중심 문식성 교육 방법론 고찰」. 『청람어문교육』 34, 99-128.

이재형(2012). 『비판적 문식성 신장을 위한 읽기 교육 연구』. 한국교원대학교 박사학위논문.

읽기 > 읽기 요소 > 읽기 맥락 > 사회문화적 맥락 >

해석공동체 interpretative community

해석공동체란 공통의 사회문화적 배경과 관습, 가치와 신념 등을 바탕으로 텍스트를 해석하거나 그 결과를 공유하는 독자 집단을 뜻한다.

이는 피시(Fish, 1982)가 그의 저서, 『이 수업에 텍스트가 있는가(Is There a Text in This Class?)』에서 처음 사용한 용어이다. 그는 텍스트▶p.18의 의미는 텍스트 속에 내재하거나 저자에게 있는 것이 아니라 독자▶p.120에게 있으며, 그 독자는 해석공동체의 일원으로서 텍스트에 접근하는 것이라고 하였다.

해석공동체 이론에서는, 텍스트는 중립적이며 불변하는 문학적 경험의 구성 요소라는 형식주의 신념에 반대한다. 따라서 텍스트 해석에 대한 권위자로서 작가가 아닌 독자를 강조했으며, 독자가 해석의 중심이 되어야 한다고 본다. 이는 독자반응 이론이나 데리다(Derrida)의 해체론과 상통하는 부분이다. 그러나 해석공동체의 독자는 개별적인 독자가 아니다. 텍스트의 의미는 개별적이고 주관적인 독자가 구성하는 것이 아니라, 해석공동체 혹은 독자공동체의 일원(part of community of readers)으로서의 독자가 의미를 구성하는 것이기 때문이다. 그 해석공동체의 일원인 독자는 의미를 구성할 때 공동체 내에서 형성되어 온 공통의 사회문화적 해석 관습과 가치 체계 등을 해석에 반영한다. 예를 들어, 김소월의 시, '진달래꽃'을 해석하려면 임에 대한 사랑을 반어적으로 표현하는 한국의 전통적 한(恨)의 정서를 알고 있어야 한다. 한국 사람이라면 한국 사회에 면면히 이어온 문화적 배경과 전통적 가치관과 신념 등을 선지식(prior knowledge)으로 갖고 있으며, 이에 근거하여 이 시를 해석해야 한다는 것을 무의식적으로 인식하고 있다. 이와 같이 해석이 이루어지려면 그 공동체에 존재하는 사회적 인지 구조의 틀이 전제되어야 한다.

그리고 이러한 해석공동체는 공동체마다 각기 다르다는 점에서 주관성을 지닌다. 예를 들어, 보름달을 보았을 때 우리나라에서는 토끼가 떡방아를 찧는 관련 설화를 떠올리지만, 서양에서는 늑대로 변하는 인간을 떠올린다면 이는 해석공동체가 다르기 때문이다. 이처럼 해석공동체의 구성원들은 특정 해석 지식을 공유하기도 하지만, 이 전략에 따라 텍스트를 새로 쓰고 텍스트의 속성을 구성한다. 따라서 해석공동체 내의 읽기 전략▶p.190들은 개인의 읽기▶p.38 행위에 앞서 이미 존재해 온 것으로, 공동체 구성원들의 읽기와 해석에 영향을 미친다.

이러한 해석공동체 개념은 해석의 주체로서 맥락에 의해 형성되는 공동체의 역할을 강조했다는 점에서 니스트랜드(Nystrand, 1982)에 의해 제기된 '담화공동체(discourse community)'와 유사하며, 비고츠키(Vygotsky)의 사회구성주의 이론에서의 언어공동체 개념과도 연결된다. 해석공동체 이론은 독자 중심의 해석이 지닐 수밖에 없는 의미의 주관성 문제를 해결할 수 있다.

이를 적용하여 문학이나 읽기 교육을 할 때는 소집단 협력 학습과 같은 방법을 통해, 구성원 간의 의미 공유와 협상을 활발히 하도록 함으로써, 학습자 자신이 속한 해석공동체의 해석의 관습과 가치관 등에 대해 자연스럽게 익힐 수 있도록 지도한다.

관련 용어

담화공동체

[참고문헌]

김도남(2006).「해석공동체의 의미 탐구-읽기교육을 중심으로」.『국어교육학연구』26, 277-309.

이기우 역(1996).『해체 비평』. 한국문학사, Norris, C.(2002). *Deconstruction: Theory and Practice*(3rd ed.). London: Routledge.

Fish, S.(1982). *Is there a text in this class?; The authority of interpretive communities.* Cambridge: Harvard University Press.

읽기 > 읽기 요소 > 읽기 맥락 > 사회문화적 맥락 >

독서공동체 reading community

독서공동체란 책과 독서에 대한 생각을 공유하고 토론하는 등 독서를 즐기는 사람들의 모임 또는 그러한 집단을 뜻한다. 독서공동체의 예시로는 독서 동아리▶p.292, 독서 모임, 북 클럽▶p.285 등이 있으며, 대체로 독서에 대한 관심과 열정을 공유하는 사람들의 자발적 참여를 특징으로 한다. 독서공동체는 독서를 개인적으로 즐기는 것을 넘어서서, 독서 경험과 과정을 여러 사람과 공유하면서 독서의 재미를 알고 즐기는 것을 추구한다.

독서공동체에 참여하는 경험이나 활동은 다양한 교육적 의의를 가지는데, 특히 독서 동기▶p.132 형성에 기여하는 바가 크다. 독서공동체에 참여하는 독자▶p.120들은 책을 매개로 여러 사람과 양질의 사회적 상호 작용을 경험할 수 있다. 좋은 책을 추천 받거나 직접 추천할 수 있으며, 책에 대한 생각이나 느낌을 공유할 수도 있다. 이러한 독서를 매개로 한 사회적 상호 작용은 청소년들의 독서 동기 중에서도 사회적 동기(social motivation)를 고양시키는 방식으로 적극적이고 지속적인 독서 활동 참여를 촉진한다. 더욱이 매체 환경의 다변화로 온라인 기반의 독서공동체가 형성되면서, 기존보다 다양한 배경(성별, 연령, 지역 등)의 사람들과 교류할 수 있는 토대가 마련되었다. 학습자들이 자신의 상황과 목적에 맞게 다양한 유형과 양상으로 독서공동체에 참여할 수 있도록 지원해야 할 것이다.

관련 용어

사회적 독서, 해석공동체

[참고문헌]

편지윤(2021). 「드라마 텍스트와 읽기의 즐거움: 유튜브 '드라마 리뷰'채널의 사례를 중심으로」. 『독서연구』 61, 191-219.

Schiefele, U., Schaffner, E., Möller, J., & Wigfield, A.(2012). Dimensions of reading motivation and their relation to reading behavior and competence. *Reading research quarterly 47*(4), 427-463.

읽기 > 읽기 요소 > 읽기 맥락 >

담론 discourse

담론은 일반적으로 어떤 주체가 대상(세계)에 대한 인식의 결과를 언어화하는 사회적 실천 행위 또는 그 결과물을 가리킨다. 담론은 당대 혹은 역사적 축적의 과정을 거치면서 특정의 지식 체계를 이루게 되는데, 이를 가리켜 지식담론(푸코)이라고 지칭하기도 한다. 예컨대 "나는 이 책이 재미있다."라는 표현에서와 같이, 담론은 어떤 주체가 대상에 대한 생각을 언어(또는 기호)로 나타내는 실천적 행위인데, 이는 (지역적)공간이나 (역사적)시간 조건에 따라 그 의미역이 얼마든지 달라질 수 있다. 예를 들어, 교수자가 학생들 앞에서 위의 발언을 하게 되면, 단순한 감정의 표현이 아니라, 특정 책에 가치나 권위를 부여하는 사회적 행위로 이해될 수 있다.

담론은, **담화**▶p.24와 마찬가지로, 영어의 'discourse'에 해당하지만, 연구 분야에 따라 담론, 담화, 대화, **텍스트**▶p.18 등 다양한 용어로 번역되어 사용되기도 한다. 이때 그 배경이 되는 철학적 기반, 연구의 목적과 내용 측면에서 큰 차이를 보여 준다. 문학에서는 소설이나 시 작품의 구조와 내용을 가리키는 의미로 사용되기도 한다. 사회학 분야에서는 철학적 담론, 정치적 담론, 법률적 담론, 의학적 담론과 같이 특정한 분야에서의 체계적인 지식이나 논의, 소통 현상을 가리키는 용어로 널리 사용되고 있다.

'담론' 이론에서는 제도화된 권력, 이데올로기를 반영하고 재생산하는 담론의 기능에 관심을 갖는다. 즉, 언어가 가지는 제도적, 권력적, 이데올로기적 특성들이 어떻게 축적되고 사회와 정치, 인간에 영향을 미치는지에 대한 연구에 관심을 갖는다. 이러한 맥락에서는 언어가 권력과 제도, 의식에 영향을 미치고 재생산하는 핵심적인 도구이자 수단이라고 보고, 이에 대한 비판적 담론과 사회적 실천 행위에 관심을 둔다.

반면에, 담화 분석 이론에서는 문장 차원의 통사론 중심이었던 기존 언어학의 경계를 넘어서 실제 자연발생적인 언어 사용 상황(담론, 작문, 대화, 의사소통 사건)에서 문장, 명제, 발화, 대화 등의 응집성(cohesion)▶p.96뿐 아니라, 담화의 참여자, 상황 맥락, 의도와 표현, 효과 등 사회심리학적 특성(socio-psychological characteristics)을 분석하는 것을 선호한다.

담론 이론이나 이와 연관되는 비판적 담화 분석 이론(Critical Discourse Analysis. CDA)은 아직 구체적인 분석의 틀이나 방법론을 갖추지 못한 채 철학적 관점에 가깝다는 지적을 받고는 있으나, 비판적 문해력 교육에 시사하는 바도 많다고 할 수 있다. 즉, 기능 교육에 치중한 교육에서 더 나아가 텍스트에 내재된 지배적 이데올로기를 분석함으로써 비판적 문해력을 신장시킬 수 있다는 점에서 교육적 의의를 갖는다.

관련 용어

담화(discourse), 담화 분석, 텍스트, 비판적 담화 분석(CDA)

[참고문헌]

이정우 역(2014). 『담론의 질서(개정판 3쇄)』. 중원문화, Foucault, M.(1971). *L'ordre du discours*. Paris: Gallimard.

임상훈 역(2002). 『담론이란 무엇인가』. 한울, Macdonnell, D.(1986). *Theories of Discourse*. Oxford: Basil Blackwell.

Gee, J. P.(1999). *An introduction to discourse analysis: Theory and method*. London: Taylor & Francis.

읽기 > 읽기 요소 > 읽기 맥락 >

사회적 독서 social reading

= 사회적 독서 활동

사회적 독서는 독서를 개인적인 활동이 아닌 사회적으로 연결되고 상호 작용하는 경험으로 바라보는 관점이자 독서 문화의 한 양상을 의미한다. 사회적 독서는 독서가 본질적으로 사회문화적 맥락▸p.151에서 공동체 구성원들과 상호 작용하며 함께 의미를 구성하는 과정이라는 점을 강조한다. 독자▸p.120는 사회적 독서를 통해 타자와 세계를 이해할 수 있을 뿐 아니라, 공동체가 지향해야 할 가치를 발견할 수 있다. 이러한 견지에서 사회적 독서에서는 독자들이 혼자 책을 읽는 것을 넘어, 함께 책을 읽고 서로의 생각을 공유하고 토론하는 것이 중시된다. 또한 독서를 통해 여러 독자들이 함께 의견을 나누며 상호 이해하고 존중하는 과정에 주목한다.

사회적 독서에 대한 관점은 다양한 교육적 의의를 갖는다. 첫째, 다양성에 대한 이해를 증진한다. 사회적 독서를 통해 다양한 관점과 경험을 가진 사람들과 소통하고 상호 작용함으로써 텍스트▸p.18에 대한 이해는 물론이고, 인간과 세계에 대한 폭넓은 이해를 형성할 수 있다. 이는 학생들의 세계관을 확장시키고 편견을 극복하는 데 도움이 된다. 둘째, 독서를 통한 사회 참여를 견인하고 공동체적 안목을 형성하도록 한다. 사회적 독서는 독서를 통한 문제 해결을 개인적 차원에서 사회적 차원으로 확대한다. 즉, 독서를 통해 개인의 관심사를 해소하는 차원을 넘어, 공동체가 직면한 사회적 문제를 인식하고 이를 해결하기 위해 노력하는 차원에 주목한다. 이는 독자들이 공동체 문제를 알고 이를 해결하기 위한 협력적 담론▸p.156에 참여하도록 이끈다. 독자는 개인적 독서를 넘어 사회적 독서를 실천함으로써 사회의 문제 해결에 적극적으로 참여하는 공동체 구성원으로 성장할 수 있다. 셋째, 사회적 독서는 풍요로운 독서 문화를 형성하고 확산하는 데 기여한다. 독서 과정이나 경험을 공유하는 경험이 많아질수록 독서를 즐기고 그 가치를 공유하는 것이 자연스러운 문화의 하나로 자리 잡게 된다. 이는 독서에 대한 구성원들의 인식을 제고할 뿐 아니라, 긍정적인 독서 문화의 확산 및 발전에 기여할 수 있다.

이처럼 사회적 독서는 독서를 통한 개인의 이해 및 사고를 확장하도록 할 뿐 아니라, 사회에 대한 이해와 참여를 제고하는 데 중요한 역할을 한다. 무엇보다 사회적 독서는 독서를 개인적인 활동으로 보는 것을 넘어, 여러 사람이 상호 작용하며 함께 하는 활동, 그리고 사회와 공동체의 발전과 변화를 꾀할 수 있는 활동으로 자리매김하도록 한다.

이러한 의의를 갖는 사회적 독서를 학습자들이 충분히 경험할 수 있도록 다양한 교실 활동을 전개할 필요가 있다. 구체적으로는 함께 읽기▸p.283, 독서 토론▸p.286, 북 클럽▸p.285 등을 교실 활동 차원에서 활성화하여 구성원 간 의미를 교환하고, 그 가운데 사회문화적 맥락에서 새로운 의미를 발견할 수 있도록 지도한다. 이를 통해 학습자들이 사회적 독서 문화의 형성 및 발전에 참여할 수 있도록 이끌어야 할 것이다.

관련 용어

함께 읽기, 독서공동체, 독서 동아리, 북 클럽, 독서 문화

[참고문헌]

김종윤·양길석·장봉기·편지윤·서혁(2024). 「독자의 비인지적 특성 조사를 위한'독서 성향'의 개념 및 구인 탐색」. 『국어교육연구』 86, 1-47.

서혁(2023). 「독서 사회의 변화와 새로운 독서 교육: 독서 환경의 변화와 교육적 대응을 중심으로」. 『독서연구』 68, 9-33.

천경록(2014). 「사회적 독서와 비판적 문식성에 대한 고찰」. 『새국어교육』 101, 7-35.

편지윤·김종윤·양길석·장봉기·서혁(2025). 「초·중등학생 독서 성향 조사 도구 개발 및 타당화」. 『청람어문교육』 103, 7-46.

읽기 >

독해 수준 levels of reading comprehension

독해 수준이란 읽기▶p.38에 필요한 기능을 위계화 한 것 또는 그 수행 결과를 가리킨다. 읽기 연구자들은 통상 독해 기능을 구분할 때, 그 수준에 따라 '사실적 독해(literal comprehension)▶p.165', '추론적 독해(inferential comprehension)▶p.174', '비판적 독해(critical comprehension)▶p.178', '감상적 독해(appreciative comprehension)▶p.184'로 분류하고, 이후 '창의적 독해(creative comprehension)▶p.188'가 추가되어 5가지 정도를 제안한다. 이 중에서 2022 개정 국어과 교육과정에서는 이를 받아들여 '감상적 독해'를 제외한, '내용 확인, 추론, 평가, 창의'의 4가지 용어를 제시하고 있다.

읽기 기능▶p.163의 이론적 근거가 된 바렛(Barrett, 1976)은 블룸 등(Bloom et al., 1956)의 교육목표분류학을 참고하여 읽기 이해 분류 체계를 개발했다. 그것은 '① 축어적 이해(literal comprehension), ② 재조직(reorganization), ③ 추론(inferential), ④ 평가(evaluation), ⑤ 감상(appreciation)'이라는 5수준으로 위계화된 기능 범주인데, 이는 대략적으로 '사실적 이해(①), 추론적 이해(②,③), 비판적 이해(④), 감상적 이해(⑤)'에 각각 대응된다고 볼 수 있다.

그 외에도 허버(Herber, 1965, 1985)는 '글에서 기본 정보와 세부 정보를 찾는 축자적 이해(literal comprehension), 글에 제시된 세부 사항들 간의 관계를 독자▶p.120가 찾으면서 생각을 얻는 해석적 이해(interpretive comprehension), 독자의 선행 지식을 작가의 생각에 적용하여 좀 더 넓고 추상적으로 일반화하는 적용적 이해(applied comprehension)'로 나누고, 독해 수준은 위계적이라기보다는 상호 작용적임을 강조했다. 또 피어슨과 존슨(Pearson & Johnson, 1978)은 '글에 명시된 정보를 확인하는 텍스트▶p.18 명시적 이해(text-explicit comprehension), 글에서 추론될 수 있는 생각들을 확인하는 텍스트 암시적 이해(text-implicit comprehension), 글에서 끌어낸 정보와 독자의 선행 지식을 관련짓는 배경지식 적용적 이해(scriptally implicit comprehension)'라는 명칭을 제안했다. 반면, Smith(1963)를 비롯한 일군의 학자들은 감상적 독해 대신 창의적 독해를 포함하여 독해▶p.48를 '축자적·해석적·비판적·창의적 독해'의 네 단계로 구분하기도 하였다. 그러나 대부분은 주로 3단계로 구분하는 경향이 있다(Ruddell, 2001:113).

이렇듯 읽기 기능은 읽기 수준에 따라 위계화 되어 있는데, 이러한 층위를 구분함으로써 교육을 할 때, 읽기 기능을 수준에 따라 배열할 수 있고, 학습할 때나 지도할 때도 단계적으로 활용할 수 있다.

관련 용어

사실적 독해, 추론적 독해, 비판적 독해, 감상적 독해, 창의적 독해, 읽기 방법

[참고문헌]

천경록·김혜정·류보라(2023). 『독서 교육론(개정판)』. 역락.

Barrett, T. C.(1976). Taxonomy of reading comprehension. In R. Smith, & T. C. Barrett(eds.). Teaching reading in the middle class, 51-58. *Reading*, MA: Addison-Wesley.

Ruddell, M. R.(2001). *Teaching content reading and writing*. New York: John Wiley & Sons.

읽기 >

읽기 기능 reading skills

읽기 기능은 읽기 능력▶p.41을 그것을 구성하는 핵심적인 기능들로 분절한 것을 말한다. 따라서 읽기 기능은 그 나누어진 각각의 하위 기능들을 지칭하기도 하고, 그 하위에 더 작은 기능들로 구성된 상위 단위를 가리키기도 한다. 일반적으로 읽기 기능은 문자를 소리 내어 읽을 수 있는 해독(decoding)▶p.43 기능과 글의 내용을 이해할 수 있는 독해(reading comprehension)▶p.48 기능으로 양분한다. 해독 기능은 다시 '음소(자소) 인식, 음운의 발음, 단어 재인▶p.45, 유창한 읽기(읽기 유창성)▶p.47' 등 4가지 이상의 기능들로 나뉜다. 독해 기능은 다시 '사실적 이해, 추론적 이해, 비판적 이해, 감상적 이해, 창의적 이해' 등으로 나뉜다.

이 중 독해 기능은 독해 수준▶p.161에 따라 나뉘기도 하지만, 읽기 과정에 따라 읽기 '전-중-후' 기능들로 나눌 수도 있고, 텍스트▶p.18 안의 정보를 활용하는지 텍스트 밖의 정보를 활용하여 읽는지에 따라 텍스트 '안(내용과 형식 분석)-밖(배경지식과 맥락▶p.28 적용)' 기능으로 구분하기도 하며, 인지 층위에 따라 '인지 기능'과 '상위인지▶p.192 기능'으로 구분하기도 한다.

2022 개정 국어과 교육과정에서는 해독 기능에 해당하는 것을 '읽기의 기초'로 설정하였고, 독해 기능에 해당하는 것을 '내용 확인, 추론, 평가, 창의'로 설정하였으며, 상위인지 기능을 따로 두고 있다. 해독 기능에 대해서는 따로 표제어가 있기 때문에, 여기서는 박영목(1996)의 연구를 중심으로 독해 기능 5가지를 설명한다.

첫째, 사실적 독해▶p.165란 글 내용에 대한 표면적인 독해, 있는 그대로의 의미를 파악하는 것을 말한다. 하위 기능으로는 '단어, 문장, 문단 등 글을 구성하는 단위의 내용 파악하기, 중심 내용 파악하기▶p.168, 글의 전개 방식과 구조 파악하기▶p.172, 독서 목적에 따른 세부 정보 파악하기, 글 내용 요약하기▶p.170'

등이 있다.

둘째, 추론적 독해▶p.174란 글에 직접적으로 드러나 있지 않은 내용을 추론하여 의미를 보다 정교하게 이해하는 것을 말한다. 하위 기능으로는 '지식과 경험, 표지, 문맥 등을 이용하여 생략된 내용 추론하기, 필자의 의도, 목적, 숨겨진 주제 등을 추론하기, 인물의 특성, 장면이나 분위기 상상하기, 여러 가지 관점에서 글을 분석하고 종합하기, 독서의 목적이나 과제 상황과 연결하여 의미 구성하기' 등이 있다.

셋째, 비판적 독해▶p.178란 일련의 준거에 의해 글 내용을 평가▶p.181하며 읽는 것을 말한다. 하위 기능으로는 '내용의 타당성과 공정성, 근거 자료의 신뢰성 등 평가하기, 글에서 공감하거나 반박할 부분을 찾고, 필자의 생각 평가하기, 필자의 가치관이나 글의 배경이 되는 사회문화적 이념 평가하기, 글의 구성 및 표현의 적절성과 효과 평가하기▶p.183, 글감이나 주제가 유사한 글을 찾아 읽고, 관점이나 구성 비교하기' 등이 있다.

넷째, 감상적 독해▶p.184란 글의 내용에 공감하거나 감동하며 글을 읽는 것을 말한다. 하위 기능으로는 '인물이나 사건에서 공감하거나 동일시하며 읽기, 감동적인 내용 내면화 하기▶p.187, 필자의 개인적 배경, 시대적 배경, 집필 상황 등과 관련지어 이해하기, 사회적 공동체의 독서 행위에 참여하여 다른 사람과 교감하며 읽기' 등이 있다.

다섯째, 창의적 독해▶p.188란 글을 읽으면서 새롭고 창의적인 아이디어를 떠올려 글과 관련지으며 읽는 것을 말한다. 하위 기능으로 '글의 화제나 주제, 관점 등에 대하여 자기의 생각을 논리적으로 재구성하기, 글에서 자신과 사회의 문제를 해결하는 방법 찾기, 필자의 생각을 보완하거나 대체할 수 있는 방안 찾기, 주제, 필자, 관점 등이 유사한 글들을 통합적으로 재구성하기, 글 내용과 다른 사고나 가치관을 가지기' 등이 있다.

이상의 읽기 기능들은 읽기 과정에서 단계적으로 작동되는 것이 아니라 동시에 관여되며, 읽기 목적이나 상황에 따라 그 밖의 다양한 읽기 기능들이 활용되기도 한다.

관련 용어

사실적 독해, 추론적 독해, 비판적 독해, 감상적 독해, 창의적 독해

[참고문헌]

박영목(1996). 『국어이해론』. 법인문화사.

Clymer, T.(1968). What is "reading"? Some current concepts. In H. Richie, & H. Robinson(eds.). *Innovation and change in reading instruction*, 7-29. Chicago: National Society for the Study of Education.

Langan, J.(2012). *Reading and study skills*. New York: McGraw-Hill Book Company.

McNamara. D. S.(2007). *Reading comprehension strategies, theories, intententions, and technologies*. New York: Laurence Elrbaum Associates.

McWhorther, K. T.(2007). *Essential reading skills*. New York: Longman.

읽기 > 읽기 기능 >

사실적 독해 literal reading comprehension

= 축자적 독해

사실적 독해란 글에 드러난 내용을 정확하게 파악하며 읽는 것을 뜻한다. 즉 글에 제시된 정보의 의미와 정보들 간의 관계를 파악하여 표면적으로 드러난 의미를 중심으로 이해하는 것이다. 의미 파악을 위한 읽기▸p.38의 기본 단계로서 사실적 독해는 다음과 같은 기능들을 포함한다.

첫째, 단어, 문장, 문단 등 글을 구성하는 각 단위의 내용과 그들 사이의 관계 파악하기가 있다. 이를 잘 하기 위해서는 하위 기능(전략)들을 활용할 수 있다. 먼저 내용을 파악하기 위해서는, 문장이나 문단에서 '핵심어 또는 화제를 파악하며' 읽어야 한다. 제목, 중심 사건, 주제와 관련된 단어나 자주 반복되는 단어는 핵심어일 가능성이 높으며, 주로 도입부 문단의 첫 부분에서 중

심 화제를 밝히므로 이것이 핵심어일 확률이 높다. 이러한 **텍스트**▶p.18에 관한 지식이나 경험을 활용하여 전략을 적용하며 읽는다. 그밖에도, 보다 복잡하고 긴 문장의 의미를 파악하기 위해서는 '주어와 서술어를 찾아' 그 관계를 파악하며 읽어야 한다. 또한 '각 문단의 중심 문장을 찾으며' 읽어야 한다. 대부분의 문단은 중심이 되는 중심 문장과 이를 지지하는 뒷받침 문장들로 이루어져 있기 때문이다.

나아가, 정보 간의 관계를 파악하기 위해서는, 단어들이 '동의, 유의, 반의' 관계인지 혹은 '상위어, 하위어' 등으로 포함 관계에 있는지 살피면서 읽을 필요가 있다. 문장 간에도 '대등, 병렬, 역접, 인과' 등 어떤 의미 관계에 의해 연결되어 있는지 파악하며 읽는다. 또한 각 문단 간의 연결에 있어서도 '대등, 예시, 구체화, 일반화' 등 의미 관계를 파악하며 읽어야 한다. 이때, '첫째~둘째, 우선~끝으로, 요컨대, 결론적으로, 예컨대, 즉' 등 글 구조를 알려주는 **담화 표지**▶p.104를 활용하여 파악할 수도 있다.

둘째, 글의 중심 내용을 파악하기가 있다. 글의 중심 내용은 글 전체에 나타난 생각의 핵심이 되는 요지를 말한다. 글의 핵심어 파악하기, 글의 내용 요약하기, 글의 명시적 주제 파악하기, 글의 요지(gist) 파악하기 등은 모두 중심 내용을 파악하는 활동과 관련된다. 단 주제를 파악하는 것은 사실적 독해뿐만 아니라 **추론적 독해**▶p.174가 요구되는 경우도 많은데, 주제나 주장이 명시적으로 드러난 글의 주제 파악하기는 사실적 독해에 포함된다. 설명문이나 논설문 등은 글의 주제가 명시적으로 드러나는 경우가 많은 데 비해, 문학적인 글은 주제가 암시되어 있는 경우가 많다. 주제가 암시적으로 표현되어 있을 경우에는 추론을 통해 파악할 수 있다.

글에 나타난 정보뿐만 아니라, **독자**▶p.120의 지식과 경험, 맥락 등은 의미 구성에 관여하는 중요한 기제이다. 즉 독자가 자신이 읽는 글의 장르 지식, 예컨대 논설문에서 '서론-본론-결론'의 구성과 특성에 대한 지식을 갖고 있다면, 글의 논지가 어떤 방식으로 전개되는지 알게 되어, 글의 구성 방식을 활용하여 중심 내용을 파악할 수 있다. 또한 상황 맥락▶p.149이나 사회문화적 맥락▶p.28을 활용한다면, 문단이나 글에서 강조점을 더 잘 찾아서, 중심 내용을 확정하는 데 보다 용이해질 수 있다.

셋째, 글의 전개 방식과 구조적 특성 파악하기가 있다. 모든 글은 종류와 목적에 따라 특징적인 구조를 가지고 있다. 예를 들어 설명문은 '머리말, 본문, 맺음말'을, 논설문은 '서론, 본론, 결론'을, 소설은 '발단, 전개, 위기, 절정, 결말'과 같은 내용 구조를 취하고 있다. 또한 어떤 내용(주제)을 어떻게 전달할 것인가에 따라 특징적인 전개 방식을 취한다. 예를 들어 설명적인 글은 비교, 예시, 대조, 열거, 인과 등을, 서사적인 글은 '인물'이 특정한 '시간적, 공간적 배경'에서 '사건'을 경험하여 '결말'로 나아가는 이야기 전개 방식을 따른다. 이렇듯 글의 전개 방식이나 구조적 특성을 활용하여, 예컨대 결론이나 결말의 정보를 보다 중요하게 기억하는 것과 같이, 글을 요약하거나 정보를 효율적으로 처리할 수 있다.

넷째, 글 내용 요약하기가 있다. 요약하기는 '핵심어 파악, 중요도 평정▶p.319, 문단의 중심 내용 파악, 문단 간 연결 관계 파악' 등 여러 독해 기능이 종합적으로 동원되어야 하는 과정이다. 그뿐만 아니라 글을 축약해야 하는 과정이기 때문에, 정보 처리 측면에서도 '정보의 삭제와 대치' 등을 거쳐야 한다. 또한 글의 내용을 요약할 때는 글에 드러난 내용을 중심으로 순서대로 요약할 수도 있지만, 자신의 가치관이나 글에 대한 관점을 중심으로 내용이나 순서를 재조직하는 경우도 있다.

사실적 독해는 글에 드러난 지식과 정보를 파악한다는 점에서 쉬운 읽기로 보이지만, 텍스트 난도에 따라 어려울 수 있다. 그러나 표면적인 이해에 도달해야 추론적 이해나 비판적 이해와 같은 더 심화된 읽기가 가능하다는 점에서 사실적 독해는 읽기의 기초적인 단계이자 필수적인 과정으로서 의미를 지닌다.

관련 용어

추론적 독해, 비판적 독해, 감상적 독해, 창의적 독해

[참고문헌]

김혜정(2017). 「설명적 글 읽기를 위한 독해 전략」. 『우리말연구』 50, 141-170.

King, A(2007). Beyond literal comprehension: A strategy to promote deep understanding of text. In D. S. McNamara(eds.). *Reading comprehension strategies: Theories, Interventions, and technologies*. New York: Lawrence Erlbaum Association.

Pearson, P. D.(2013). *The roots of reading comprehension instruction*. In S. E. Israel, & G. G. Duffy(eds.). *Handbook of Research on reading Comprehesion*. New York: Loutledge.

Tierney, R., & Cunningham, J.(1991). Research on teaching reading and comprehension. In R. Barr, M. Kamil, P. Mosenthal, & P. D. Pearson(eds.). *Handbook of Reading Research 2*, 609-655. Mahwah, NJ: Erlbaum.

읽기 > 읽기 기능 > 사실적 독해 >

중심 내용 파악하기 main idea and details

중심 내용 파악하기란 글에서 필자가 말하고자 하는 중요한 생각이나 핵심적인 내용을 파악하는 것을 뜻한다. 글은 중심 내용(main idea)과 이를 뒷받침하는 세부 내용(supporting details)으로 구성된다. 따라서 중심 내용을 파악한다는 것은 달리 말하면 중심 내용과 세부 내용을 구별할 줄 안다는 뜻이기도 하다. 보통 하나의 문단에는 하나의 중심 내용이 있다. 표면적으로 드러나는 경우는 '중심 문장'을 찾으면 되지만, 직접 드러나지 않는 경우는 여러 문장들에 들어 있는 정보들을 종합하여 독자▶p.120가 재구성해야 한다.

텍스트 기능 문법(Functional Grammar)에서는 '주제부-설명부 분석(Thema-Rhema Analyses)' 방법을 통해 중심 내용이 어떻게 도출되는지 분석하였다. 이에 따르면, 중심 내용을 파악하기 위해서는 우선 글이 무엇에 관한 것인

지를 파악해야 한다. 이 '무엇'에 해당하는 것을 글의 화제(topic)라고 한다. 화제가 파악되면 이 화제에 대해 '어떠하다'고 진술하고 있는지를 파악해야 한다. 이 '어떠하다'에 해당하는 것을 '논평(comment, 혹은 설명)'이라고 한다. 따라서 중심 내용을 파악한다는 것은 글 전체의 '화제와 논평'을 진술하는 것과 같다.

예컨대, '바다 쓰레기' 관련 기사를 읽는다면, 먼저 그 기사에서 가장 많이 말하고 있는 단어를 찾아보거나 주로 어떤 내용이 다루어지고 있는지 생각한다. 그리고 나서는 그것과 관련된 현상이나 문제점이 '어떠한지 또는 어떠해야 하는지'를 기술하고 있는지 찾아본다. 예를 들어, '버려진 폐플라스틱'에 대해 가장 중요하게 말하고 있다면, '폐플라스틱'을 화제(topic)로 정할 수 있다. 그리고 이 폐플라스틱이 어떠한지를 살펴보면, '바다에 함부로 버려진다, 함부로 버려져 바다 생태계를 위협한다' 등의 논평(comment)을 찾을 수 있다. 그렇다면 이 둘을 합하여 중심 내용은 '폐플라스틱이 버려져 바다를 오염시키고 바다 생태계를 위협한다'로 진술할 수 있다. 다만 중심 내용을 작성할 때는 논평 부분이 다소 길어져도 상관없다. 또한 긴 글일 때는 전체를 관통하는 중심 (담화▶p.24)화제(discourse topic)를 선정하고, 이 중심 화제가 문단에서 문단으로 이어지면서 어떻게 발전되고 전개되는지를 살핀 후 최종적인 논평을 구성해야 한다.

이와 같이, 글을 이해했다는 것은 중심 내용이 무엇인지 파악했다는 것을 의미할 정도로, 사실적 이해의 핵심이다. 중심 내용을 파악했다는 것은 중심 내용과 세부 내용을 구분할 수 있다는 것을 뜻하기 때문에 중요도 평정▶p.319도 포함된다. 문장이나 문단의 중요도를 평정할 때는 주장과 근거, 일반적 진술에 대한 구체적인 진술(부연, 상술 등)이나 예시 등을 구별하면서 문장이나 문단 간 연결 관계를 파악해야 한다. 또한 한 문단씩 중심 내용을 파악하여 이들을 합치면 문단을 중심으로 한 글 전체의 요약이 쉽게 될 수 있다.

관련 용어

중심 문장, 뒷받침 문장, 화제, 요약하기, 사실적 독해

[참고문헌]

서혁(1996). 『담화의 구조와 주제 구성에 관한 연구』. 서울대학교 박사학위논문.

Clara F. A.(1976). Strategies for finding the main idea. *Journal of Reading 19*(4), 299-301.

Tompkins, G. E.(2011). *Literacy in the early grades: A successful start for prek-4 readers*(3rd ed.). Boston: Pearson.

읽기 > 읽기 기능 > 사실적 독해 >

요약하기 summarizing

요약은 글의 중요한 내용을 중심으로 짧게 압축하는 것이다. 요약은 사실적 독해▸p.165의 중요한 전략이다. 만약 글을 읽을 때만이 아니라, 보고 듣고 지각하는 일상의 삶에서 요약이 이뤄지지 않는다면, 머릿속은 정보로 포화 상태가 되거나 뒤죽박죽 될 것이다. 정보 처리 관점에서 요약이란 중요한 정보를 선별하는 동시에 불필요한 정보는 버리고, 또 세부적인 하위 정보들을 보다 큰 범주의 개념으로 바꾸는 것(일반화, 상위어로 대체)을 뜻한다.

그래서 반 다이크(van Dijk, 1980)와 같은 텍스트 학자들은 텍스트 정보 처리의 심리적 과정에 중점을 둔 요약 규칙을 이론적으로 설명했다. 즉 이해란 독자▸p.120가 글의 정보를 처리하여 머릿속에 텍스트 세계(text world)를 표상(representation)하는 것으로, '미시구조, 거시구조, 상위(초)구조'라는 3가지 층위의 의미 구조(semantic structure)를 구성하는 것이며, 이때 미시적인 정보들의 연결로 이루어진 '미시구조'에서 보다 중요한 정보들의 연결인 '거시구조'를 구성하는 것이 요약이며, 이 과정에서 거시구조 규칙(혹은 요약 규칙)이

작동한다고 보았다. 그것은 '삭제(deletion), 선택(selection), 일반화(generalization), (재)구성(construction)'이다. 이는 '삭제와 대치' 규칙으로도 불린다. 브라운과 데이(Brown & Day, 1980), 한과 골드만(Hahn & Goldman, 1983)은 이를 상세화하여, '①사소하거나 불필요한 내용은 삭제한다. ②중요한 내용이더라도 반복되는 내용은 삭제한다. ③항목의 목록들은 가능하면 상위어로 대치한다. ④행동의 하위 요소의 목록대신 포괄적 행동으로 대치한다. ⑤글 속에 주제문에 해당하는 내용이 있을 때는 이를 선택한다. ⑥마땅한 주제문이 글 속에 없을 때는 스스로 창출한다.'로 재기술 하였다.

과거에는 이러한 규칙을 지도하기보다는 글의 분량을 줄여 나가는 행동주의적 관점▶p.68에서 교육되기도 했다. 문단이나 글 구조를 활용하여 문단별 요약을 한 뒤 이를 종합하는 방식이 그것이다. 또한 요약의 분량을 1/2씩 줄여 나가는 방법을 반복함으로써 정보를 축약할 수도 있다.

한편, 요약은 독서 목적이나 독자의 어휘 목록 수준에 따라 요약의 양상이나 결과가 달라지기도 한다. 요약 중 선택과 삭제 과정에서 정보의 중요도 평정(importance rating)▶p.319이 일어나는데, 독서 목적이 무엇이냐에 따라 독자가 중요하다고 판단하는 것이 다를 수 있기 때문이다. 또한 일반화나 재구성 과정에서 정보들을 응집적으로 관련시키는 복잡한 인지 과정을 거치게 되는데, 독자의 배경지식의 정도와 어휘 수준에 따라 대치하는 어휘와 문장 표현, 정보의 재조직이 달라질 수 있다.

따라서 요약은 읽기 기능이면서, 학습 독서(read to learn)의 전략으로 쓰일 뿐 아니라, 독자의 정보 수용 및 처리 능력을 가시적으로 확인할 수 있는 평가 도구로도 사용된다.

관련 용어

중요도 평정, 글 구조 파악하기, 사실적 독해, 추론적 독해

[참고문헌]

서혁(1994). 「요약 능력과 요약 규칙」. 『국어교육학연구』 4, 113-142.

정시호 역(2001). 『텍스트학』. 아르케, van Dijk, T. A.(1980). *Textwissenschaft: Eine interdisziplinare Einführung*. Tübingen: Niemeyer.

Kintsch, W., & Van Dijk, T. A.(1978). Toward a model of text comprehension and production. *Psychological Review 85*(5), 363-394.

읽기 > 읽기 기능 > 사실적 독해 >

글 구조 파악하기

글 구조 파악하기란 글의 전개 방식이나 구조적 특성을 파악하는 것을 뜻한다. 글의 구조란 '머리말-본문-맺음말', '서론-본론-결론'과 같은 '글의 구성 방식', '논지 전개 방식' 그리고 '문제-해결, 원인-결과, 비교/대조, 수집 혹은 나열'과 같은 내용 간 의미적 연결 관계인 '**텍스트 구조**▸p.101' 등을 뜻한다. 이러한 글의 구조를 파악한다는 것은 중심 문장이나 주제가 어디에 위치하며, 화제 혹은 필자의 논지가 어떻게 전개되는지를 파악하는 것이므로 이는 **사실적 독해**▸p.165 전략에 해당한다.

글 구조를 파악하기 위해서는 글의 유형 혹은 종류에 따른 구성 방식이나 논지 전개 방식, 혹은 다양한 텍스트 구조에 대한 **독자**▸p.120의 배경지식을 떠올려, 글이 어떤 구조에 해당하는지 파악하며 읽어야 한다. 이때, 글 구조를 드러내는 **담화 표지**▸p.104, 예컨대 장절(章節)의 소제목 외에도, '~가 문제점이다, 이에 대해 다루고자 한다, 다음과 같은 방법이 있다, 원인으로는~, 그 결과, 한편, 이와 달리/반면, 결론적으로, 결론지을 수 있다, 요컨대, 제언한다' 등과 같은 담화 표지 또는 메타언어(metalanguage)를 단서로 활용할 수 있다. 또한 '~해야 한다'와 같은 의무나 주장을 드러내는 종결 표현, 한자어의 고빈도 사용, 딱딱하고 건조한 어조 등 문체적 특성을 단서로 하거나, 글의 종류를 파악하고 나아가 필자의 논지 전개도 확인할 수 있다.

한편, 능숙한 독자는 글의 유형이나 종류(장르)가 무엇인지 파악한 뒤에는 글의 구조를 활용하여 자신의 독해▶p.48를 조정하기도 한다. 예를 들어, 논설문과 같이 설득을 목적으로 하는 글▶p.114을 읽는다면, 독자는 논설문의 구성 방식인 '서론-본론-결론'에 대한 지식을 떠올려, 서론에서 글의 화제나 필자가 제기하려는 문제점을 파악하고, 본론에서는 화제에 대한 주요 설명이 무엇인지, 필자의 주장과 근거가 무엇이며, 어떻게 증명하는지, 결론에서는 문제점에 대한 해결 방안이 무엇인지 혹은 당부 사항이 무엇인지를 파악하려고 한다.

글 구조 파악하기를 지도할 때는 도해 조직자 혹은 내용 구조도(graphic or semantic organizer)를 활용하여 글의 주요 내용들을 구조화 하면서 읽도록 지도한다. 이를 활용하면 주요 정보의 위치를 기억하거나 문단 간의 관계를 파악하거나 주장과 근거, 문제점과 해결책, 전제와 결론 등 주요 내용을 초점화 하는 데 도움을 준다.

관련 용어

텍스트 구조, 도해 조직자, 상위언어, 글의 구성, 논지 전개 방식

[참고문헌]

천경록·김혜정·류보라(2023). 『독서 교육론(개정판)』. 역락.

Armbruster, B. B., Anderson, T. H., & Ostertag, J.(1987). Does text structure/summarization instruction facilitate learning from expository text? *Reading Research Quarterly 22*(3), 331-346.

Williams, J. P.(2003). Teaching text structure to improve reading comprehension. In H. L. Swanson, K. R. Harris, & S. Graham(eds.). *Handbook of learning disabilities*, 293-305. The Guilford Press.

읽기 > 읽기 기능 >

추론적 독해 inferential reading comprehension

추론적 독해란 글에 직접 드러나지 않은 정보나 필자의 의도, 목적, 글의 주제 등을 추리하여 이해하는 읽기▶p.38이다. 사실적 독해▶p.165가 글에 명시적으로 드러난 정보를 중심으로 읽는 읽기를 가리킨다. 이에 비해 추론적 독해는 글에 드러난 정보나 배경지식(스키마)▶p.81을 단서로 삼아 그 정보들 사이에 생략된 혹은 누락된 의미를 재구성하는 읽기를 가리킨다.

필자는 독자들이 이미 알고 있을 것이라고 생각하는 내용이거나 글을 읽는 독자의 흥미 유발 등 여러 이유로 모든 내용을 글에 명시적으로 드러내지 않으며 암시적으로 표현하기도 한다. 따라서 글에 명시적으로 진술되지 않은 정보, 생각, 사건 등의 관계를 파악하거나 예측하며 읽기▶p.176를 해야 한다. 추론에는 문맥적 의미 추론하기▶p.177, 필자의 관점이나 의도 추론하기▶p.177, 생략된 내용 재구성하기 외에도 결과 예측하기, 일반화하기, 궁극적인 결론을 도출하기, 비교나 인과 등 의미의 관계 추론하기 등이 있다.

추론의 중요한 기제는 독자의 배경지식이다. 즉 배경지식이 없거나 활성화되어 있지 않다면 추론이 잘 일어나지 않는다. 텍스트▶p.18에 드러난 정보 조각들을 연결하기 위해서도 독자의 배경지식을 기반으로 추론이 작동되어야 한다. 이 때문에 인지적 화용론에서는 텍스트의 이해를 '추론' 과정으로 동일시하기도 한다. 그러나 텍스트에 드러난 의미와 무관하게 극단적인 주관성에 의존한 추론은 오히려 독해▶p.48에 방해가 될 수 있다. 따라서 글에서 주어진 단서를 중심으로 글의 맥락 정보와 독자의 배경지식을 활용하여 추론해야 글의 의미를 심화시킬 수 있다.

추론적 독해는 글의 응집성▶p.96에 기여하는가, 정교화에 기여하는가에 따라 교량적 추론과 정교화 추론으로 나눌 수 있다. 교량적 추론은 텍스트와 독자의 배경지식을 기반으로 글의 빈틈을 메우며 앞의 내용과 뒤의 내용을 이어가는 것을 말한다. 정교화 추론은 필자가 다 제시하지 못한 것의 세부 사항을 더하거나, 글의 내용과 관련된 세상 지식이나 자신의 경험을 연결 지어 글의 내용을 이해하는 것을 말한다.

추론적 독해를 지도할 때는 텍스트에 드러난 단서와 텍스트와 관련된 배경지식을 적극적으로 관련짓도록 지도해야 한다. 만약 텍스트에 관한 독자의 배경지식이 부족하다면, 텍스트와 관련된 다양한 맥락과 관련 정보들을 찾아보게 할 수 있다. 예컨대, 필자가 처한 환경과 상황, 필자가 글을 쓰게 된 이유나 목적, 텍스트가 소통된 매체의 특성, 텍스트가 생산된 시기의 사회문화적 배경과 사건들 등의 정보를 활용하면 추론이 보다 잘 일어날 수 있다. 이렇듯 텍스트와 배경지식을 관련지음으로써 글의 전체적인 흐름이나 글에서 빠진 세부 내용을 추측하거나, 이어질 내용을 예측하거나, 인물의 마음이나 상황을 상상하거나, 사건의 전후를 추론하거나, 단어의 숨겨진 의미 등을 짐작할 수 있다.

관련 용어

추론적 사고, 사실적 독해, 비판적 독해, 감상적 독해, 창의적 독해

[참고문헌]

김봉순(2015). 「읽기교육에서 텍스트 의미 추론의 이론과 실제」. 『텍스트언어학』 38, 1-25.

박수자(2006). 「추론적 읽기 지도의 내용 연구」. 『국어교육』 120, 169-200.

박영목(2008). 『독서교육론』. 도서출판 박이정.

한철우(2011). 『거시적 독서 지도』. 역락.

예측하며 읽기

예측하며 읽기는 뒤이어질 글의 내용이 무엇일지 생각하며 읽는 방법이다. 예측하기를 할 때에는 독자▶p.120의 배경지식, 글의 정보, 읽기 맥락▶p.146 등을 활용하여 글의 결말과 구조, 필자의 주장 및 근거, 필자의 의도, 글이 독자나 사회에 끼칠 영향 등에 대해 예측할 수 있다.

일반적으로 예측하며 읽기는 읽기 전(前) 과정에서 주로 사용되는 전략이지만, 굿맨(Goodman, 1967)이 텍스트▶p.18 이해 과정을 심리학적 추측 게임이라고 말했을 정도로, 읽기▶p.38란 예측과 확인이 끊임없이 반복되는 과정이므로 읽기 전, 중, 후의 모든 과정에 적용할 수도 있다. 읽기 전에는 제목이나 목차를 활용하여 글의 내용을 예측하며, 읽는 중에는 앞서 다음에 나올 내용과 사건을 예측하고, 읽은 후에는 글의 결말에 이어질 내용을 예측하는 활동 등을 할 수 있다. 또한 예측하며 읽기는 예측만을 하는 것이 아니라 자신의 예측을 확인하면서 읽기 과정을 점검하기 때문에 자기 점검과도 관련된다.

예측하며 읽기는 글의 내용을 수동적으로 받아들이는 것을 넘어 독자가 능동적이고 적극적으로 의미를 구성하는 읽기이다. 이는 배경지식을 활성화하며 글을 이해하는 데에 도움이 되며, 글 읽기에 대한 동기 유발과 능동적인 읽기 태도▶p.130 교육에도 효과적이다.

[참고문헌]

김봉순(2015). 「읽기교육에서 텍스트 의미 추론의 이론과 실제」. 『텍스트언어학』 38, 1-25.
박영목(2008). 『독서교육론』. 도서출판 박이정.
한철우(2011). 『거시적 독서 지도』. 역락.

읽기 > 읽기 기능 > 추론적 독해 >

문맥적 의미 추론하기

문맥적 의미 추론하기는 독자▶p.120가 자신의 배경지식과 글의 표지, 맥락▶p.28 등을 활용하여 글에서 생략된 내용이나 함축적 의미를 추론하며 읽는 것을 말한다. 독자는 글을 읽을 때에 글에 명시적으로 드러난 정보를 파악할 뿐 아니라, 글에 드러난 정보를 단서로 생략된 내용이나 숨겨진 의미를 재구성해야 한다.

추론의 단서가 되는 글의 표지에는 단어나 문장의 표현 방식, 글의 문체 등이 있다. 또한 글에 제시된 내용에 대해 독자의 배경지식을 활용하여 그 의미를 풍부하게 재구성하며 읽는 것이 필요하다. 이러한 추론하기 능력은 중요 단어나 문장, 문단 등의 수준에서 의미 추론하기, 글의 전체적인 흐름을 고려하여 글의 세부 내용이나 이어질 내용 추론하기, 함축적 표현이 내포하는 의미 추측하기 등을 통해 지도할 수 있다.

[참고문헌]

김봉순(2015). 「읽기교육에서 텍스트 의미 추론의 이론과 실제」. 『텍스트언어학』 38, 1-25.
박영목(2008). 『독서교육론』. 도서출판 박이정.
한철우(2011). 『거시적 독서 지도』. 역락.

읽기 > 읽기 기능 > 추론적 독해 >

관점이나 의도 추론하기

관점이나 의도 추론하기는 글쓴이가 글의 주제에 대해 갖고 있는 관점이 무엇인지, 글을 쓴 의도나 목적이 무엇인지를 파악하고 이를 종합하여 글의 주제가 무엇인지 명확하게 이해하는 읽기▶p.38의 한 방법이다. 글쓴이의 관점이나 의도는 대부분 글에 직접적으로 서술되어 있지 않으며, 글의 주제가 명확하게 제시되어 있기보다는 드러나 있지 않은 경우도 많다. 따라서 독자▸p.120는 글의 주제를 명확하게 이해하기 위해서 숨겨져 있는 글쓴이의 관점과 의도가 무엇인지 추론해야 하며, 이것이 매우 중요한 과제이다.

글에 드러나지 않은 글쓴이의 관점이나 의도를 추론하기 위해서는 글에 담긴 단서는 물론이고 더 나아가서 독자의 배경지식 등을 적극 활용할 필요가 있다. 글쓴이의 관점이나 의도를 파악하기 위한 방법으로는 글의 내용을 여러 관점에서 분석하고 종합하기, 중심 소재에 대한 글쓴이의 입장이 어떠한지 고려하기, 주요 화제를 서술할 때 필자가 선택한 어휘에 주목하기 등의 방법을 활용할 수 있다.

[참고문헌]

김봉순(2015). 「읽기교육에서 텍스트 의미 추론의 이론과 실제」. 『텍스트언어학』 38, 1-25.

박영목(2008). 『독서교육론』. 도서출판 박이정.

천경록·김혜정·류보라(2023). 『독서 교육론(개정판)』. 역락.

한철우(2011). 『거시적 독서 지도』. 역락.

읽기 > 읽기 기능 >

비판적 독해 critical reading comprehension

비판적 독해는 독해▸p.48의 과정에서 글에 제시된 내용과 표현에 대하여 타당성, 신뢰성, 공정성 등을 평가하고 판단하면서 읽는 것을 의미한다. 비판적 독해는 내용과 표현 측면에서 모두 이루어질 수 있다. 내용 측면에서는 주장과 근거의 타당성, 저자의 전문성과 자료에 대한 신뢰성을 판단하고 평가한다. 표현 측면에서는 단어나 문장의 적절성, 구조의 논리성과 완결성, 표현 방법의 효과와 적절성 등을 판단하고 평가한다.

비판적 독해는 모순이나 오류가 없는 완전한 글은 없다는 것을 전제로 하여, 독자▶p.120가 글의 내용을 그대로 수용하는 것이 아니라, 반성적 회의의 입장에서 글을 분석하여 글의 내용과 표현, 구조 가치 등을 평가하고 판단하는 능동적 읽기라고 할 수 있다. 이러한 맥락에서 비판적 독해는 평가적 독해라고도 하며, 독자의 내·외적 준거에 의해 정확성, 타당성, 적절성, 가치 등의 판단을 하거나 사실과 의견 구분▶p.181, 허구와 현실 구분 등의 사고를 한다(Barrett, 1976).

비판적 독해는 비판적 사고 기능에 근거하게 되는데, 비판적 사고는 여러 가지 준거에 의해 분석된 것을 바탕으로 대상의 정당성이나 적절성, 가치 및 우열에 대하여 평가하는 능력이다. 비판적 사고란 어떤 관점을 받아들이거나 혹은 어떤 행위를 할 것인지를 결정하기 위해 주어진 진술이나 글의 구조와 의미, 더 나아가 그러한 구조와 의미가 놓여 있는 맥락▶p.28을 이해하고 평가하여 결정하는 사고 기능이다. 이러한 비판적 사고는 사물의 옳고 그름을 가리어 판단하거나 밝힐 수 있는 인지적 능력과 함께 기꺼이 비판적으로 사고하려는 마음을 갖는 정의적 성향을 포함하는 사고 능력이다. 비판적 사고 기능은 단일한 일반적인 능력이라기보다는 다양한 하위 요인들로 구성되어 있는 복합적인 사고 기능이라는 입장이 우세하다. 에니스(Ennis, 1962)는 비판적 사고 기능의 하위 요인으로 진술의 의미 파악, 추론 과정의 모호성 판단, 진술들 사이의 상호적인 모순 판단, 결론의 필연성 판단, 유도된 결론의 정당성 판단 등의 요소를 제안하였다. 허경철 등(1991)은 사실과 의견의 구분, 타당하고 충분한 근거의 제시, 신뢰로운 정보원의 선택 등과 같은 요소를 제시했다.

비판적 독해는 일정한 논리적 근거를 필요로 하는데, 비판의 준거가 글의 내부에 있는 경우와 외부에 있는 경우가 있다. 내적 준거에 따른 비판이란 글 자체의 논리적 일관성을 비롯하여 언어 사용의 정확성과 적절성에 대한 판단이 해당된다. 외적 준거에 따른 비판은 사회 통념, 윤리적 가치, 미적 가치 등에 비추었을 때 내용의 타당성과 적절성에 대한 판단이 해당된다. 비판적 독해의 방법으로는 사실과 의견 구분하기, 내용 측면▶p.181에서 타당성, 신뢰성, 공정성 판단하기, 표현 측면▶p.183에서 적절성 판단하기 등을 들 수 있다. 독자는 글의 내용을 전술한 일련의 준거에 따라 판단한 후 글의 내용을 수용할 것인가, 반박할 것인가를 결정하게 된다.

비판적 독해는 독자, 텍스트▶p.18, 맥락 등의 측면에서 다음의 조건하에서 효과적으로 수행될 수 있다. 독자 측면에서는 독자가 텍스트의 내용이나 그것과 관련된 사회문화적 맥락▶p.151에 대한 배경지식이 있어야 하고, 비판적 독해 기능과 전략을 갖추고 있어야 하며, 비판적으로 읽고자 하는 태도 혹은 비판적 성향이 있어야 한다. 텍스트 측면에서는 텍스트가 독자의 수준에 맞아야 하고, 비판하기에 적합한 갈래여야 하며, 비판할 만한 주제를 다루고 있어야 한다. 맥락의 측면에서는 비판적 독해를 적극적으로 수행할 수 있는 여건이 조성되어야 하며, 자신의 생각을 거리낌 없이 말하고 상호 소통할 수 있는 여건이 마련되어야 한다. 이에 비판적 독해의 지도를 할 때에 이와 같은 조건들을 고려하여 구체적인 목표 설정, 적합한 텍스트 선정 및 환경 조성을 할 때 효과적인 지도가 이루어질 수 있다.

관련 용어

비판적 사고

[참고문헌]

김유미(2012). 「텍스트 선정이 비판적 읽기에 미치는 영향 연구」. 『국어교육연구』 51, 49-80.

김혜정(2001). 「비판적 읽기의 개념과 성격」. 『국어교육』 105, 59-88.

윤준채(2008). 「비판적 사고력 측정을 위한 읽기 평가의 방향」. 『독서연구』 20, 83-110.

천경록·김혜정·류보라(2023). 『독서 교육론(개정판)』. 역락.

허경철·김홍원·임선하·김명숙·양미경(1991). 『사고력 신장을 위한 프로그램 개발 연구(V)(한국교육개발원 보고서)』. 한국교육개발원.

Ennis, R. H.(1962). A concept of CT. *Harvard Educational Review 32*, 81-111.

읽기 > 읽기 기능 > 비판적 독해 >

사실과 의견 구분하기

사실과 의견 구분하기는 글의 내용이 사실인지 의견인지를 판단하는 것을 뜻한다. 글 속에는 필자의 관점과 주관이 많이 반영되어 있고 때로는 의견을 마치 사실처럼 쓰기도 한다. 따라서 사실과 의견을 구분하는 것은 비판적 독해 ▶p.178의 시작이라고 할 수 있다. 사실과 의견을 구분할 때에는 글의 내용 자체가 실제 있었던 일이나 이미 알려진 지식인가를 토대로 사실인지를 판단하며, 보통 '~라고 생각한다.', '~해야 한다.'와 같은 문장 표현이 쓰이면, 이를 단서로 의견임을 판단하고, 그 외 평서형의 객관적 진술은 사실의 진술로 구분한다.

글의 내용을 사실과 의견으로 구분하여 글에 제시된 사실은 신뢰성과 정확성을 판단하고, 의견이나 주장은 타당성과 공정성을 중심으로 판단하며 이해하는 것이 필요하다. 이와 같이 독자는 글을 읽을 때 내용을 무조건적으로 받아들이는 것이 아니라 필자의 의견은 무엇이며, 그와 달리 사실은 무엇인지를 구분하며 정보의 수용 여부를 결정해야 한다.

[참고문헌]

교육과학기술부(2011). 『국어과 교육과정』, 교육과학기술부 고시 제 2011-361호 국어과 교육과정. 교육과학기술부.
김봉순(2020). 「'사실(facts)' 정보에 대한 비판적 읽기」. 『국어교육연구』 72, 119-144.
김혜정(2008). 「비판적 사고력 신장을 위한 읽기 지도 방향」. 『독서연구』 20, 47-81.

읽기 > 읽기 기능 > 비판적 독해 >

내용 평가하기

내용 평가하기는 글을 읽으며 내용의 타당성, 신뢰성, 공정성에 대해 판단하는 것이다. 내용의 타당성 평가하기는 글에서 제시하고 있는 필자의 의견이나 주장이 합리적이고 일관성을 갖추고 있는지를 판단하며 읽는 것이다. 내용의 타당성을 평가하며 읽을 때에는 보편적 사실에 근거하여 글의 내용 요소들의 타당성을 평가하게 된다. 이때 글의 내용 요소들이란 필자의 주장과 근거, 논증 요소와 요소 간의 관계, 글에 담긴 필자의 태도와 신념, 필자의 관점과 입장 등을 의미하며, 이러한 내용들을 사건의 상황이나 배경, 관련자의 입장이나 여건 등 객관적 기준에 근거할 때나 건전한 세계관이나 보편적 상식에 비추어 볼 때 타당한지를 평가한다. 내용의 타당성을 평가하기 위해서는 주장과 근거, 문제 상황과 해결 방안을 파악하고, 주장에 대한 근거의 적절성, 주장의 실현 가능성 등을 살피게 된다. 그리고 글의 진술 방법에 있어서 논증의 과정이 타당한가를 평가하며 읽는다.

내용의 신뢰성 평가하기는 글에 제시된 주장을 뒷받침하기 위해 제시한 근거나 이유가 믿을 만한 것인가에 대한 판단을 하며 이해하는 것이다. 객관적인 사실 여부를 판단하고, 사실을 정확하게 기술하였는지, 객관적이고 과학적으로 기술하였는지, 자료의 출처를 정확하게 밝히고 있으며 믿을 만한 출처인지 등에 대해 평가한다. 내용의 신뢰성을 평가하며 읽을 때에는 제재에 담긴 지식과 정보의 객관성, 그림이나 사진, 표, 그래프 등과 같은 자료의 제시 방법, 매체 자료의 출처가 분명한 것인지, 매체의 소통 과정이 믿을 만한 것인지를 중심으로 평가하며 읽는 것이 필요하다.

내용의 공정성 평가하기는 필자의 입장이 어느 한쪽에 치우쳐 편파적이지 않은지 등을 판단하며 읽는 것을 뜻한다. 모든 글에는 글쓴이의 세계관이나 가치관, 성향, 입장, 태도, 감정 등이 반영되어 있다. 정보를 전달하는 글의 경우 필자의 관점이 명시적으로 드러나지 않더라도 해당 정보에 대한 필자의 관점이나 의도가 들어가 있게 되므로 글을 읽을 때에는 필자의 관점을 파악하는 것이 필요하다. 내용의 공정성을 평가하며 읽을 때에는 글에 나타난 주장이나 내용이 편견에 치우치지 않은지, 적절하지 않은 가치를 내세우고 있지는 않은지, 내용 선정에 편향성이 없는지 등 필자의 의도가 글에 실현된 양상을 이해하고 평가한다.

[참고문헌]

교육과학기술부(2011). 『국어과 교육과정』, 교육과학기술부 고시 제 2011-361호 국어과 교육과정. 교육과학기술부.

교육부(2022). 『국어과 교육과정』, 교육부 고시 제 2022-33호 [별책 5]. 교육부.

천경록·김혜정·류보라(2023). 『독서 교육론(개정판)』. 역락.

읽기 > 읽기 기능 > 비판적 독해 >

표현 평가하기

표현 평가하기는 글의 표현 측면에서 글쓴이가 자신의 생각을 드러내기 위해 사용한 표현이 적절한지를 평가하며 읽는 것이다. 글의 표현은 단어나 문장의 적절한 사용, 적절한 수사법, 관용구 등의 효과 등을 평가할 수 있다. 필자는 자신의 생각을 표현하기 위해 비유, 강조, 변화, 관용 표현 등의 다양한 표현 방법을 사용한다. 표현의 적절성을 평가할 때에는 이러한 구체적인 표현 방법을 분석하고 이러한 방법들이 효과적으로 사용되었는지 평가한다.

표현을 평가할 때에는 표나 그림 등 복합양식적 요소가 텍스트에 포함되어 있기 때문에 글에 사용된 표현 방법뿐만 아니라, 이러한 자료의 형태와 제시 방법, 제시 순서 등과 같은 복합양식적 요소의 표현이 적절한지에 대해서도 평가해야 한다. 필자의 의도, 글의 내용, 글이 소통되는 맥락▶p.28 등을 고려하여 글에 사용된 자료의 형태, 제시 방법, 제시 순서 등을 분석하고 자료가 적합하게 선택되었는지, 필요한 정보 수준으로 구조화하여 제시되었는지, 비유적 표현이나 관용 표현 등의 효과는 어떠한지, 문법적 호응이 정확하고 비문은 아닌지, 의도적으로 중의문을 포함하지는 않았는지, 행위의 주체를 숨기기 위해 의도적으로 특정 표현을 사용하지는 않았는지 등에 대해 판단하면서 자료의 효과와 적절성을 평가한다.

[참고문헌]

교육과학기술부(2011). 『국어과 교육과정』, 교육과학기술부 고시 제 2011-361호 국어과 교육과정. 교육과학기술부.

교육부(2022). 『국어과 교육과정』, 교육부 고시 제 2022-33호 [별책 5]. 교육부.

윤준채(2008). 「비판적 사고력 측정을 위한 읽기 평가의 방향」. 『독서연구』 20, 83-110.

읽기 > 읽기 기능 >

감상적 독해 appreciative reading comprehension

감상적 독해란 글 내용에 공감하거나, 자신의 경험과 동일시하여 경험의 폭을 넓히거나, 글에서 얻은 즐거움과 깨달음을 내면화하는 읽기▶p.38 방법이다. 글을 읽으며 즐거움을 느끼거나 깨달음을 얻는 등 글에 대해 정서적으로 반응하며 읽는 것을 말한다. 독자▶p.120는 독서를 통해 이전에는 인식하지 못했던 삶의 이치를 깨닫기도 하고, 반복되는 일상에서는 느끼기 어려운 재미나 즐거움을 느끼기도 한다. 이와 같이 글에 정서적으로 반응하며 읽는 과정은 개인의 감정을 정화하고, 자아를 성장시키는 데에 큰 역할을 한다.

아리스토텔레스(Aristotle)는 일찍이 〈시학〉에서 예술의 목적은 쾌락이며, 문학은 고차원적인 정신적 즐거움과 미적 쾌락을 준다고 하였다. 문학은 허구적 세계를 개연성 있게 제시함으로써 이를 읽는 독자는 심리적인 정화, 즉 카타르시스(Catharsis)를 경험하게 된다. 이처럼 감상적 독해는 아리스토텔레스가 제시한 문학의 쾌락적 기능에 바탕을 둔다.

바렛(1976)은 글 전체적인 이해에 작용하는 독해 기능 중 하나로 '감상'을 제시하였다. 이는 문학적 텍스트에 대한 정서적 반응으로 비판적 독해▶p.178와 달리 텍스트▶p.18에 동화되는 과정이다. 감상에는 4가지 하위 기능이 있는데, 내용에 대한 정서적인 반응, 인물과 사건에 대한 동일시, 작가의 언어 사용에 대한 반응, 머릿속으로 심상 떠올리기이다. 이에 기반한 감상적 독해의 방법으로는 글 내용에 공감하며 읽기, 자신의 경험과 동일시하면서 인식과 경험의 폭을 넓히기, 글에서 얻은 즐거움과 깨달음을 내면화하는 읽기 등이 있다.

감상적 독해의 하위 전략에는 다음과 같은 것들이 있다(박영목, 2008). : ㉮ 인물이나 사건에서 공감하거나 동일시되는 부분을 찾으며 읽는다. ㉯ 글에서 감동적인 부분을 찾아 그 내용을 내면화한다. ㉰ 필자의 개인적 배경, 시대적 배경, 집필 상황 등과 관련지어 글을 감상한다. ㉱ 독서를 통해 일어나는 독자 자신의 정서적 변화를 인식하며 글을 감상한다. ㉲ 사회적 공동체의 독서 행위에 참여하여 다른 사람과 교감하며 글을 읽는다.

감상적 이해는 문학적인 글만을 대상으로 하는 것 같지만, 논설문이나 정보 전달의 설명문에서도 감상적 이해가 적용될 수 있다. 예컨대, 문학 작품에서는 다양한 언어적 표현이나 삶과 세계에 대한 성찰 등을 통해, 설명문에서는 설명 내용의 정확성이나 풍부함 등을 통해 즐거움과 감동을 느낄 수 있다. 독자는 자신이 어떤 부분에서 공감하고 무엇 때문에 감동을 느꼈는지 생각해 봄으로써 반응을 심화할 수 있다.

관련 용어

공감하며 읽기, 내면화하며 읽기

[참고문헌]

김혜리·엄해영 공역(2008). 『독자, 텍스트, 시: 문학 작품의 상호교통 이론』. 한국문화사, Rosenblatt, L. M. (1978). *The reader, the text, the poem: The transactional theory of the literary work*. Carbondale: Southern Illinois University Press.

박영목(2008). 『독서교육론』. 박이정

천병희 역(2017). 『시학』. 도서출판 숲, Aristoteles(n. d.). *Peri poietikes. On the art of poetry:*

A rev. text, with critical introd., translation, and commentary (Ingram Bywater, Trans). Oxford: Clarendon Press.

Barrett, T. C.(1976). Taxonomy of reading comprehension. In R. smith, & T. C. Barrett(eds.). *Teaching reading in the middle class*, 51-58. MA: Addison-Wesley.

읽기 > 읽기 기능 > 감상적 독해 >

공감하며 읽기

공감하며 읽기는 글을 읽으며 인물에 감정이입하거나 글에 담긴 경험을 자신의 경험과 동일시하면서 정서적으로 교감하며 읽는 것을 말한다. 글은 필자와 **독자**▶p.120를 만나게 하는 매개체 역할을 한다. 공감하며 읽기는 **텍스트**▶p.18와 깊이 있는 상호 작용을 통해 독자와 필자 간의 교류를 심화시키고 다양한 정서를 고양시킨다.

공감하며 읽기를 지도할 때에는 먼저 글을 읽고 글에서 공감하거나 감동을 느낀 부분이 있는지 생각해 보도록 한다. 글을 읽으면서 인상적인 글귀나 사건 또는 인물을 떠올려 보거나 자신의 과거나 현재 상황이 연상되는 부분에 주목하도록 하는 것이 좋다. 또한 필자나 등장인물에 감정을 이입하여 그들의 입장과 정서를 상상해 보도록 할 수 있다. 이때, 필자의 개인적 배경이나 집필 상황을 조사해 보거나 작품 속 등장인물이 처한 시대적 배경 등을 살펴보면 필자나 등장인물의 처지를 상상하는 데에 도움이 된다. 또한 글에서 연상된 자신의 경험을 돌아보며 그때 자신이 느꼈던 감정을 떠올려보면 필자나 등장인물에 감정을 이입하는 데에 도움이 된다.

공감하며 읽기는 사회적 공동체의 독서 행위에 참여하여 다른 사람과 교감하면서 심화될 수 있다. 서로 다른 상황과 관심사를 가진 독자들이 각자 자신이 감동한 부분과 그 이유를 여러 사람과 공유하는 사회적 상호 작용의 과정은 관점과 해석의 다양성, 가치 부여의 다양성을 경험하게 한다.

관련 용어

감상적 독해, 내면화하며 읽기

[참고문헌]

곽춘옥(2014). 「공감적 읽기를 위한 동화 낭독」. 『독서연구』 31, 287-316.

이성영(2021). 「공감적 읽기 교육의 필요성과 방안」. 『독서연구』 60, 9-35.

읽기 > 읽기 기능 > 감상적 독해 >

내면화하며 읽기

내면화하며 읽기는 글의 내용이나 독서 과정에서 얻은 가치, 규범, 태도, 사고, 정서 등을 수용하여 자신의 삶에 적용해 보며 자기 것으로 만들며 읽는 자기화의 과정을 말한다. 내면화는 글을 읽는 도중이나 직후에 일어날 수도 있지만 시간을 두고 서서히 일어나기도 한다. 다양한 삶의 경험을 쌓아 가면서 문득 이전에 읽은 글을 떠올려 삶의 이치나 교훈을 비로소 깨닫고 내면화할 수 있기 때문이다. 우리는 좋은 글을 읽을 때 즐거움이나 깨달음을 얻게 되는데, 이를 자신의 삶에 적용하며 삶을 성찰하는 계기로 삼을 때 독서를 통해 개인적 성장을 이룰 수 있다.

내면화하며 읽기를 지도할 때에는 글을 읽으며 자신이 공감하거나 감동을 느낀 부분을 토대로 자신의 생각을 정리하면서 삶의 이치나 교훈을 얻고 이를 자신의 삶에서 실천할 수 있도록 한다. 이를 통해 독자▶p.120는 글을 읽고 깨달은 점을 서로 나누면서 내면화를 심화할 수 있다.

관련 용어

감상적 독해, 공감하며 읽기

[참고문헌]

구인환·박인기·우한용·최병우(1988). 『문학 교육론』. 삼지원.

읽기 > 읽기 기능 >

창의적 독해 creative reading comprehension

창의적 독해란 새롭고 창의적인 아이디어를 떠올리며 글을 읽는 것을 말한다. 즉 글을 논리적으로 재구성하거나, 글로부터 자신과 삶의 문제를 해결할 수 있는 아이디어(단서)를 얻거나, 필자의 생각을 대체할 수 있는 방안을 찾는 등 텍스트의 이해를 바탕으로 다른 상황에 적용하여 새로운 아이디어를 연결시키는 것을 말한다.

창의적 독해의 방법에는 글쓴이가 제시한 내용에 대해 더 새롭고 대안적인 아이디어를 떠올리며 읽기가 있다. 독자▶p.120는 글을 읽으며 글쓴이의 생각에 미흡한 부분을 찾고 보완하는 과정을 통해 새로운 대안을 창조해 낼 수 있다. 또 글쓴이와 다른 관점에서 생각해 보거나 관련된 정보를 찾아서 더 읽어 보면서 새로운 시각을 찾을 수 있다.

또한 글을 읽으면서 자신의 삶의 문제를 해결할 수 있는 아이디어를 글 속에서 발견하며 읽는 것도 가능하다. 오늘날 사회는 기존의 방식이나 개인의 경험으로는 해결할 수 없는 문제들이 많다. 이때 글을 읽으며 자신이 겪고 있는 어려움이나 오늘날 사회가 당면한 문제를 해결할 수 있는 실마리를 발견할 수 있다. 여러 가지 글의 내용과 형식을 재구성하며 읽는 것 역시 창의적 독해의 방법이 될 수 있다. 하나의 주제에 대해 다양한 관점의 글을 비교하면서 유연하고 종합적으로 사고하는 주제통합적 읽기▶p.198 방법을 활용하면 새로운 의미와 가치를 창조해 낼 수 있기 때문이다.

관련 용어

독해 수준, 주제통합적 읽기

[참고문헌]

박정진(2014). 「'주제별 통합 독서(신토피컬 리딩)'의 의미와 독서교육적 맥락」. 『독서연구』 32, 191-212.

서정혁(2012). 「창의적 문제해결과 읽기 교육」. 『사고와표현』 5(2), 67-92.

Padgett, R.(1997). *Creative reading: What it is, how to do it, and why*. National Council of Teachers of English.

읽기 전략 reading strategies

읽기 전략은 읽기▶p.38를 효과적으로 수행하기 위해 독자▶p.120가 글을 읽는 목적에 따라 의식적으로 선택하고 사용하는 계획 및 그에 따른 읽기 행위를 말한다. 읽기 전략은 인지 전략과 상위인지 전략으로 구분될 수 있다. 이때 상위인지 전략은 인지 전략에 대한 점검과 조정의 역할을 한다. 즉, 독자가 자신의 읽기 과정을 평가함으로써 자신의 읽기의 문제점을 파악하고, 필요시 새로운 전략을 선택함으로써 읽기 과정을 조정할 수 있도록 한다.

읽기 전략은 행동주의 관점▶p.68에서의 읽기 기능▶p.163을 비판하며 제시된 개념이다. 기능을 강조하는 행동주의 관점에서는 읽기 능력▶p.41을 하위 요소로 나누어 세부적인 기능들을 분절적으로 가르치면 독자의 읽기 능력이 향상될 것으로 여겼다. 하지만 행동주의 관점은 개별 기능을 분절적으로 다루면서도 통합하는 과정을 포함하지 않기 때문에 실제적인 독서 맥락과 분리된 채 반복적 훈련을 강조한다는 점에서 비판을 받았다. 이후 읽기가 독자의 적극적인 의미 구성 과정이라는 읽기관이 공유되면서 읽기 전략에 대한 논의가 이루어졌다. 변화된 읽기관에 따라, 독자의 사전 지식과 사고의 활성화 과정이 중시되면서, 읽기 과정을 통제하고 관리하는 방법의 학습, 즉 읽기 전략이 강조되었다.

읽기 전략은 읽기 기능과 비교했을 때 목적 지향적이며, 의식적, 의도적 특성을 지닌다. 읽기 기능과 전략을 엄밀하게 구분하는 것은 쉽지 않다. 다만 읽기 기능과 전략을 구분하는 주된 특징으로는 의도성, 목표 지향성 등이 있다. 즉, 읽기 전략은 목적 지향적인 의식적이고 의도된 행위이므로 의식적인 노력이 필요하다.

읽기 전략은 읽기 과정에 따라 나누어 살펴볼 수 있다. 글을 읽기 전에는 독자의 사고를 활성화하기 위한 전략으로서 배경지식 활성화하기▶p.217, 예측하기▶p.176, 훑어보기▶p.214 등을 활용할 수 있다. 읽기 중 전략으로는 질문하며 읽기▶p.218, 밑줄긋기▶p.208, 메모하며 읽기▶p.209, 참고자료 활용하며 읽기▶p.219 등을 수행할 수 있다. 읽기 후에는 주제 파악하기, 글의 내용 요약하기▶p.170, 상호텍스트적 읽기▶p.196 등의 활동을 동원할 수 있다. 다만 이러한 전략은 읽기 전, 중, 후를 명확히 구분할 수 없기 때문에 읽기의 모든 과정에서 두루 쓰일 수 있다.

읽기 전략은 학습 전략과 함께 다루어지기도 하는데, 독서에서 효과적인 전략은 학습에 효과적인 전략이기도 하기 때문이다. 이 둘은 실제 독서 행위에서 함께 나타나는 경우가 많다. 읽기 전략이자 학습 전략으로 활용되는 것에는 KWL▶p.200, 질문과 답의 관계(Question-Answer Relationships)▶p.201, ReQuest▶p.203, SQ3R▶p.205, 밑줄긋기, 메모하며 읽기, 도해 조직자▶p.210 등이 있다.

읽기 전략에 대한 논의는 독서 능력을 분절적 관점에서 다루어 온 흐름에서 실제적인 독서 맥락에서 독자▶p.120의 사고 과정을 중시한다는 점에서 의의가 있다. 또한 읽기 전략을 통해 읽기 이해를 촉진할 수 있다는 점, 그리고 이러한 내용을 통해 읽기를 가르칠 수 있다는 점에서 읽기 교육에서 중요하게 다루어져 왔다. 읽기 전략의 지도 시 학습자들이 다양한 전략을 이해하고, 읽기 목적에 적합한 전략을 선택하며, 다양한 전략을 조합하여 활용할 수 있도록 지도해야 한다.

[참고문헌]

노명완·정혜승·윤준채·김영란·옥현진·이순영·서수현·김지연·장봉기·백혜선 공역(2012). 『읽기 전략과 읽기 수업』. 한우리북스, Tierney, R. J., & Readence, J. E.(2005). *Reading strategies and practices: A compendium*(6th ed.). Boston: Allyn & Bacon.

박수자(2001). 『읽기 지도의 이해』. 서울대학교 출판부.

이경화(2007). 『읽기 지도의 원리와 방법(개정판)』. 박이정.

Afflerbach, P., Pearson, P. D., & Paris, S. G.(2008). Clarifying differences between reading skills and reading strategies. *The Reading Teacher 61*(5), 364-373.

상위인지 metacognition

= 메타인지, 초인지

상위인지란 독자▶p.120가 읽기▶p.38의 전(全) 과정에서 자신의 수행을 점검하여 조정하는 상위의 인지 작용을 뜻한다. 상위인지를 설명하는 방식은 학자마다 다양하지만, 국어과 교육과정에서는 전통적으로 상위인지를 '점검과 조정'으로 풀어 설명해 왔다. 상위인지를 갖춘 독자는 주어진 과제나 직면한 문제를 해결하기 위해 자신의 인지적·정의적 특성에 대한 지식 또는 읽기 과제 및 전략▶p.190에 대한 지식 등을 바탕으로 문제 해결을 위한 계획을 수립하고, 최선의 전략을 선택하여 활용한다. 또한 일련의 읽기 과정에서 '지금 나는 텍스트를 잘 이해하고 있는가?, 읽기 목적에 맞게 읽고 있는가?, 읽기 전략을 적절하게 사용하고 있는가?' 등과 같이 자신의 읽기 수행을 평가하는 질문을 끊임없이 제기함으로써 텍스트▶p.18에 대한 자신의 이해 양상 및 읽기 수행상의 문제점들을 점검한다. 그리고 상황에 맞게 읽기 전략을 조절하고 부적절한 행동을 통제함으로써 읽기 과정, 나아가서는 읽기 결과까지도 조정해 낸다.

이처럼 읽기에서 상위인지는 목표와 계획의 수립, 전략의 선정과 사용, 과정의 질 검토, 결과에 대한 반성 및 이를 토대로 한 후속 계획 수립 등 읽기 수행 전반에 관여함으로써 독자 스스로 읽고 학습하며 성장할 수 있도록 한다. 이러한 점에서 상위인지 교육은 독자 주도성▶p.143 신장에 기여하는 바가 크다. 독자 스스로 자신의 읽기 수행 전반을 점검하고 조정할 수 있는 능력은 주도적으로 읽기, 자기조절적 읽기 등 독자의 주도성을 요구하는 읽기의 핵심 요소이다. 상위인지의 신장을 통해 독자는 자신의 읽기 전반에 대한 책임을 실현할 수 있게 된다.

상위인지의 신장을 위해서는 학습자들이 읽기 과정을 점검하고 조정하는 방법에 대한 정확한 이해를 바탕으로, 직접 자신의 읽기 과정을 점검하고 조정하며 읽는 연습을 풍부하게 경험하는 것이 중요하다. 그러므로 학생들에게 읽기 목표 설정의 방법과 의의, 읽기 과정 점검 및 전략 조절 방법 등을 명시적으로 설명하거나 시범을 보여 지도할 필요가 있다. 특히 읽기 과정을 점검하는 방법을 지도할 때에는 학생들에게 자기 평가 도구를 제공하여, 스스로 읽기 과정에서 무엇을 검토하고 자신의 수행을 어떻게 평가해야 하는지를 안내할 수 있다. 또한 질문 방법을 가르칠 때에는 '주어진 질문 목록을 적용해 보기, 스스로 질문해 보기, 질문에 답하는 가운데 자신의 읽기 수행을 평가하고 조정해 나가기' 등과 같이 점진적으로 책임을 이양하여 학습자들이 상위인지를 함양해 나가도록 지도할 수 있다.

관련 용어

점검과 조정, 자기조절적 읽기(self-regulated reading), 자기주도적 읽기(self-directied reading)

[참고문헌]

Flavell, J. H.(1979). Metacognition and cognitive monitoring: A new area of cognitive-developmental inquiry. *American Psychologist 34*(10), 906-911.

Jacobs, J. E., & Paris, S. G.(1987). Children's metacognition about reading: Issues in definition, measurement, and instruction. *Educational psychologist 22*(34), 255-278.

읽기 > 읽기 전략 >

다문서 읽기 reading of multiple texts/documents

다문서 읽기는 독자▸p.120가 두 개 이상의 텍스트▸p.18에서 의미를 추출하고 구성하는 읽기▸p.38를 의미한다. 전통적인 읽기 교수학습 상황에서는 독자가 하나의 텍스트에서 내용을 얼마나 잘 파악하고 이해하였는지를 가르치고 평가하였다. 그러나 인터넷을 비롯한 정보 통신 기술이 발달하고 독서 환경이 변화하면서 독자가 단일 텍스트를 깊이 있게 읽는 것을 넘어서 여러 텍스트를 비교, 종합, 분석하는 상황적 요구가 높아지게 되었으며, 이는 기존의 읽기 개념을 확장하는 데 기여하였다.

다문서 읽기는 특정 주제의 이해와 학습, 과제 해결, 보고서 작성 등과 같은 유목적적인 문제 해결 상황에서 독자가 관련성이 있다고 생각하는 여러 텍스트를 탐색하고 수집하는 데에서 시작한다(물론 교사의 읽기 과제나 수행평가와 같이 외부적 상황에서 읽어야 할 여러 텍스트가 부여되는 상황도 있다). 이때 독자는 자신의 목적에 맞고, 신뢰할 수 있으며, 문제를 해결하기에 용이하다고 생각하는 복수의 텍스트를 선별하여 수집하고 읽어나간다. 그리고 독자는 하나의 텍스트를 이해하는 데에 그치는 것이 아니라, 여러 텍스트 간의 관계를 파악하고 연결지으며 읽어 나갈 수 있어야 한다. 일반적으로 특정 주제에 대해 독자가 찾을 수 있는 텍스트들은 저자, 내용의 질과 수준, 관점 등의 차원에서 비동질적이다. 또한 어느 하나의 텍스트가 다문서가 담고 있는 모든 주제와 내용을 포괄하기 어렵다는 특성이 있다. 이처럼 다문서 읽기 텍스트의 내용은 상호 보완적인 경우도 있으나, 특정 쟁점에 대하여 상충되기도 한다. 이때의 텍스트 간의 관계는 **상호텍스트적**▶p.98 관계(intertextual relationship)라 볼 수 있다.

그러므로 독자는 이들 텍스트를 읽어가면서 "누가, 무엇을 이야기하고 있는가?"를 고려하면서 읽어야 한다. 이때 '누가' 썼는지는 텍스트의 출처(source)이며, '무엇'에 대해 썼는가는 텍스트의 내용(content)이 된다. 즉 다문서 읽기 상황에서 독자는 출처를 구분하면서 내용을 통합하는 작업을 수행하게 된다. 독자는 다문서 읽기 과정을 수행하면서 자신의 배경지식을 활용하여 텍스트들이 결국 무엇을 말하고자 하는지를 종합적으로 정리하고, 그렇게 도출된 의미가 자신의 목적과 과제 상황에 부합하는지 확인하게 된다. 만약 이 과정이 충분하지 못하면, 기존에 읽었던 내용을 다시 읽거나 새로운 텍스트를 추가적으로 선별하여 읽을 수 있다.

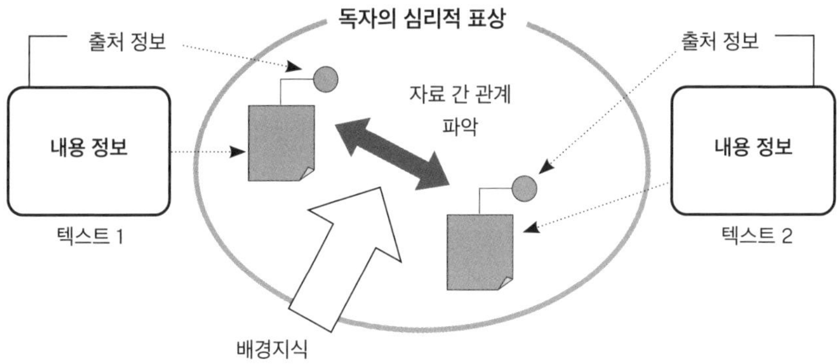

[그림] 다문서 읽기 상황에서의 독자의 심리적 표상

예를 들어, 한 학생이 기후 변화의 주된 원인이 인간에 의한 것인지 아니면 자연적 현상인지에 대해 조사하여 발표한다고 생각해 보자. 그렇다면 먼저 이 학생은 기후 변화에 관한 다양한 정보를 검색하고 읽을 것이다. 그중에는 신뢰하기 어려운 텍스트와 그렇지 않은 텍스트가 섞여 있을 것이다. 이때 학생은 신뢰하기 어려운 텍스트는 배제하고 신뢰가 가는 텍스트를 선별하고자 할 것이다. 그 이후에도 이 학생이 읽을 만한 텍스트에는 기후 학자가 쓴 글, 환경 보호론자가 쓴 글, 통계 자료, 정부 정책 입안자, 시민 단체 등 다양한 텍스트가 포함될 수 있다. 또한 같은 과학자들이 쓴다고 하더라도, 저자가 다를 것이므로 저자의 관점이나 연구 관점 범위, 저자가 참조한 데이터에 따라 다양한 쟁점과 내용들이 도출될 것이다. 또한 다른 텍스트의 내용을 인용 및 뒷받침하거나, 서로 상반된 주장과 근거를 제시하는 텍스트들도 발견될 수 있을 것이다. 이 학생은 그러한 글을 비교하고 교차적으로 검토하고 읽으면서 기후 변화에 대해 과거보다 넓은 시야를 갖게 되고, 이를 종합적인 내용을 정리하여 발표할 수 있을 것이다. 이러한 일련의 과정이 다문서 읽기라고 볼 수 있다.

정리하면, 다문서 읽기는 과제 상황과 같은 독자의 문제를 해결하기 위해, 유사한 주제로 구성된 복수의 텍스트를 읽고, 텍스트 간의 내용을 연결하여 종합적인 의미를 구성하는 일련의 읽기 행위라고 볼 수 있다. 다문서 읽기를 할 때 핵심과제는 출처를 구별하면서 내용을 통합하는 것이다. 다시 말해, 독자는 '누가 무엇을 말했는지' 파악하면서 글의 내용을 통합할 수 있어야 한다. 더 나아가 독자의 읽기 목적을 달성하기 위하여 여러 텍스트 간의 상호텍스트적 관계를 구축하고 이를 통해 전체 문서로부터 독자는 다문서의 종합적 의미를 도출해 낼 수 있어야 한다. 이때의 종합적인 의미란 개별 문서에서 지칭하는 의미의 산술적 총합 이상일 수도 있다.

[참고문헌]

김종윤(2014). 「다문서 읽기 연구의 동향과 전망」. 『국어교육연구』 49, 138-162.

오은하(2024). 『디지털 시대, 학생 독자들은 다문서를 어떻게 읽는가?』, 역락.

Perfetti, C. A., Rouet, J-F., & Britt, M. A.(1999). Toward a theory of document representation. In H. van Oostendorp, & S. R. Goldman(eds.). *The construction of mental representation during reading*, 99-122. Mahwah, NJ: Erlbaum.

Rouet, J. F.(2006). *The skills of document use: From text comprehension to Web-based learning*. Routledge.

읽기 > 읽기 전략 >

상호텍스트적 읽기

상호텍스트적 읽기는 읽은 글과의 관련성을 바탕으로 다른 글(작품)을 읽는 것이다. 주로 읽기 후 단계에서 **상호텍스트성(intertextuality)**▶p.98에 기반하여 다양한 글을 읽는 활동을 의미한다. 상호텍스트적 읽기의 방법으로는 글의 제재, 주제, 형식(문체와 어조, 장르 등), **독자**▶p.120의 관심과 경험 등과 관련된 다른 작품을 찾아 읽거나 필자가 쓴 다른 작품을 찾아 읽는 것 등이 있다. 또한 상호텍스트의 범주에는 음악, 그림, 영화 등의 매체도 포함되므로 읽은 글과 관련하여 다양한 매체를 통해 상호텍스트적 읽기를 할 수도 있다.

예를 들어 어느 작가의 작품을 읽고 나서 그 작가가 쓴 다른 작품을 더 찾아 읽으면 그의 문체와 어조, 그리고 문제의식 등에 대한 이해를 심화할 수 있다. 또한 작품의 주제나 시대적 배경이 유사한 작품을 읽거나 작가에 관한 전기문이나 작품에 관한 비평문 등을 읽는 것도 상호텍스트적 읽기에 해당한다. 특정 주제를 중심으로 다양한 자료를 비교하며 읽는 **주제통합적 읽기**▶p.198나 교과 학습을 연계하여 책, 신문, 잡지, 소논문, 사전 등 다양한 자료를 읽어보는 것, 읽은 글(작품)을 다른 매체로 변용한 음악이나 영화 등을 찾아 감상을 심화하는 것도 상호텍스트적 읽기의 사례이다.

상호텍스트적 읽기는 독자의 글에 대한 이해를 심화하고 배경지식을 확충하는 데 도움이 되며, 읽은 글에 대한 감상을 심화하고 **내면화**▶p.187하는 데 도움이 된다. 또한 독자가 읽은 글에서 관심 및 흥미를 느낀 부분과 관련된 추가적인 글(작품)을 읽어 보는 활동을 하는 것이므로 독서에 대한 흥미 및 동기를 제고한다는 점에서 의의가 있다.

관련 용어

상호텍스트성, 주제통합적 읽기

[참고문헌]

최미숙·원진숙·정혜승·김봉순·이경화·전은주·정현선·주세형(2023). 『국어 교육의 이해(개정 4판)』. 사회평론아카데미.

주제통합적 읽기 syntopical reading

주제통합적 읽기는 동일하거나 유사한 주제(화제)를 가진 다양한 관점의 자료들을 통합하여 자신의 관점을 구성하며 읽는 것을 의미한다. 주제통합적 읽기는 다양한 매체를 통해 정보를 접하게 되는 읽기 환경에서 글이나 자료를 비판적으로 수용하고 자신의 관점을 만들며 읽는 능력이 중요해짐에 따라 점차 강조되고 있다. 이러한 맥락에서 2022 개정 교육과정에서는 공통 교육과정의 중학교 시기부터 고등학교 선택과목 시기까지 여러 차례 '주제통합적 읽기'를 심화하며 반복하여 다루고 있다.

이와 관련성을 지니는 개념으로는 주제 중심 독서(Topic-Centered Reading)와 신토피컬 독서(syntopical reading) 등이 있다. 주제 중심 독서는 특정 주제를 선정하여 그와 관련된 작품으로 구조화된 프로그램을 구성하여 독서 활동을 하는 것을 의미한다. 한편 아들러와 도렌(Adler&Doren, 1972)에서 제안된 신토피컬 독서(syntopical reading)는 독서의 수준을 4수준으로 나누었을 때 가장 수준 높은 독서를 의미하며, 동일한 주제에 대한 다수의 텍스트의 논점을 명확하게 분석함으로써 주제를 깊이 이해하는 것을 목적으로 한다. 이는 '주제별 통합 독서' 또는 '주제통합적 읽기'라는 용어로 국내에 번역되어 사용되었다. 2022 개정 교육과정에서의 '주제통합적 읽기'는 신토피컬 리딩과 유사하지만, 주제(화제)와 관련 있는 다수의 텍스트를 단순히 비교·대조하며 읽는 활동에 머무르지 않고, 비판적 이해를 통해 자신의 관점을 설정하고 이에 따라 종합하고 재구성하며 읽는 것에 방점을 두고 있는 점이 특징이다. 즉, 2022 개정 교육과정에서의 주제통합적 읽기는 다수의 문서를 기반으로 한 독자▶p.120의 사고 활동을 강조하며, 자신의 관점을 수립하고, 그에 따라 의미를 구성하고 표현하는 활동 등과 같은 독자의 주체적 의미 구성을 강조한다.

2022 개정 국어과 교육과정에서는 읽기▶p.38 영역의 과정·기능의 내용

요소로 동일 화제에 대한 주제통합적 읽기(중학교 1~3학년군 국어), 진로나 관심 분야에 대한 주제통합적 읽기(10학년 공통국어1), 읽기 목적을 고려한 주제통합적 읽기(10학년 공통국어2), 주제통합적 독서와 학습을 위한 작문 수행하기(12학년 독서와 작문)를 제시하고 있다. 또한 선택과목으로서 '주제 탐구 독서'를 설정하였는데, '주제 탐구 독서'는 초등학교 및 중학교 '국어'와 고등학교 '공통국어1, 공통국어2'의 읽기 영역을 심화·확장한 과목이다. 이 과목은 관심 있는 주제에 관해 다양한 책과 자료를 비판적·창의적으로 읽음으로써 학습자 자신의 관점과 견해를 형성하고, 주제에 대해 깊고 넓게 탐구하는 능력을 기르는 데에 목적이 있다. 이처럼 2022 개정 교육과정에서 강조되고 있는 '주제통합적 읽기'는 독자가 다양한 자료를 바탕으로 자신의 관점과 견해를 정립해 나가는 능동적이고 주도적인 독서를 강조하며, 주제를 깊이 있게 탐구하는 독서 경험을 통해 비판적·창의적 사고 역량을 함양하도록 한다는 점에서 의의가 있다.

관련 용어

주제 중심 독서(Topic-Centered Reading), 신토피컬 독서(syntopical reading)

[참고문헌]

김도남(2004). 「복수 텍스트의 독서 관점 고찰」. 『국어교육학연구』 19, 189-218.

박정진(2014). 「"주제별 통합 독서(신토피컬 리딩)"의 의미와 독서교육적 맥락」. 『독서연구』 32, 191-212.

Adler, M. J., & Van Doren, C.(1972). *How to read a book*. Simon and Schuster, Inc.

KWL

KWL 전략은 1980년대 중반 미국의 읽기 연구자 오글(Ogle)이 역사, 사회, 과학 등과 같은 내용교과에 실려 있는 다양한 종류의 정보 전달 글을 효과적으로 읽기 위하여 개발한 읽기 전략▶p.190이다.

오글은 독자▶p.120의 배경지식이 글에 대한 의미 구성 과정에서 중요한 역할을 한다는 많은 연구 결과에도 불구하고, 학교 현장의 많은 교사가 글에 대한 학생들의 이해를 촉진하기 위한 방법으로서 배경지식이나 흥미를 활성화시키는 것을 소홀히 하고 있다고 지적했다. 그러면서 글과 관련된 학생의 배경지식을 활성화하고 흥미를 촉진할 수 있는 방법으로 KWL을 개발하였다. 그 이후로 KWL은 그것에 의미지도 그리기(semantic mapping)와 요약하기(summarizing)▶p.170를 포함시킨 KWL Plus, 보충학습이나 심화학습(What I Still Need/Want to Learn?)을 포함시킨 KWLS, 그리고 출처 탐색 활동(Where Can I Learn This?)을 포함시킨 KWWL 등으로 확장되었다.

KWL은 K, W, L의 3단계로 구성되어 있는데 K 단계(What I Know)는 '내가 알고 있는 정보를 떠올리는 단계'로 독자가 가지고 있는 배경지식을 활성화시키는 단계이다. 이 단계는 글에 대한 독자의 배경지식을 활성화하여 글에 대한 흥미와 이해를 촉진한다. W 단계(What I Want to Learn)는 '내가 알고 싶은 것을 결정하는 단계'로 독자가 글에서 얻고자 하는 정보를 자기 생성 질문을 통해 구체화하는 단계이다. 마지막 단계인 L 단계(What I Learned)는 '읽기의 결과로써 내가 학습한 것을 확인하고 조직하는 단계'인데 학습한 내용을 범주화하여 정리하고 독자 자신이 제기한 질문들이 충분히 해결되었는지에 대한 점검이 이루어지는 단계이다.

[표] KWL 활동지

K (알고 있는 것)	W (알고 싶은 것)	L (알게 된 것)

KWL은 독자에게 배경지식을 인출하여 범주화하고 자기 생성 질문을 통해 읽기▶p.38의 목적을 설정하고 학습한 내용을 조직적으로 정리·점검할 수 있는 활동을 제공함으로써 설명적/정보적 글을 효과적으로 이해하도록 돕는다.

관련 용어

읽기 전략, 학습 독서, 정보 전달하는 글

[참고문헌]

윤준채(2007). 「정보 전달하는 글 효과적으로 읽기: KWVL Plus」. 『초등국어교육연구』 8, 81-98.

Carr, E., & Ogle, D.(1987). K-W-L Plus: A strategy for comprehension and summarization. *Journal of Reading 30*, 626-631.

Ogle, D.(1986). K-W-L: A teaching model that develops active reading of expository text. *The Reading Teacher 39*, 564-570.

읽기 > 읽기 전략 >

질문과 답의 관계 QARs, Question-Answer Relationships

질문과 답의 관계(Raphael, 1982)는 질문과 그것의 답에 대한 관계를 인식함으로써 제기된 질문에 대한 답(정보)을 효과적으로 찾도록 안내하는 읽기 전략▶p.190이다.

래피얼(Raphael)은 학생들이 교실에서 많은 질문을 받지만 질문에 대한 답을 어디에서 찾아야 하는지에 대해서는 배우지 않는다는 점을 지적하면서, 그들에게 여러 종류의 질문들에 대한 답을 찾는 방법을 가르쳐 질문에 효과적으로 답할 수 있도록 질문과 답의 관계 전략을 개발하였다. 그 이후로 많은 연구들이 질문과 답의 관계 전략의 효과성을 경험적으로 뒷받침하였고 미국 국립읽기위원회(National Reading Panel)도 이것이 글에 대한 이해를 촉진한다고 결론지었다.

질문과 답의 관계 전략을 학생들에게 가르치는 절차는 다음과 같다.

① 교사가 수업에 사용할 책을 미리 읽고 3가지 종류의 질문(글 명시적 질문, 글 암시적 질문, 스키마▶p.81 기반 질문)을 할 곳을 정해둔다.
② 수업 중에 해당 책을 읽으면서 질문할 지점에 도달하면 "선생님이 이 쪽지에서 질문할 건데 답은 여기에 있어. 그러니까 선생님이 읽어 주는 것을 잘 들어야 해."라고 안내한다. 그들이 '책에서 찾기' 형태의 질문에 올바르게 답하면 '생각하며 찾기' 형태의 질문으로 넘어간다.
③ 그리고 계속 책을 읽다가 '생각하며 찾기' 질문을 할 지점에 도달하면 교사는 "선생님이 이 쪽에서 질문할 건데 답은 선생님이 읽어 주는 것을 잘 듣고 너의 생각도 함께 덧붙여야 해. 그러니까 내가 읽어 주는 것을 잘 듣고 생각도 잘 해야 해."라고 안내한다. 그들이 이런 형태의 질문에도 올바르게 답하면 '내 머릿속에서 찾기'로 넘어간다.
④ 그런 다음 계속 책을 읽다가 '내 머릿속에서 찾기' 질문을 할 지점에 도달하면 교사는 "선생님이 이 쪽에서 질문을 할 건데, 답은 책에 있지 않아. 네 생각만으로 대답해야 하니 잘 생각해 봐."라고 안내한다. 학생들이 활동에 조금씩 익숙해지면 새로운 책에 적용해 본다.

[표] 질문과 답의 관계

	질문의 종류		
	글 명시적 질문	글 암시적 질문	스키마 기반 질문
답의 위치	책에서 찾기	생각하며 찾기	내 머릿속에서 찾기

질문과 답의 관계 전략은 독자▶p.120들에게 질문과 그 질문에 대한 답이 어디에 있는가를 인식하게 함으로써 글에 대한 다양한 질문에 효과적으로 답할 수 있도록 안내한다.

관련 용어

ReQuest, 질문 유형(사실적 질문, 추론적 질문, 평가적 질문)

[참고문헌]

노명완·정혜승·윤준채·김영란·옥현진·이순영·서수현·김지연·장봉기·백혜선 공역(2012). 『읽기 전략과 읽기 수업』. 한우리북스, Tierney, R. J., & Readence, J. E.(2005). *Reading strategies and practices: A compendium*(6th ed.). Boston: Allyn & Bacon.

Raphael, T. E.(1986). Teaching question-answer relationships, revisited. *The Reading Teacher 39*, 516-522.

읽기 > 읽기 전략 >

ReQuest

ReQuest(Manzo, 1969)는 교사와 학생이 읽은 글에 대하여 번갈아 가면서 질문하고 답하는 과정을 통하여 학생의 글에 대한 이해를 촉진하기 위하여 개발된 읽기 전략▶p.190이다. 이것은 상호 질문(Reciprocal Questioning) 전략으로도 불린다.

맨조(Manzo)는 글을 이해하는 데 있어 학생이 스스로 읽기▸p.38의 목적을 설정하고 질문을 활용하는 것의 중요성을 강조하면서, 교사와 학생을 상호적인 질의응답 과정에 참여시켜 학생의 글에 대한 이해를 촉진시키기 위하여 이 읽기 전략을 개발하였다.

ReQuest를 적용하는 절차는 다음과 같다.

① 학생에게 친숙한 책을 선택한다.
② 학생에게 책의 첫 번째 문단을 읽으면서 교사에게 질문할 많은 질문거리를 생각하도록 한다.
③ 학생이 읽기를 마치면 교사는 학생의 질문에 대한 대답과 함께 피드백을 제공한다.
④ 그런 다음 역할을 바꾸어 교사가 질문하고 학생이 답하도록 한다. 이러한 활동은 한 권의 책을 모두 읽을 때까지 지속된다.

이 읽기 전략은 학생들에게 읽기의 목적을 설정하고 질문하게 함으로써 능동적이고 탐구적인 읽기 태도▸p.130와 대안을 탐색하고 정보를 창출하는 능력을 발달하도록 돕는다.

관련 용어

상호 질문, 질문과 답의 관계

[참고문헌]

Herrell, A., & Jordan, M.(2002). *50 active learning strategies for improving reading comprehension*. Columbus, Ohio: Merrill Prentice Hall.

Manzo, A.(1969). The request procedure. *Journal of Reading 11*, 123-136.

SQ3R

SQ3R(Robinson, 1941, 1970)은 정보 전달 텍스트를 효과적으로 이해하고 기억하기 위하여 훑어보기(Survey), 질문하기(Question), 읽기(Read), 암송하기(Recite), 검토하기(Review)의 5가지 활동을 활용하는 학습 전략이다. 이것은 SQRRR으로도 불리는데, 오하이오 주립대학교에서 교수학습 기술 프로그램을 이끌고 있던 프랜시스 로빈슨(Francis Robinson)이 짧은 기간 동안에 군인들에게 전쟁에서 승리하는 데 필요한 기술을 습득하도록 돕기 위하여 개발한 학습 전략이다. 그 이후로 SQ3R은 대학의 텍스트▸p.18를 체계적으로 학습하기 위한 읽기 전략▸p.190으로 널리 사용되었다.

SQ3R을 적용하는 절차는 아래의 5단계를 따른다.

① 훑어보기(Survey): 텍스트의 전반적인 내용을 파악하기 위하여 제목이나 소제목, 목차, 요약, 도표 등을 훑어 읽는다.

② 질문하기(Question): 텍스트의 제목이나 소제목 혹은 중요한 구절 등을 활용하여 질문을 만든다.

③ 읽기(Read): 텍스트를 읽으면서 질문하기 단계에서 만들었던 질문들에 대한 답을 찾아 정리한다.

④ 암송하기(Recite): 텍스트의 한 장이 끝날 때마다 앞선 질문들에 대한 답을 떠올려서 자신의 말로 암송한다.

⑤ 검토하기(Review): 텍스트를 모두 읽은 후 앞서 만들었던 질문들에 대한 답이 제대로 되었는지를 점검하고 필요하다면 수정하거나 보충한다.

SQ3R은 정보 전달 텍스트를 효과적으로 학습하기 위한 학습 전략으로서 독자▶p.120를 읽기 과정에 적극적으로 참여시킴으로써 글에 대한 이해와 기억을 높인다.

관련 용어

PQRST(Preview, Questions, Read, Summarize, Test), SQ4R(Survey, Question, Read, Recrod, Recite, Review)

[참고문헌]

Robinson, F. P.(1941). *Effective study*. Harper and Brothers Publishers.

Robinson, F. P.(1970). *SQ3R: Effective study*(4th ed.). Harper & Row.

읽기 > 읽기 전략 >

띄어읽기

띄어읽기란 문장을 뜻이 잘 드러나도록 띄어서 읽는 것을 말한다. 다시 말해, 문장의 의미에 유의하며, 의미가 달라지는 곳(의미 단위, chunk)에서 짧은 휴지(休止)를 두어 읽는 방법이다. 기초 문해력▶p.60을 학습하는 시기에 띄어읽기를 연습하면 유창성 개발은 물론, 발음과 이해력 향상에 도움이 된다.

띄어읽기 방법은 문장을 의미가 통하는 구(句)나 절로 나눈 후 한꺼번에 한 구 혹은 절씩 자연스럽게 읽는 것으로, 의미에 초점을 맞춰 의미 단위로 묶어 읽는 것(chunking)이다. 예를 들면, 주어부와 서술어부 간의 구분을 위해 '누가(무엇이)'에 해당하는 말 뒤에서 조금 쉬어 읽기, 주어부나 서술어부가 길면 의미 단위에 따라 한 번 더 쉬어 읽기, 문장과 문장 사이에서는 문장 안에서 쉬어 읽는 것보다 조금 더 쉬어 읽기 등이 있다.

띄어 읽는 곳을 표시하는 기호는 조금 쉬어 읽음을 뜻하는 쐐기표(∨)와 조금 더 많이 쉬어 읽음을 뜻하는 겹쐐기표(≚)가 있다. 일반적으로 의미 단위로 묶은 곳에는 쐐기표(∨)를 하고, 온점, 느낌표, 물음표 등은 상대적으로 조금 더 길게 띄어 읽는 겹쐐기표(≚)를 한다([그림]).

아름다운 우리말

우리말에는∨잠을 가리키는 재미있는 말이∨많습니다.≚그중에는∨동물의 모양에 빗댄 것이 있습니다.≚

갓난아이가∨두 팔을∨머리 위로 벌리고 자는 잠을∨나비잠이라고 합니다.≚깊이 잠든∨사랑스러운 아기의 모습과∨귀엽고 예쁜 나비가 잘 어울립니다.≚

또,∨새우처럼∨등을 구부리고 자는 잠을∨새우잠이라고 합니다.≚옆으로 누워서∨불편하게 자는 모습이∨새우와 비슷하여∨붙여진 이름입니다.

[그림] 띄어읽기 표기 예(초등 국어 교과서 1-2)

띄어읽기 지도가 읽기 부진▶p.62 아동의 읽기 유창성▶p.47과 독해▶p.48에 긍정적인 효과가 있다는 연구가 있다. 짧은 문장에서는 덜 중요하지만, 긴 문장에서는 이해를 돕는 데 중요한 역할을 하기 때문이다. 따라서 띄어읽기를 지도할 때는 교사가 먼저 띄어읽기 기호를 표시한 뒤, 학생이 표기된 부분에서 반드시 띄어읽기를 하여 읽을 내용을 보다 의미 있게 이해하고, 유창하게 읽도록 한다. 점차 숙달이 된 후에는 스스로 표기하면서 읽거나 점차 표기를 하지 않고도 띄어 읽을 수 있도록 지도한다.

관련 용어

발음 중심 지도, 의미 중심 지도

[참고문헌]

김소진·강옥려(2014). 「의미 단위 띄어 읽기 전략 교수가 읽기 이해 부진 아동의 읽기 유창성과 읽기 이해에 미치는 효과』. 『학습장애연구』 11(1), 243-259.
이미애(2015). 『의미단위 띄어 읽기 전략이 읽기장애아동의 읽기유창성 및 독해력에 미치는 영향』. 창원대학교 석사학위논문.
Casteel, C. A.(1989). Effects of chunked text-material on reading comprehension of high and low ability readers. *Reading Improvement 27*(4), 269.

읽기 > 읽기 전략 >

밑줄긋기 underlining

밑줄긋기는 독자가 글에 대한 이해와 반응을 촉진하기 위하여 글에서 중요하다고 판단하는 정보나 마음에 와 닿는 내용에 선택적으로 밑줄을 긋는 읽기 전략이다. 그런데 읽기 전략으로서 밑줄긋기가 가지고 있는 가장 커다란 문제점은 그것이 글 이해에 주는 효과와 관련하여 서로 상반된 결과가 있다는 것이다. 몇몇 연구(Schnell & Rocchio, 1978; Rickards & August, 1975)는 밑줄긋기가 자의 글 이해를 촉진한다는 연구 결과를 내놓았다. 반면에 다른 연구(Idstein & Jenkins, 1972; Kulhavy, Dyer, & Silver, 1975)는 그것이 독자의 글 이해에 긍정적인 영향을 주지 못했다는 연구 결과를 내놓았다. 이러한 까닭은 밑줄긋기가 독자에게 글에서 중요한 정보를 판단하여 배경지식과 통합하도록 하는 수준 높은 인지 과정을 요구하기 때문이다. 따라서 밑줄긋기를 읽기 능력▸p.41이 낮은 아동에게 적용할 때에는 세심한 주의가 필요하다.

밑줄긋기를 가르치는 절차는 다음과 같다.

① 교사는 학생들과 함께 밑줄긋기의 필요성에 대해 논의한다.
② 교사는 수업 중에 읽을 짧은 글을 준비하고 그것을 읽어가면서 중요하다고 생각하는 정보나 마음에 와 닿는 내용에 밑줄을 긋는다. 그리고 그 이유를 학생들에게 설명한다.

③ 교사는 학생들에게 짧은 글을 제공하고 중요하다고 생각하는 정보나 마음에 와 닿는 내용에 밑줄을 긋게 한다. 그리고 그 이유를 다른 학생들과 논의하도록 한다.

④ 교사는 학생들끼리의 토론이 끝나면 그들의 밑줄에 대하여 피드백을 제공한다.

⑤ 학생들에게 좀 더 긴 글을 제공하여 혼자 연습하도록 하고 개별적인 피드백을 제공한다.

밑줄긋기는 글 속의 중요하거나 감동적인 정보를 판단하여 선택적으로 주의를 기울이게 함으로써 깊은 정보 처리를 유도하여 글에 대한 이해와 반응을 향상한다.

관련 용어

강조하기(highlighting), 노트하기

[참고문헌]

Fowler, R. L., & Barker, A. S.(1974), Effectiveness of highlighting for retention of text material. *Journal of Educational Psychology 59*, 358-364.

Sadler, C. R.(2001). *Comprehension strategies for middle grade learners: A handbook for content area teacher*. International Reading Association.

읽기 > 읽기 전략 >

메모하며 읽기

메모하며 읽기는 독자▸p.120가 글에 대한 이해와 반응을 촉진하기 위하여 글 속의 중요한 내용과 그것에 대한 생각이나 느낌을 간단하게 정리하는 읽기 전략이다. 이것은 내용 메모하며 읽기와 생각이나 느낌 메모하며 읽기로 나뉜다. 전자는 글의 중요 내용에 초점을 맞추어 그것을 간략하게 정리하거나 헷갈릴 만한 부분에 대한 명확한 이해를 위해 책에 메모하는 것을 말한다. 후자는 마음에 와 닿는 내용에 대하여 생각이나 느낌을 정리하는 것을 말한다.

글의 종류에 따라 메모하며 읽는 방법도 다른데 논증적인 글의 경우에는 필자의 핵심 주장을 파악하면서 그에 대해 비판하거나 공감하는 내용을 메모하며 읽고, 설명적인 글의 경우에는 중요한 정보나 새로운 내용을 간략하게 정리하며 읽는다. 문학적인 글이나 친교적인 글▸p.117의 경우에는 마음에 와 닿는 내용을 중심으로 그것에 대한 느낌이나 생각을 메모하며 읽는다.

메모하며 읽기는 글 속의 중요한 정보나 필요한 정보 혹은 글에 대한 반응을 독자 자신의 언어로 재조직함으로써 독서에 대한 참여와 글에 대한 이해와 반응을 촉진한다.

관련 용어

노트하기, 강조하기

[참고문헌]

Honig, B., Diamond, L., & Gutlohn, L.(2018). *Teaching reading sourcebook*(3rd ed.). Arena Press.

Herrell, A., & Jordan, M.(2002). 50 active learning strategies for improving reading comprehension. Columbus, Ohio: Merrill Prentice Hall.

읽기 > 읽기 전략 >

도해 조직자 graphic organizer

도해 조직자(Barron, 1969)는 학습할 단원의 핵심 개념이나 용어들 간의 관계를 시각적으로 표상한 도식(圖式)이다. 국어과 교육과정에서는 '내용 구조도'로 불리며 의미를 시각화 하는 방법(의미시각화법) 중 하나이다.

도해 조직자를 구성하는 과정은 다음과 같다.

① 교사가 학습할 단원에서 학생들에게 가르쳐야 하는 개념이나 용어를 선택한다.

② 그런 다음 학생들이 선정된 개념이나 용어가 서로 어떻게 관련되는지를 이해할 수 있도록 도식으로 나타내고, 이때 이전 단원과의 관련성을 고려하여 이전 단원에서 학습한 중요한 용어를 도해 조직자에 추가한다.

③ 마지막으로 도해 조직자를 학생들이나 다른 교과의 교사에게 보여 주고 설명하여 개념이나 용어들 간의 관계가 쉽게 이해되는지를 점검·평가한다. 그리고 그들의 피드백을 토대로 도해 조직자를 수정한다.

도해 조직자는 학생들에게는 단원에서 학습해야 하는 중요한 개념적 관계를 도식으로 나타낼 수 있는 틀을 제공하며, 내용교과 교사에게는 단원에서 가르쳐야 하는 내용을 명료화하도록 하는 데 도움을 준다.

[그림] '3권 분립'에 대한 도해 조직자

관련 용어

의미 지도

[참고문헌]

Barron, R. F.(1969). The use of vocabulary as an advance organizer. In H. L. Herber & R. T. Vacca(eds.). *Research in reading in the content area: First year report*, Syracuse University Reading and Language Arts Center.

Vacca, J. L., Vacca, R. T., Gove, M. K., Burkey, L., Lenhart, L. A., & McKeon, C.(2008). *Reading and learning to read*(7th ed.). Allyn & Bacon.

읽기 > 읽기 전략 >

자기선택적 독서 SSR, self-selected reading

자기선택적 독서는 독자가 자신의 흥미와 수준에 맞는 책을 스스로 선택하여 읽는 독서 활동이다.

자기선택적 독서는 크게 2가지의 독서 학습의 원리를 토대로 하고 있다. 하나는 독자 개인의 흥미를 반영하는 책에 대한 자유로운 선택이 **독서 동기**▶p.132를 활성화한다는 것이다. 다른 하나는 독자는 책을 읽음으로써 **읽기**▶p.38를 학습한다는 것이다. 이러한 원리에 토대를 두고 있는 자기선택적 독서는 1950~60년대 미국의 초등학교에서 널리 사용되었는데, 대체로 **개별화 읽기(Individualized Reading)**▶p.248와 같은 독서 지도법의 하위 활동으로 수행되었다. 이 지도법에서 교사는 학생들에게 자기선택적 독서 시간, 즉 학생들 스스로 책을 선택하여 읽을 수 있는 시간을 제공하고, 그런 다음에 개별적으로 그들과의 협의 시간(conference)을 가졌다.

자기선택적 독서를 수행하는 절차는 다음과 같다.

① 아동에게 책을 소리 내어 읽어 주기: 교사는 학습자에게 책의 일부분을 소리 내어 읽어 준다.

② 미니 수업: 아동에게 흥미와 수준에 알맞은 책을 고르는 방법을 알려 준다.

③ 책 선정하여 읽기: 아동에게 자신의 흥미와 수준에 맞는 책을 선택하도록 한다.

④ 교사와의 협의: 책을 읽는 아동의 모습을 관찰하고 적절한 피드백을 제공한다.

⑤ 친구와 공유하기: 아동이 읽은 책에 대하여 친구들과 이야기할 수 있는 기회를 제공한다.

자기선택적 독서는 독자▶p.120에게 자신의 흥미와 수준에 맞는 책을 스스로 선택하여 읽을 수 있는 기회를 제공함으로써 독서 능력뿐만 아니라 독서에 대한 동기▶p.132 및 효능감▶p.139을 높인다.

관련 용어

자율 독서, 여가 독서, 지속적 묵독

[참고문헌]

노명완·정혜승·윤준채·김영란·옥현진·이순영·서수현·김지연·장봉기·백혜선 공역(2012). 『읽기 전략과 읽기 수업』. 한우리북스, Tierney, R. J., & Readence, J. E.(2005). *Reading strategies and practices: A compendium*(6th ed.). Boston: Allyn & Bacon.

Pilgreen, J.(2000). *The SSR handbook: How to organize and manage a sustained silent reading program*, Boynton/Cook.

훑어보기 skimming

훑어보기는 텍스트▶p.18를 빠르게 훑어봄으로써 내용을 개괄적으로 이해하는 읽기 전략을 말한다. 글에서 제시하고 있는 단서, 즉 글의 제목이나 차례, 개요, 도표, 글의 처음과 끝부분 등을 활용하여 책의 전반을 가로지르며 미리 살펴보는 방법이다. 꼭 그 글을 다시 정독하는 것이 전제되지 않더라도 빠른 시간 내에 글이 어떤 내용을 다루고 있는지, 글이 어떻게 전개될지 등에 초점을 두고 살핌으로써 글의 주요 내용과 구조를 대강 파악할 수 있다.

인터넷 글 읽기 상황을 통해 훑어보기 전략이 사용됨을 확인할 수 있다. 인터넷에서 원하는 자료를 검색하는 상황을 가정할 때, 무수히 많은 정보 중 자신이 원하는 정보를 탐색하여 찾아 읽어야 한다. 이때 독자▶p.120들은 자신이 원하는 정보를 탐색하면서 필요한 정보라고 판단되는 자료를 이해하기 위해 빠르게 훑어볼 것이다. 즉, 자신에게 필요한 정보인지를 확인하기 위해 제시된 정보를 빠르게 훑어보고(skimming), 필요시 중요한 부분에 대해서는 구체적으로 읽는 읽기 양상이 나타난다(이소라, 2014: 430-431). 선택한 정보의 전체적인 내용을 처음부터 꼼꼼히 보는 것이 아니라 대강의 내용을 훑어봄으로써 중점적으로 읽어야 할 내용을 찾고, 그 이후에야 구체적으로 읽어 나가는 단계로 나아가는 양상을 보이는 것이다. 다시 말해 훑어보기는 텍스트의 전반적인 내용 및 핵심 내용을 빠르게 파악하기 위하여 수행하며, 찾아읽기(scanning)▶p.215와 함께 중요한 읽기 전략으로 다루어진다. 훑어보기는 글을 읽기 전 배경지식을 활성화하는 데도 도움이 되는 전략이다. 읽고자 하는 자료를 미리 훑어보는 것은 배경지식을 떠오르게 하고 읽을 자료를 예측하면서 읽을 수 있는 기반을 마련한다는 점에서 글의 이해를 촉진한다. SQ3R 전략▶p.205의 훑어보기(survey)와 유사한 면이 있는데, SQ3R에서 훑어보기는 책의 전반적인 내용과 구조를 확인함으로써 배경지식을 활성화하는 데 활용된다.

관련 용어

찾아읽기, SQ3R의 훑어보기(survey)

[참고문헌]

박수자(2001). 『읽기 지도의 이해』. 서울대학교 출판부.

이경화(2007). 『읽기 지도의 원리와 방법(개정판)』. 박이정.

이소라(2014). 「청소년 독자의 인터넷 글 읽기와 눈동자 움직임 특성 분석」. 『국어교육학연구』 49(2), 417-444.

읽기 > 읽기 전략 >

찾아읽기 scanning

찾아읽기는 독자▸p.120가 자신에게 필요한 특정 정보를 확인 및 이해하려는 목적을 가지고, 자신이 찾고자 하는 내용과 관련 없는 내용은 빠르게 지나치며 필요한 정보만 찾아 읽는 것을 말한다. 예를 들어 특정 숫자나 장소, 혹은 특정 주장에 대한 근거 등을 신속히 파악하기 위해서는 관련 없는 부분은 지나치고 관련 있는 내용이 제시된 부분을 찾는 과정이 필요하다. 디지털 읽기의 상황에서도 찾아읽기 전략이 자주 사용된다. 독자는 다양한 정보 중 원하는 정보를 찾기 위해 검색된 결과 중 불필요한 것은 지나치면서 자료를 선별한다. 찾아읽기가 자신이 원하는 정보를 선별하기 위해 빠르게 읽는 것이라면, 훑어보기(skimming)▸p.214는 글의 대략적인 내용(요지)을 파악하기 위해 전체 텍스트▸p.18를 빠르게 살펴보는 것이라는 점에서 차이가 있다.

[참고문헌]

Barnett, M. A.(1988). Reading through context: How real and perceived strategy use affects L2 comprehension. *The Modern Language Journal 72*(2), 150-162.

꼼꼼히 읽기 close reading

꼼꼼히 읽기는 글의 내용을 세부적인 내용까지 분석하며 자세하게 읽는 것을 말한다. 꼼꼼히 읽기는 문학의 신비평 이론을 바탕으로 제기되었다. 당시 지배적이었던 문학에 대한 '인상주의적' 관점에 대항하여, 리처즈(Richards)가 언어와 형식에 초점을 맞춘 '실제적 비평'으로 전환하기 위해 제기한 개념이다. 따라서 문학 비평에서 꼼꼼한 읽기는 개별 단어, 구문, 문장이 아이디어를 전개하는 순서, 형식적 구조에 대한 면밀한 주의를 통해 **텍스트**▶p.18의 짧은 구절을 주의 깊게, 지속적으로 해석하는 것을 강조한다.

반면 정보 텍스트에서 꼼꼼한 읽기란 글에 쓰인 단어와 문장이 어떤 의미로 쓰였으며, 글의 구조나 논지의 전개 방식은 무엇인지, 그러한 장치들이 **독자**▶p.120에게 어떤 효과를 내는지를 살피며 읽는 것은 물론, 글 단서를 바탕으로 글에 드러나지 않은 필자의 의도 등을 분석하며 글을 읽는 전략이다. 텍스트로부터 직접적인 텍스트 증거를 인용할 수 있어야 하고, 단어나 특정 표현이 어떤 **맥락**▶p.28에서 쓰였는지를 분석할 수 있어야 한다.

꼼꼼히 읽기는 글에서 드러나는 내용과 그것을 드러내는 형식에 대해 모두 생각하는 것으로, 완결된 전체로서 구조화된 텍스트를 이해하기 위해서는 텍스트의 세부 내용을 꼼꼼하게 분석해야 하며, 이를 통해 독자의 관찰력과 통찰력을 신장시킬 수 있다고 본다. 꼼꼼히 읽기와 관련된 논의는 미국의 공통 핵심 주 성취기준(common core state standards)에도 반영되고 있을 정도로, 텍스트 해석의 중요한 방법으로 다루어지고 있다.

[참고문헌]

이순영(2015). 「"꼼꼼하게 읽기(close reading)"의 재조명: 독서 이론과 교수학습 측면의 의미를 중심으로」. 『독서연구』 37, 39-65.

조병영·서수현(2014). 「미국 공통핵심기준의 가능성과 한계에 대한 비판적 고찰」. 『국어교육학연구』 49(1), 626-656.
최인자(2022). 「문학 기반 '자세히 읽기' 교육의 재인식」. 『청람어문교육』 85, 3230-347.
황현미(2014). 「자세히 읽기의 개념과 지도 방법 연구」. 『한국초등국어교육』 56, 205-236.

읽기 > 읽기 전략 >

배경지식 활성화하기 schema activating

배경지식 활성화하기는 주로 읽기 전 단계에서 활용되는 읽기 전략▶p.190으로서 글과 관련된 독자▶p.120의 지식이나 경험을 떠올리는 것을 의미한다. 읽기▶p.38는 글의 내용을 바탕으로 배경지식을 활용하여 의미를 구성하는 과정이므로, 글과 관련된 적절한 배경지식을 갖추는 것은 글 이해에 도움이 된다. 또한 글에 제시된 내용을 독자의 배경지식과 연관 짓는 것은 글에 대한 정교한 이해를 돕는다. 글을 읽기 전 배경지식을 활성화하는 전략은 글의 내용과 독자의 배경지식을 연결함으로써 글 이해를 돕고, 독자의 읽기 동기▶p.132를 유발한다.

배경지식 활성화하기는 독서 이론 중 스키마(schema) 이론▶p.81과 관련이 있다. 이 이론에 따르면 독자의 스키마, 즉 배경지식은 글 내용의 이해와 기억에 영향을 주기 때문에 독자는 글과 관련된 적절한 배경지식이 필요하다. 독자가 주제에 대해 적절한 배경지식을 가진 경우 글 이해에 도움이 된다. 그러나 적절한 배경지식을 갖추지 못한 경우에는 이해에 어려움을 겪게 될 수 있으므로 적절한 배경지식을 갖출 수 있도록 지도해야 한다. 한편, 잘못된 배경지식을 가지고 있으면, 배경지식이 부재할 때보다 오히려 새로운 정보를 습득하는 데 어려움이 따른다. 미숙한 독자들은 글을 읽으면서 자신의 잘못된 배경지식을 바로잡으려고 노력하기보다는 자신이 미리 알고 있는 대로 텍스트▶p.18를 왜곡하여 읽는 경향이 있기 때문이다(Lipson, 1984).

배경지식 활성화하기 전략은 글을 읽기 전에 글의 내용을 예측하고 글의 주제에 대해 이미 알고 있는 것을 떠올려 보는 활동을 통해 수행할 수 있다. 독자는 글에 제시된 제목, 소제목, 그림 등을 보고 자신의 세상 지식이나 경험 등을 떠올림으로써 글과 관련된 배경지식을 활성화할 수 있다. 또한 독자가 가진 배경지식으로 인해 이해에 어려움을 겪지 않도록 하기 위해서는 글을 읽기 전 텍스트에 제시된 정보와 독자가 가진 정보를 사전에 비교해 보는 활동을 마련하는 것이 도움이 될 수 있다.

관련 용어

스키마 이론, 예측하며 읽기, KWL, 훑어보기

[참고문헌]

Lipson, M. Y.(1984). Some unexpected issues in prior knowledge and comprehension. *The reading teacher 37*(8), 760-764.

읽기 > 읽기 전략 >

질문하며 읽기 questioning

질문하며 읽기는 독자▶p.120가 글에 대해 질문을 생성하고 질문에 대한 답을 찾으면서 글을 읽는 읽기 전략▶p.190이다. 독자는 글을 읽기 전에, 글을 읽는 중에, 글을 읽은 후에 질문하고 답하는 과정에서 배경지식을 활성화하고, 글의 내용에 대한 이해를 촉진하고, 독서 과정을 점검하며, 독서에 몰입하는 기회를 갖는다.

질문하여 읽기 전략을 적용하는 절차는 다음과 같다.

① 읽기 전 질문하기: 배경지식을 활성화하거나 독서의 목적을 설정하기 위한 질문을 만든다. 예를 들어 "이 글에 대해 알고 있는 것은 무엇일까?", "이 글을 읽는 까닭은 무엇일까?"와 같은 질문을 한다.

② 읽기 중 질문하기: 글을 읽으면서 이해되지 않는 내용을 명료화하거나 자신의 읽기 과정을 점검하기 위한 질문을 만든다. 예를 들어 "이 내용은 이런 뜻인가? 이렇게 생각해 볼 수도 있겠는데?", "내용을 잘 파악하면서 읽고 있는가?"와 같은 질문을 한다.

③ 읽은 후 질문하기: 글을 모두 읽은 후에 글의 내용을 요약하거나 글에 대해 반응·평가하기 위한 질문을 만든다. 예를 들어 "이 글의 핵심 내용은 무엇인가?", "이 글의 관점은 타당한가?"와 같은 질문을 한다.

질문하며 읽기는 능동적인 독서 행위이며 자기 주도적인 독자의 특성이기도 하다. 유사한 읽기 전략으로는 질문 생성 전략, ReQuest 전략▶p.203, QARs 전략▶p.201이 있다.

[참고문헌]

노명완·정혜승·윤준채·김영란·옥현진·이순영·서수현·김지연·장봉기·백혜선 공역(2012). 『읽기 전략과 읽기 수업』. 한우리북스, Tierney, R. J., & Readence, J. E.(2005). *Reading strategies and practices: A compendium*(6th ed.). Boston: Allyn & Bacon.

Herrell, A., & Jordan, M.(2002). *50 active learning strategies for improving reading comprehension*. Columbus, Ohio: Merrill Prentice Hall.

읽기 > 읽기 전략 >

참고자료 활용하며 읽기 study guiding

참고자료 활용하며 읽기란 글을 읽으면서 이해되지 않는 단어, 개념, 내용을 정확하게 파악하거나 혹은 내용에 대해 더 알고 싶거나 확인하기 위하여 사전, 책, 인터넷, 등과 같은 참고자료를 활용하면서 글을 읽는 읽기 전략▶p.190이다. 이것은 글의 내용을 정확하고 비판적으로 이해하는 능력, 다양한 자료에서 정보를 찾아 활용하는 능력, 독서 과정에 적극적으로 참여하는 태도를 발달시킬 기회를 제공한다.

참고자료를 활용하며 글을 읽는 절차는 다음과 같다.

> ① 글에서 이해되지 않거나 검토하고 싶은 내용을 확인한다.
> ② 사전, 책, 인터넷 등과 같은 참고자료를 활용하여 관련 내용을 찾고, 그 중에서 가장 정확하고 신뢰할 만한 것을 선택한다.
> ③ 선택한 내용을 사용하여 읽기 과정에서 맞닥뜨린 문제를 해결한다.

참고자료 활용하며 읽기는 능동적인 독서 행위이며 자기 주도적인 독자▶p.120의 요건이기도 하다.

[참고문헌]

교육부(2015). 『국어과 교육과정』, 교육부 고시 제2015-74호. 교육부.

Beech, J.(2004). Using a dictionary: Its influence on children's reading, spelling, and phonology. *Reading Psychology 25*(1), 19-36.

읽기 종류

읽기 종류는 읽기 방법과 목적에 따라 나눌 수 있다. **독자▶p.120**는 자신의 읽기 상황과 목적에 비추어 적절한 읽기 종류를 선택하여 읽을 수 있다.

일반적으로 읽기 종류는 다음과 같이 나뉜다.

- 음독(音讀): 글을 소리 내어 읽는 것.
- 묵독(默讀): 글을 소리 내지 않고 읽는 것.
- 낭독(朗讀): 글의 내용이나 정서를 효과적으로 표현하며 소리 내어 읽는 것.
- 정독(精讀): 정보 획득을 위해 꼼꼼하고 자세히 읽는 것.
- 속독(速讀): 제한된 시간 내에 빠른 속도로 글의 중심 내용이나 필요한 정보를 파악하며 읽는 것.
- 통독(通讀): 책이나 글을 처음부터 끝까지 내리 읽는 방법이다.
- 발췌독(拔萃讀) 또는 적독(摘讀): 필요하거나 중요한 부분만 가려 읽는 것.

한편, 두 개 이상의 **텍스트▶p.18**를 읽는 방법에는 다음과 같은 종류가 있다.

- **다문서 읽기▶p.38**: 단일 문서 읽기에 대응되는 것으로, 둘 이상의 텍스트에서 의미를 추출하고 구성하는 읽기를 말한다.
- **상호텍스트적 읽기▶p.196**: **상호텍스트성▶p.92**을 활용한 읽기를 가리키는 것으로, 텍스트 간의 관련성에 기반하여 하나의 텍스트를 다른 텍스트와 엮어서 새로운 의미를 구성하는 읽기를 말한다.
- **주제통합적 읽기▶p.198**: 동일한 화제나 유사한 주제를 다룬 다양한 관

점의 자료들을 비교·대조하며 통합적으로 읽고 자신의 관점을 토대로 의미를 구성하는 읽기를 말한다.

읽기 목적에 따라 읽기 종류를 나눌 수도 있다.

- 학습 독서: 학습을 목적으로 필요한 정보를 습득하기 위하여 수행하는 독서.
- 진로 독서: 상급 학교 진학이나 취업 등 진로 탐색을 목적으로 이루어지는 독서.
- 여가 독서: 여가를 목적으로 자유롭게 읽는 독서.

읽기 종류를 이해하면 읽기 상황이나 목적에 따라 효과적인 읽기 방법을 선택할 수 있다. 국어 수업이나 북 클럽▸p.285에서 여러 사람이 함께 글을 읽을 때에는 내용을 공유하기 위해 음독이나 낭독할 때가 있지만, 여가 시간에 혼자 관심 있는 책을 읽을 때에는 주로 묵독을 한다. 자기주도적 학습을 위해 교과서를 읽을 때에는 내용을 꼼꼼히 읽고 이해하기 위해 정독이 필요하고, 제한된 시간 안에 시험을 볼 때에는 속독이 요구된다. 독후감▸p.327이나 서평을 쓸 때에는 대상이 되는 책이나 글 전체를 이해하기 위해 통독을 해야 하지만, 보고서를 쓰는 데에 필요한 자료를 찾을 때에는 중요한 부분만 선별하여 읽는 발췌독이 적합하다.

관련 용어

학습 독서, 진로 독서, 여가 독서, 상호텍스트적 읽기, 다문서 읽기

[참고문헌]

강재연(2019). 『독서전략이 청소년의 텍스트 이해력에 미치는 영향 연구』. 연세대학교 석사학위

논문.
박영민(2003). 「독서의 발달과 음독에서 묵독으로의 이행」. 『국어교육』 111, 59-86.
변우열(2015). 『독서교육의 이해』. 한국도서관협회.
최지현(2010). 「독서교육에서 낭독의 의의에 대한 재음미」. 『독서연구』 24, 141-178.

읽기 > 읽기 종류 >

학습 독서 reading to learn

학습 독서는 학습을 위한 독서로, 지식이나 정보를 습득하기 위해 글을 읽는 것을 말한다. 즉 특정 주제에 대한 지식과 이해를 얻기 위해 독서를 도구로 사용하는 것을 의미한다. 학습 독서의 전략으로는 '핵심 아이디어의 포착, 정보의 요약과 분석, 추론, 아이디어 간 연결'과 같은 비판적 사고 기술이 주로 쓰인다. 다른 교과 수업은 물론 삶 전반에 걸쳐 학습 독서가 발행하며, 학습을 위해 읽기▶p.38를 하므로 학습자가 독립적으로 읽게 되고, 교사의 도움이 덜 필요하다.

반면, 이와 자주 비교되는 개념으로 독서 학습(learning to read)이 있는데, 이는 읽기의 기본적인 기능을 학습하는 것을 말한다. 즉 읽기 기능▶p.163을 개발하는 데 초점을 두기 때문에, 주로 유치원에서 초등학교 3학년까지 집중적으로 이루어지며, 교사나 부모와 같은 읽기 교사의 지도가 필요하다. 독서 학습의 내용으로 초등 교육에서는 글자와 소리의 관계를 이해하는 '자소 인식', 말소리의 구조를 인식하고 조작할 수 있는 능력, 즉, 단어, 음절, 운율, 개별 음소 등 말소리 단위를 폭넓게 인식하는 능력인 '음운론적 인식▶p.44', 시각 단어를 인식하는 '단어 재인▶p.45', 매끄럽게 읽는 '유창성▶p.47' 전략 등 해독▶p.43 전략을 주로 배우고, 중등 교육에서는 유창하고 성찰적인 독서 능력을 개발하기 위한 다양한 독해 전략들을 배우게 된다.

관련 용어

내용교과 독서

[참고문헌]

Maclellan, E.(1997). Reading to learn. *Studies in Higher Education, 22*(3), 277-288.

National Center to Improve the Tools of Educators(n.d.). *Learning to read, reading to learn*. Retrieved August 9, 2025, from https://www.readingrockets.org/topics/about-reading/articles/learning-read-reading-learn

내용교과 독서 content area reading

= 내용영역 독서, 범교과적 독서

내용교과 독서란 사회, 역사, 과학 등과 같은 내용교과(content area)에 실려 있는 글을 읽으면서 필요한 정보를 습득하기 위하여 수행하는 독서를 가리킨다. 내용교과 독서는 학습독서와 관련이 있으며 내용영역 독서(content area reading), 범교과적 독서(reading across the curriculum)로 불려 왔다. 최근에는 한편으로는 내용교과에서의 읽기▶p.38와 쓰기를 강조하여 내용 문해력(content literacy)으로 부르기도 하며, 다른 한편으로는 역사, 과학, 수학 등과 같은 특정한 영역에서 요구되는 특수한 문해력▶p.12 전략을 강조하여 학문 문해력(disciplinary literacy)으로 차별화하기도 한다.

미국에서 내용교과 독서가 하나의 학문 영역으로 자리매김하기 시작한 것은 1940년대 초반부터이다. 그레이(Gray)는 "모든 교사는 읽기 교사이다."(Moore, Readence, & Rickelman, 1983,424쪽에서 재인용)라는 슬로건을 통해 모든 교과의 교사가 청소년의 읽기 발달▶p.53에 중요한 역할을 담당해야 한다고 하면서 중등 학생들이 내용교과의 글을 의미 있게 학습할 수 있도록 그들에게 다양한 독서 전략을 가르쳐야 한다고 주장했다. 그로부터 30년 후,

허버(Herber)가 학습 독서 지도에 초점을 맞춘 『내용영역에서의 읽기 지도, Teaching Reading in the Content Areas, 1970』를 출판하면서 학습 독서에 대한 논의가 보다 종합적으로 이루어졌다. 그리고 1990년대 이후에는 미국에서 '내용영역에서의 독서 지도'가 예비 중등교사를 위한 필수 과목으로 지정되기도 하였다.

최근 내용교과 독서에 대한 학술적 논의는 내용교과 일반에 적용할 수 있는 독서(문해력) 전략을 강조하는 범교과적 독서와 개별 교과(학문)마다의 특수한 독서(문해력) 전략을 강조하는 학문 문해력을 중심으로 진행되고 있다. 범교과적 독서를 지지하는 연구자들은 내용교과 독서를 교과에서 새로운 정보를 습득하기 위하여 읽기와 쓰기를 활용하는 능력으로 정의하여 학생들에게 여러 내용교과에 두루 적용될 수 있는 문해력 전략(예: KWL▶p.200, SQ3R▶p.205, 상보적 교수▶p.264 등)을 가르치는 데 초점을 둔다. 반면에 학문 문해력을 옹호하는 연구자들은 내용영역 읽기의 접근 방식이 너무 일반적이어서 개별 내용교과의 고유한 특성을 반영하지 못한다고 비판한다. 그러면서 학생들에게 개별 내용교과에 알맞은 교과 특수적 독서(문해력) 전략을 가르칠 것을 주장한다. 구체적으로 그러한 독서(문해력) 전략으로는 역사 교과에서 활용할 수 있는 역사 사건 차트(History Event Chart), 사회 교과에서 사용할 수 있는 SOAPS(Speaker, Occasion, Audience, Purpose, Subject, 글을 누가, 어떤 맥락▶p.28에서, 누구를 대상으로, 어떤 목적으로, 어떤 내용을 썼는지를 분석하는 읽기 전략), 그리고 과학 교과에서 적용할 수 있는 KLEW(Know, Learning, Evidence, Wondering, 알고 있는 것, 배우고 있는 것, 뒷받침하는 증거, 궁금한 것) 전략을 들 수 있다.

내용교과 독서는 학생들에게 내용교과에서 만나는 다양한 내용과 형식의 글을 이해하는 데 필요한 독서(문해력) 전략을 습득할 수 있는 기회를 제공한다. 또한 이것은 전통적으로 교과 내용을 잘 전달하는 것을 좋은 수업이라고 여겨왔던 내용교과 교사들에게 내용교과를 학습하는 데에도 독서(문해력) 전략이 중요하다는 생각을 갖도록 하였다.

관련 용어

학습 읽기

[참고문헌]

Herber, H. L.(1970). *Teaching reading in the content area*. Prentice Hall.

Moje, E. B. (2008). Foregrounding the disciplines in secondary literacy teaching and learning: A call for change. *Journal of Adolescent & Adult Literacy 52*, 96-107.

Romine, B. G., McKenna, M. C., & Robinson, R. D.(1996). Reading coursework requirements for middle and high school content area teachers: A U.S. survey. *Journal of Adolescent & Adult Literacy 40*, 194-198.

읽기 > 읽기 종류 >

진로 독서

진로 독서란 진로 교육을 목적으로 학습자가 진로와 관련하여 도서를 선택하여 읽으며 자신의 진로를 탐색하고 설계하는 독서이다.

최근 많은 학생들이 진로에 대한 정보를 얻기 힘들어 진로를 설계하는 데에 어려움을 겪고 있으며, 진로에 대한 동기가 결여되어 있다. 2009 개정 교육과정에서는 총론의 추구하는 인간상으로 '전인적 성장의 기반 위에 개성의 발달과 진로를 개척하는 사람'을 제시했다. 이에 정규 교과, 비교과, 교과 통합의 차원에서 진로 교육을 전면적으로 강화하면서 진로 독서 교육이 본격적으로 논의되고 실행되었다.

진로 교육을 목적으로 이루어지는 진로 독서 교육의 내용은 다양한 독서 활동을 통해 자아를 이해하고, 다양한 일과 직업 세계에 대해 이해하며, 일과 삶에 대한 가치관 및 태도를 육성해서 자발적으로 진로를 선택하는 것을 포괄한다.

① 자아 이해와 사회적 역량 개발: 독서를 통해 '나'가 아닌 다른 존재와 만남으로써 자아 정체성을 확립하고, 자신의 흥미 영역을 발견하며, 현재 자신의 능력을 찾고 확인한다.

② 일과 직업 세계의 이해: 다양한 삶의 모델을 보여 주는 생애사를 담고 있거나 직업 세계를 형상화한 책을 읽음으로써 직업 세계의 구성과 체계에 대해 이해할 수 있게 된다.

③ 진로 탐색과 설계: 독서를 통해 관심이 있는 직업에 대해 깊이 있는 정보를 얻고 자신에게 어떤 직업이 맞는지 자발적으로 진로를 선택하고 결정하여 생애 전반에 걸쳐 진로를 설계할 수 있다.(박정진·조재윤·정래필, 2017 참조하여 재구성)

진로 독서는 경험하지 못한 세계를 경험하게 하는 수단인 동시에 직업 세계에 대한 새로운 지식을 얻을 수 있는 통로이다. 또한 타인과의 대화를 통해 자기 성찰을 하게 함으로써 건전한 자기 이해를 도와 합리적인 진로 설계를 가능하게 한다. 그뿐만 아니라, 진로를 탐색하고 선택하게 함으로써 학습에 대한 동기를 부여하여 학업 성취에도 긍정적인 영향을 미칠 수 있다. 진로 독서 교육은 직업 세계에 대한 사실적이고 단편적인 지식을 얻는 차원에서 그치는 것이 아니라 진로에 대한 존재론적인 탐색을 하는 차원까지 나아갈 수 있어야 한다.

관련 용어

독서 유형, 여가 독서, 교과 독서, 한 학기 한 권 읽기

[참고문헌]

김명순(2014). 「진로독서의 특징과 지도 방향」. 『독서연구』 33, 99-124.

박정진·조재윤·정래필(2017). 『독서교육의 이론과 실제 I』. 한우리북스.

조재윤(2014). 「초등 진로 독서의 현황과 지향」. 『독서연구』 33, 387-418.
황매향(2013). 「독서를 활용한 진로교육의 가능성 탐색」. 『교육논총』 33(2), 55-71.

읽기 > 읽기 종류 >

여가 독서

여가 독서는 개인적·사회적 목적을 위해 텍스트▶p.18를 자유롭게, 자발적으로 선택하여 읽는 독서를 말한다. 여가 독서는 학교 안과 밖에서 언제든지 일어날 수 있으며, 독자▶p.120는 소설, 논픽션, 그림책, 전자책, 잡지, SNS, 블로그, 웹 사이트, 신문, 만화책 등 광범위한 텍스트 중에서 자유롭게 선택하여 읽을 수 있다. 여가 독서는 일반적으로 내재적 동기에 의한 것으로 독자에게 즐거움을 주는 활동이다.

교실에서 이루어지는 여가 독서는 개별 학급이나 학교 전체에서 지정된 독서 시간 동안 진행되는 경우가 많다. 미국에서는 SSR(sustained silent reading, 지속적 묵독)▶p.277, DEAR(drop everything and read, 모든 것을 내려 놓고 읽기), LTR(love to read, 읽기를 사랑하기), POWER(providing opportunities with everyday reading, 매일 독서 기회 제공) 등의 이름으로 이루어지고 있으며, 국내에서는 '한 학기 한 권 읽기'를 통해 북 클럽▶p.285, 독서 토론▶p.286 등이 적극적으로 권장되고 있다. 이때 교사는 매일 여가 독서를 위한 기회를 제공하고, 읽을 책을 선정하는 것을 직접 시범하고, 학생들이 읽기▶p.38에 대한 책임을 지도록 지도해야 한다(Reutzel, Fawson, & Smith, 2008). 예를 들어, 책을 읽고 친구들과 대화를 하고 글을 쓸 수 있는 시간을 주는 것은 텍스트에 대한 이해를 증진시키면서도 즐거움과 책임감을 높이는 방법이 된다. 북 클럽 활동은 학생들이 텍스트를 중심으로 사회적 상호 작용을 하는 독서 커뮤니티와 독서 문화를 만들기 때문에 효과적이다. 교사나 가족들이 함께 읽고 이야기 한다면 학생들에게 평생 독자▶p.123로서 훌륭한 역할 모델이 되어 줄 수 있다.

여가 독서가 학교 밖에서도 꾸준히 이어질 수 있도록 하기 위해서는 학교와 가정의 지원이 필요하다. 교사는 가정에 아동용 독서 자료를 갖추고 독서를 중시하는 환경을 형성하는 것이 학생의 읽기 성취에 긍정적인 영향을 미친다는 점을 적극적으로 알려서 학생들이 일상에서도 여가 독서를 할 수 있도록 촉진해야 한다. 또한 학생들의 흥미에 부합하는 다양한 인쇄물, 디지털 자료, 그리고 복합양식 텍스트를 제공하고 학생들이 큰 어려움 없이 읽을 수 있도록 함으로써 학생들의 선택을 지원해야 한다. 교사와 가족이 여가 독서 자료 선택을 도와줄 때 학생들은 매력적이고 적절한 독서 자료를 더 잘 선택할 수 있다(Reutzel, Jones, & Newman, 2010; Sanden, 2014).

여가 독서는 독서에 대한 긍정적인 태도를 기르고 평생 독서에 대한 동기를 부여한다는 점에서 매우 중요하다. 이 과정에서 독해력이나 어휘력과 같은 읽기 능력▶p.41을 기르고 세상사 지식도 함께 기를 수 있으며, 다른 사람에 대한 공감 능력을 기를 수 있다.

관련 용어

지속적 묵독(sustained silent reading), 북 클럽, 독서 토론, 북매치(book match), 북스타트, 독서 클럽(독서 동아리), 한 학기 한 권 읽기

[참고문헌]

김명순(2012). 「학교 독서운동과 독서교육」. 『독서연구』 27, 64-88.

김주환 · 이순영(2014). 「학교 독서정책의 핵심 쟁점과 과제」. 『독서연구』 31, 41-69.

International Reading Association(2014). *Leisure reading*[Position statement]. Newark, DE: Author.

읽기 >

읽기 교수학습

읽기 교수학습은 학생들의 읽기 능력▶p.41을 신장하기 위하여 읽기▶p.38를 가르치는 다양한 접근법을 가리킨다. 이러한 접근법을 스펙트럼으로 나타내면 한쪽 끝에는 읽기 기능▶p.163을 직접적이고 명시적으로 가르치는 것을 강조하는 기능 중심 접근법(Skill Based Approach)이 있다. 다른 한쪽 끝에는 개별적인 읽기 기능의 습득을 학생들의 유의미한 읽기 경험의 부산물로 보고 통합적인 언어 활동을 강조하는 의미 중심 접근법(Meaning Based Approach)있다. 그리고 양 극단의 중간에는 읽기 기능 혹은 의미 중에서 어느 하나만을 강조하기보다는 개별 학생의 발달과 필요에 따라 그것들을 조화롭게 절충하여 가르치는 균형적 접근법(Balanced Approach)이 있다.

기능 중심 접근법은 읽기가 음절이나 단어와 같은 언어의 작은 단위에서부터 시작하여 문장이나 글과 같은 큰 단위로 이동하면서 일어난다는 읽기에 대한 상향식 모형(bottom-up model)을 기반으로 하고 있다. 따라서 이것은 언어의 작은 단위들에 대한 정확하고 빠른 해독▶p.43을 읽기 이해의 핵심적인 요소로 보고 어린 학생들에게 이러한 단위들에 대한 해독의 자동성을 확보하도록 하는 것을 읽기 수업의 초점으로 삼는다. 구체적으로 이 접근법은 발음 중심 지도법(phonics)▶p.253을 활용한 낱자와 소리와의 대응 관계에 대한 학습을 강조하며, 쉬운 하위 기능에서부터 좀 더 복잡한 하위 기능으로 나아가면서 개별 하위 기능이 숙달될 때까지 학생들의 반복적인 연습을 강조한다.

의미 중심 접근법은 읽기가 독자▶p.120의 배경지식으로부터 시작하여 글로 이동하면서 일어난다는 읽기에 대한 하향식 모형(top down model)에 기반을 두고 있다. 이 접근법은 읽기 능력이 실제적인 읽기 상황에서 학생들의 유의미한 읽기 경험을 토대로 자연스럽게 발달한다고 보고 학생들에게 통합적인 언어 활동을 제공하여 글에 대한 의미 구성을 촉진하도록 하는 것을 수업의 초점으로 두고 있다. 대표적인 접근법으로는 총체적 언어 접근법(Whole Language Approach)을 들 수 있는데, 이 방법은 학생들에게 다양한 아동문학 및 정보 전달 작품을 읽고, 쓰고, 토론할 수 있는 기회를 제공할 뿐만 아니라 해독과 같은 읽기 기능을 가르칠 때에도 유의미한 읽기 맥락▶p.146을 중요시한다.

균형적 접근법은 개별 학생의 발달과 필요에 맞추어 교육 내용, 지도 방법, 평가 방법, 학습 자료 등을 적절하게 절충하여 읽기를 지도하는 교수학습 방법을 가리킨다. 이것은 앞서 소개한 읽기 접근법들이 읽기를 가르치는 하나의 정형화된 방법을 상정하고 있는 것과는 달리, 개별 학생의 필요와 발달에 따라 읽기 지도와 관련된 다양한 요소들을 선택하여 수업을 진행하기 때문에 특정한 수업 방법을 상정하지 않는다. 이러한 이유로 이 접근법은 의사결정 접근법(decision-making approach)으로 불리기도 하며, 더 나아가 읽기를 가르치는 하나의 수업 방법이 아니라 학생이 학습해야 하는 읽기 지식과 그것을 가르치는 방법에 대한 철학적 관점으로 간주되기도 한다. 읽기 교수학습 방법으로서 균형적 접근법은 단어에 대한 자동적인 해독과 그것을 가르치는 방법으로서 발음 중심 지도법을 강조할 뿐만 아니라 어휘나 읽기 이해에 대한 명시적인 지도, 그리고 실제적인 읽기 맥락에서의 유의미한 읽기 경험 모두를 강조한다. 특히 이 접근법은 읽기를 가르치는 데 있어서 교사의 전문성과 함께 과학적으로 입증된 읽기 수업(research-based reading instruction)을 중시한다.

관련 용어

읽기 과정 모형, 읽기 전쟁(reading war), 읽기 기능

[참고문헌]

Fitzgerald, J.(1999). What is this thing called "balanced?". *The Reading Teacher 53*, 100-107.

Goodman, K. S.(1986). *What's whole in whole language?* Heinemann.

Graves, M. F., Juel, C., & Graves, B. B.(1998). *Teaching reading in the 21st century*. Allyn & Bacon.

읽기 > 읽기 교수학습 >

문해 환경

문해 환경이란 독자▶p.120와 필자가 읽고 쓰는 데 영향을 미치는 물리적·심리적·정서적·사회문화적 여건을 뜻한다. 문해 환경은 읽고 쓰는 현상을 둘러싼 물리적 기반뿐만 아니라 언어 공동체의 문화와 다양한 제도적 조건까지 포함하여 폭넓게 이해할 필요가 있다.

문해 환경은 읽기 발달▶p.53과 쓰기 발달에서 중요한 역할을 한다. 문해 환경이 어떻게 조성되었느냐에 따라 읽기▶p.38와 쓰기에 대한 태도, 행동 지속, 교육의 효과가 달라지기 때문이다. 문해 환경은 읽기 능력▶p.41과 쓰기 능력을 습득하는 유아기뿐만 아니라 읽고 쓰는 즐거움을 느끼며 능력을 심화시켜 나가는 학령기, 다양한 목적을 위해 읽고 쓰는 능력을 발휘해야 하는 성인기에도 지속적으로 영향을 미치는 것으로 나타났다. 따라서 문해력▶p.12 발달을 종합적으로 이해하기 위해서는 다양한 형태와 수준의 문해 환경이 어떻게 영향을 미치고, 그러한 문해 환경에서 학생이 어떻게 능동적으로 대처하는지 유기적으로 이해할 필요가 있다.

가정은 언어를 습득하고, 문자를 이해하고 학습해 나가는 동시에 세상에 대한 스키마▶p.81를 형성하는 공간이다. 가정의 문해 환경에는 가정 내 구비된 도서의 수나 종류와 같은 물리적 요인뿐만 아니라 문해력에 대한 부모의 관심과 지원, 가정 내 사회·정서적인 분위기, 가족 구성원 간의 상호 작용 양상 등 다양한 심리적·정서적 요인이 있다. 가정의 문해 환경은 아동이 문자에 노출되는 빈도나 독서량에 직접적인 영향을 미치기 때문에 아동의 문해력 발달에 근간이 되며, 취학 이후 학교생활에 대한 지원 정도를 결정하면서 문해력에 대한 인식과 태도에 지속적인 영향을 미친다.

학교는 읽기와 쓰기 능력을 기르기 위한 체계적인 교육이 이루어지고 다양한 분야의 읽기와 다양한 장르의 글쓰기를 경험하게 되는 공간이다. 학교의 문해 환경에는 교실과 학교 도서관에 구비된 도서의 수나 종류, 공간 배치와 구조 등과 같은 물리적 요인, 독서 시간의 확보, 읽기 **활동**▶p.276에서 학생의 자율성, 사회적 협동과 상호 존중의 분위기 등 학교 문화와 풍토 요인, 교사의 관심과 애정, 읽기 과제의 양과 질과 같은 교사와 교수학습 요인이 있다. 학교의 문해 환경은 체계적이고 폭넓은 읽기·쓰기 경험을 제공해 주고, 언어 공동체의 문화와 관습을 전수하고 능력을 길러 주는 토대가 되기 때문에 가정의 문해 환경이 취약한 아동일수록 학교의 문해 환경이 더욱 중요해진다.

가정과 학교 공간을 넘어 지역 사회나 국가의 문해 환경 또한 중요하다. 서점과 공공도서관의 접근성, 도서 정보 제공의 풍부성, 독서 프로그램과 **북클럽**▶p.285의 활성화 정도 등은 학령기 이후에도 문식 활동을 지속하게 하는 주요한 환경 요인이 된다. 이 외에도 최근 변화하는 문해 환경으로 온라인 공간에 주목할 필요가 있다. 온라인 환경에서는 **텍스트**▶p.18를 생산하고 유통하는 방식이 전통적인 방식과 달라지면서 읽기와 쓰기에 대한 새로운 인식이 일어나고 있다.

관련 용어

가정 문해력, 문해 자원, 학교 밖 문해력

[참고문헌]

박인기(2006). 「독서진흥을 위한 환경과 독서정책」. 『독서연구』 16, 335-358.

이순영(2006). 「독서 동기와 몰입에 영향을 주는 요인에 관한 이론적 고찰」. 『독서연구』 16, 359-

381.
정혜승(2018). 「'정서적 비계'로서의 교실 공간 구성하기」. 『독서연구』 47, 37-67.
한철우(2011). 『거시적 독서 지도』. 역락.
Griffin, E. A., & Morrison, F. J.(1997). The unique contribution of home literacy environment to differences in early literacy skills. *Early Child Development and Care 127*(1), 233-243.
Van Steensel, R.(2006). Relations between socio-cultural factors, the home literacy environment and children's literacy development in the first years of primary education. *Journal of research in reading 29*(4), 367-382.

읽기 > 읽기 교수학습 > 문해 환경 >

가정 문해력 family literacy

= 가족 문해력

가정 문해력은 가족 구성원들이 가정과 그들의 공동체에서 문식 활동을 하는 환경 또는 문화를 의미한다. 가정 내 도서의 보유 현황과 같은 물리적 환경은 물론, 부모가 독서를 즐기는 방식과 문화, 아동의 독서 능력 발달에 대한 부모의 관심과 지원, 아동 독자와 가족들 간의 상호 작용 방식 혹은 이와 관련된 문화를 아울러 일컫는다. 가정 문해력이라는 개념은 테일러(Taylor, 1983)가 가정 환경과 아동의 문해력▶p.12 간의 관계에 대해 연구하면서 부각되었다. 가정 문해력 이론에 따르면 아동의 초기 문해력 학습과 문해력 발달에 가정 환경이 매우 중요하다. 가정에서의 경험이 아동의 문해력 발달에 기여한다는 관점은 사회적 문해 환경과 아동의 상호 작용을 중시한 발생적 문해력▶p.58 이론과 상통한다.

가정 문해력 이론은 가정에서의 문해 환경이 우수하고 자녀의 문해력 발달에 대한 개입이 적극적일수록 학생의 문해력 발달은 물론 학업 성취에 긍정적인 영향을 미친다고 본다. 특히 부모가 아동에게 독서에 관한 모범을 보이며, 아동에게 책을 읽어주고 책과 관련된 상호 작용을 나누는 것은 아이의 초기 문해력 발달에 긍정적인 영향을 미친다고 하였다. 부모가 아이와 함께 책을 나누어 읽는 '함께 읽기(shared reading)▶p.283'를 예로 들 수 있는데, 이는 아이가 흥미를 느낄 만한 소재를 담고 있는 책을 골라 함께 읽으면서 글이나 그림과 관련된 질문을 주고받거나 책의 내용에 대한 정서적 반응을 공유하는 것이다. 글자를 깨치지 못한 아이라도 그림책 등을 이용해 이야기를 만들어내면서 책을 읽어줄 수 있다. 그밖에도 가정 문해 환경 조성을 위한 구체적인 실천 방법으로는 가정에 다양하고 풍부한 읽을거리 비치하기, 가족이 함께 공공도서관 이용하기, 축하할 만한 날에 책 선물하기 등이 있다. 가정에서의 이러한 경험은 아동 독자에게 긍정적 읽기 경험을 제공하여 문해력 발달을 촉진하고 읽기▶p.38에 대한 긍정적인 태도를 형성하는 데 기여한다.

이처럼 가정 문해력 이론은 아동의 문해력 발달에서 부모와 가정의 고유한 역할을 조명하고, 가정에서 부모가 자녀의 문해력 발달을 지원하기 위한 방법에 대해 다양한 정보를 제공한다는 점에서 의의가 있다. 그뿐만 아니라 교사가 아동의 가정 문해력 활동에 대한 정보를 바탕으로 학생에게 문해력 발달과 관련된 지원을 제공할 수 있다는 점에서도 긍정적인 측면이 있다.

[참고문헌]

박태호·이경화·이향근·안부영·최민영 공역(2015). 『읽기 교육 이론의 새로운 지평: 심리학, 언어학, 교육학의 학제적 접근과 실제』. 아카데미프레스, Tracey, D. H., & Morrow, L. M.(2012). *Lenses on reading: An introduction to theories and models*. New York: Guilford Press.

전정재(2001). 『독서의 이해』. 한국방송출판.

정혜승(2014). 「초등학생 학부모의 문식성에 대한 인식과 문식 활동 및 자녀 지원 방식」. 『국어교육』 146, 275-309.

Taylor, D.(1983). *Family literacy: Young children learning to read and write*. Heinemann Educational Books.

학교 밖 문해력 out-of-school literacies

학교 밖 문해력은 가정, 지역사회, 또래 집단을 포함한 공동체, 학교 외 교육 기관, 온라인 등과 같이 학교 이외의 공간에서 수행되는 문해력▶p.12을 총칭한다. 이 용어가 '학교 밖'이라는 공간을 중심으로 만들어진 것은 '학교 안'의 문해력과는 다른 문해력이 학교 이외의 공간에서 수행되고 있음을 전제하며, 이는 문해력이 단일하지 않고 다양한 속성과 양태로 존재하며, 특정한 사회문화적 맥락▶p.151 및 상황 맥락▶p.149 속에서 의미를 구성하는 행위이자 실천임을 뜻한다.

학교가 특정한 문해력에 공식성과 권위를 부여하고, 그 문해력 학습을 정당화하며 교육하는 기관으로 기능한다는 점을 고려했을 때, 학교 밖 문해력은 학교가 가치를 두고 지향하는 문해력과 다른 일상생활에서 실제 사용되는 여러 문해력을 두루 포괄하는 개념이라고 할 수 있다. 또 학교 밖 문해력은 자발적으로 수행되는 경우가 많다는 점에서 의무적, 과업적 성격이 강한 학교 안 문해력과 차이가 있다. 여가 목적으로 가정에서 만화책을 읽거나 지역 도서관에서 탐정 소설을 빌려 읽는 것, 친구들과 함께 비밀 일기를 쓰거나 친구에게 쪽지를 쓰는 것, SNS, 블로그, 인터넷 게시판 등에서 텍스트▶p.18를 읽거나 쓰는 것 등이 모두 학교 밖 문해력이 수행된 사례이다.

그러나 학교 밖 문해력이 학교에서 이루어지는 문해력과 완전히 이질적이거나 단절되어 있다고 볼 수는 없다. 가령, 드라마 인터넷 게시판에 참여하는 사람들이 텍스트를 이해하고 생산할 때 학교에서 공식적인 학습을 통해 습득한 지식이나 기능을 자원으로 하는 경우 학교 밖 문해력은 학교 안 문해력과 긴밀하게 연결된다. 연구자들이 학교 밖 문해력 개념을 사용하는 목적이 학교 안 문해력과의 명확한 구분을 하는 데에 있는 것이 아니라 문해력을 폭넓게 이해하고, 학교 안과 밖 문해력의 상호 보완을 통한 문해력 교육의 실제성과 실효성 제고에 있다는 점을 고려할 때 학교 밖 문해력이 학교 안 문해력과 중첩되거나 연결되는 지점이 존재한다고 보는 것은 자연스럽다.

학교 밖 문해력의 개념은 문해력에 대한 전통적 관점에서는 주목받지 못했던 삶 속에서 실제 수행되는 다양한 문해력의 가치를 인정함으로써 문해력의 개념을 확장적으로 재정립하는 계기가 된다는 점에서 의의가 있다. 또한 학교가 아닌 공간, 교실 외의 모든 공간이 문해력 학습의 장이 될 수 있음을 인정하여 차이를 틀림으로 보지 않고 다름으로 인식하게 했다. 이를 통해 갈등과 충돌의 공간을 새로운 가능성의 공간으로 인식하게 하는, 관점의 전환을 이끄는 용어라는 점에서 교육적 의의가 있다. 이런 맥락에서 청소년의 문해력 발달에 영향을 미치는 교사나 학부모, 지역사회 등의 문해력 후원자들은 학교 안 문해력과 학교 밖 문해력이 상호 관련되어 있으며, 상보적으로 서로에게 자원으로 기여할 수 있음을 알고 그 가치를 인정하는 태도가 필요하다. 특히, 학교에서는 학교 밖 문해력의 특성이나 양상을 고려하여 교육 내용을 설계하고 학습 방법의 변화를 도모할 필요가 있다.

관련 용어

가정 문해력, 디지털 문해력, 청소년 문해력

[참고문헌]

류보라(2012).『청소년 독자의 문식성 실행과 정체성 구성 연구』. 고려대학교 박사학위논문.

정혜승·김정자·민병곤·정현선·손원숙·백혜선·백정이·박치범·오은하(2016).『초등학생의 학교 밖 문식 활동 종단 연구 보고서(NRF-2012S1A5A2A03034589)』. 한국연구재단.

Finders, M. J.(1997). *Just girls: Hidden literacies and life in junior high*. Urbana, IL: National Council of Teachers of English.

Hull, G. & Schultz, K.(eds.)(2002). *School's out! Bridging out of school literacies with classroom practice*. Teachers College Press.

Moje, E. B. & O'Brien, D. G.(eds.)(2001). *Constructions of literacy: Studies of teaching and learning in and out of secondary schools*. Mahwah, NJ: Lawrence Erlbaum Associates.

어휘 지도법

어휘 지도법은 학생들의 어휘력을 발달시키기 위하여 어휘를 가르치는 다양한 지도 방법을 가리킨다. 이것은 학생들에게 어휘를 의도적(직접적)으로 혹은 우연적(간접적)으로 가르치느냐에 따라 직접적 지도법과 간접적 지도법으로 나뉜다.

직접적 지도법은 교사가 학생들이 학습해야 하는 어휘를 직접적으로 가르치거나 어휘 학습을 촉진하는 어휘 전략을 가르치는 것을 말한다. 사전 사용하기, 의미 지도 그리기▶p.242, 의미 자질 분석▶p.244, 어휘 분석하기 등이 이에 해당한다. 사전 사용하기는 사전의 어휘 풀이를 활용하여 어휘를 지도하는 방법이며, 의미 지도 그리기는 학습할 단어와 그것과 관련 있는 단어들을 맵(지도)의 형태로 표상하여 어휘를 가르치는 방법이다. 의미 자질 분석은 하나의 단어를 이루는 의미론적 구성 요소에 대한 분석을 바탕으로 의미적으로 서로 관련 있는 단어들을 자질 분석표를 활용하여 가르치는 어휘 지도 방법이다. 그리고 어휘 분석하기는 형태소(morpheme), 즉 의미를 가진 가장 작은 말의 단위를 활용하여 단어를 가르치는 방법으로 단어의 접두사나 접미사 또는 어간 등을 활용하는 방법이 있다.

간접적 지도법은 독서를 통해 부수적으로 어휘 학습이 일어나도록 하거나 다양한 어휘 활동을 통하여 단어에 대한 인식과 흥미를 높이는 것을 말한다. 폭넓은 읽기나 어휘 놀이를 통한 어휘 지도 방법이 이에 해당한다. 폭넓은 읽기는 학생들에게 여러 종류의 책을 읽게 하여 부수적으로 어휘를 학습하도록 하는 방법이다. 어휘 놀이로는 회문(palindrome, 앞으로 읽어도 거꾸로 읽어도 같은 단어나 문장, 예: 기러기, 별똥별, 토마토, 다시 합창합시다)이나 단어 찾기 퍼즐(word search puzzle, 격자 판 안에 숨어 있는 단어들을 찾는 활동)을 들 수 있는데, 이것은 재미있는 어휘 놀이를 통해 어휘에 대한 인식과 흥미를 촉진하는 어휘 지도 방법이다.

관련 용어

어휘력, 우연적 학습, 의도적 학습, 어휘 발달

[참고문헌]

Anderson, R. C., & Freebody, P.(1981). Vocabulary knowledge, In J. T. Guthrie(ed.). *Comprehension and teaching: Research reviews*, 77-117. International Reading Association.

Taylor, B., Graves, M. F., & van den Broek, P.(2000). *Reading for meaning*. International Reading Association & Teacher College Press.

읽기 > 읽기 교수학습 > 어휘 지도법 >

어휘력

어휘력이란 효율적인 의사소통을 위해 사회문화적 맥락▶p.151에서 어휘의 발음, 형태, 의미에 대한 지식, 어휘의 사용 맥락에 대한 지식, 그리고 어휘 사용에 대한 전략 지식을 토대로 어휘를 적절하게 이해하고 표현할 수 있는 언어 능력을 말한다. 단어(word)가 개별적인 말 하나하나를 지칭한다면 어휘(vocabulary)는 개별적인 단어들의 전체 집합을 가리킨다. 예를 들어 노랑, 빨강, 초록, 검정에서 노랑, 빨강, 초록, 검정 각각은 모두 단어이며, 이 모든 단어들은 색채 어휘이다.

어휘력은 우리가 듣거나 읽는 상황에서 어휘를 이해할 수 있는 수용적 어휘 능력(receptive vocabulary ability)과 말하거나 쓰는 상황에서 어휘를 사용할 수 있는 표현적 어휘 능력(expressive vocabulary ability)으로 나뉜다. 또한 우리가 듣거나 말하는 상황에서 어휘를 활용할 수 있는 구어 어휘 능력(oral vocabulary ability)과 읽거나 쓰는 상황에서 어휘를 사용할 수 있는 문어 어휘 능력(written vocabulary ability)으로 나뉘기도 한다.

관련 용어

어휘소, 어휘 폭, 어휘 깊이

[참고문헌]

구본관·신명선·서혁·이도영·민병곤(2014). 『어휘 교육론』. 사회평론아카데미.

서혁·윤준채·이소라·류수경·오은하·편지윤·윤희성·변은지·한지수 공역(2021). 『독서심리학』. 사회평론아카데미, Schwanenflugel, P. J., & Knapp, N. F.(2015). *The psychology of reading: Theory and applications*. The Guilford Press.

Graves, M. F.(2006). *The vocabulary book: Learning & instruction*. Teachers College Press.

Read, J.(2000). *Assessing vocabulary*. Cambridge University Press.

읽기 > 읽기 교수학습 > 어휘 지도법 >

어휘 지도 관점

어휘 지도 관점은 어휘 지식과 글 이해 간의 높은 상관관계를 설명하는 가설을 토대로 이루어지는 어휘 지도 방법을 말한다. 이러한 관점에는 도구 가설, 지식 가설, 적성 가설, 접근 가설 등이 있으며 어느 관점을 수용하느냐에 따라 어휘 지도의 방법이 달라진다(Anderson & Freebody, 1981).

(1) 도구 가설(Instrumental Hypothesis): 어휘 지식이 독해▶p.48의 도구로서 글을 이해하는 데 매우 중요한 요인으로 보는 관점이다. 이 관점에서는 독자▶p.120에게 새로운 어휘를 많이 가르칠수록 글에 대한 이해를 높일 수 있다고 본다. 이와 관련된 어휘 지도 방법은 사전을

사용하여 어휘를 가르치는 것이다.

(2) 지식 가설(Knowledge Hypothesis): 어휘와 관련된 보다 깊고 넓은 세상 지식이 글 이해를 향상한다고 보는 관점이다. 이는 단순히 어휘의 사전적 의미를 많이 아는 것이 독해에 중요하다고 보기보다는 글의 핵심 어휘와 관련된 풍부한 지식을 갖는 것이 독해에 더 중요한 영향을 미친다고 본다. 이와 관련된 어휘 지도 방법은 읽기 전에 글의 핵심어에 대해 마인드맵 만들기 등을 사용하여 배경지식을 제공하는 것이다.

(3) 적성 가설(Aptitude Hypothesis): 어휘 지식과 글 이해 간의 관련성이 큰 이유가 어휘 지식과 글 이해 모두가 독자의 일반적인 능력, 즉 적성(aptitude)을 반영하고 있기 때문이라고 가정하는 관점이다. 이 관점은 어휘 지식이 많은 것은 일반적인 언어 능력이 높기 때문이며 글 이해가 높은 것도 일반적인 언어 능력이 높기 때문이라고 여긴다. 적성 가설은 어휘 지도가 독해에 큰 영향을 미치지 않는다고 간주하기 때문에 어휘 지도와 관련하여 특별한 교육적 함의를 제공하지 않는다.

(4) 접근 가설(Access Hyphosis, Mezynski, 1983): 이는 독자의 어휘에 대한 자동화가 글에 대한 이해를 촉진한다고 가정하는 관점이다. 이것은 독자가 글을 읽으면서 어휘의 의미를 찾고, 평가하고, 사용하는 것이 자동화될 때 글 이해가 촉진된다고 여긴다. 이 관점에 해당하는 어휘 지도 방법으로는 어휘에 대한 반복적인 연습으로 어휘에 대한 자동적인 처리를 높이는 것을 꼽을 수 있다.

관련 용어

어휘, 이휘력

[참고문헌]

윤준채 역(2018). 『읽기 능력 향상을 위한 어휘 지도』. 사회평론아카데미.

Anderson, R. C., & Freebody, P.(1981). Vocabulary knowledge, In J. T. Guthrie(ed.). *Comprehension and teaching: Research reviews*, 77-117. International Reading Association.

Mezynski, K.(1983). Issues concerning the acquisition of knowledge: Effects of vocabulary training on reading comprehension. *Review of Educational Research 53*, 258—279.

읽기 > 읽기 교수학습 > 어휘 지도법 >

의미 지도 그리기 semantic mapping

의미 지도 그리기(Heimlich & Pittelman, 1986)는 학습할 단어와 그것과 관련 있는 단어들을 지도(맵)의 형태로 표상하여 가르치는 어휘 지도 방법이다. 이것은 학습은 새로운 지식과 기존의 지식을 유의미하게 통합하는 과정에서 일어난다는 스키마 이론▶p.81을 토대로 하는데, 학생이 이미 알고 있는 배경지식을 바탕으로 새로운 단어를 학습할 수 있는 기회를 제공하는 학생 중심의 어휘 지도 방법이다.

의미 지도 그리기를 활용하여 단어를 지도하는 절차는 다음과 같다.

① 단어 선택하기: 교사가 책을 이해하는 데 중요하지만 학생들이 잘 모르는 단어나 화제를 선택한다.

② 단어 배치하기: 학습할 단어나 화제를 종이 중앙에 커다랗게 적고 동그라미를 친다.

③ 관련 내용 떠올리기: 학생들에게 단어의 뜻을 간단하게 알려주고 그것과 관련 있는 모든 단어들을 떠올리도록 한다.

④ 범주화하기: 학생들에게 떠올린 단어들을 서로 관련 있는 것끼리 묶

고 이름(범주)을 붙이도록 한다. 학생들이 범주화에 어려움을 겪는 경우 교사가 적절한 이름(범주)을 제시하여 그들이 단어와 관련된 단어들을 쉽게 떠올릴 수 있도록 한다.

⑤ 의미 지도 탐색하기: 의미 지도가 완성되면 공부할 단어가 어떤 단어들과 관련 있는지를 검토한다.

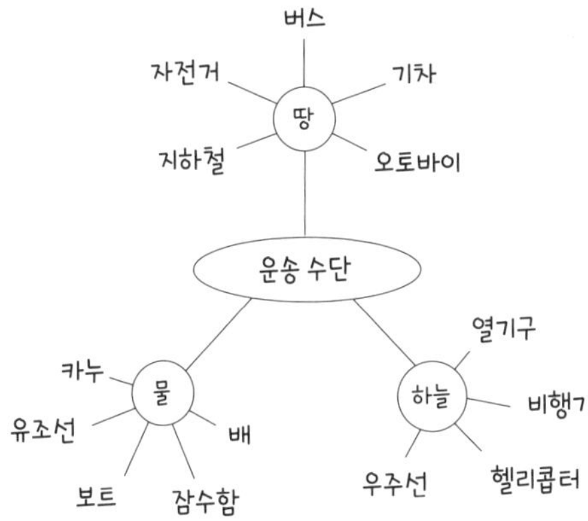

[그림] 의미 지도 그리기

관련 용어

의미 자질 분석, 도해 조직자

[참고문헌]

Heimlich, J. E., & Pittelman, S. D.(1986). *Semantic mapping: Classroom application.* International Reading Association.

Herrell, A., & Jordan, M.(2002). *50 activity learning strategies for improving reading comprehension.* New Jersey: Merrill Prentice Hall.

의미 자질 분석 semantic feature analysis

의미 자질 분석은 단어의 의미 자질, 즉 하나의 단어를 이루는 의미론적 구성 요소에 대한 분석을 바탕으로 의미적으로 서로 관련 있는 단어들을 자질 분석표를 활용하여 가르치는 어휘 지도 방법이다.

스키마 이론▶p.81에 따르면 인간은 정보를 효율적으로 기억하고 유지하기 위하여 서로 관련 있는 정보끼리 묶어 처리한다. 의미 자질 분석은 이러한 인간의 정보 처리 방식을 활용한 어휘 지도 방법이다. 그러므로 이것은 이미 알고 있는 단어 및 새로운 단어에 대한 의미적 자질 분석을 통해 관련 범주에 새로운 단어를 포섭하는 방식으로 어휘를 지도한다. 이러한 방식은 학습자에게 단어를 비교·대조할 수 있는 기회를 제공하여 단어에 대한 깊이 있는 처리를 유도한다.

의미 자질 분석은 대체로 다음과 같은 6단계로 실행된다.

① 화제 선정: 교사가 학생들이 공부하고 있는 단원의 화제(topic)를 선정한다.

② 단어 나열: 교사가 혹은 교사가 학생들과 함께 앞서 선정한 화제에 해당하는 단어들을 나열한다.

③ 자질 나열: 학생들이 교사의 도움을 받아 가면서 선정된 단어의 의미 자질을 찾아 나열한다.

④ 자질 분석: 선정된 단어가 제시된 의미 자질을 가지고 있는지를 플러스(+), 마이너스(-), 물음표(?)로 표시한다.

⑤ 단어 및 자질 추가: 필요하다면 새로운 단어와 의미 자질을 추가하여 분석한다.

⑥ 자질 분석표 탐색: 자질 분석표가 완성되면 선정된 단어들이 어떤 점

에서 비슷하고 어떤 점에서 차이가 있는지를 탐색하고 논의한다.

[표] '반려동물' 관련 단어들의 의미 자질 분석

의미 자질 / 단어	육지	물	지느러미	다리	모피
개	+	-	-	+	+
물고기	-	+	+	-	-
햄스터	+	-	-	+	?

의미 자질 분석은 독자에게 의미적으로 서로 관련 있는 단어들 간의 유사점과 차이점을 탐색할 수 있는 기회를 제공하여 어휘 능력을 효과적으로 신장한다. 특히 내용교과 영역의 단어와 개념을 보다 잘 이해하도록 돕는다. 다만 일부 학생들의 경우 선정된 단어들의 의미 자질을 찾는 데 어려움을 겪을 수 있으므로 의미 자질을 탐색하는 과정에서 교사의 안내와 충분한 연습이 요구된다.

관련 용어

어휘 학습, 의미 지도 그리기, 위계적 배열법

[참고문헌]

정혜승(2006). 『창의성 계발을 위한 국어과 교수 학습 전략』. 사회평론.

Pittelman, S. D., Heimlich, J. E., Berglund, R. L., & & French, M. P.(1991). *Semantic feature analysis: Classroom application*. International Reading Association.

읽기 지도 접근법

읽기 지도 접근법은 읽기▶p.38에 대한 개념 및 읽기 교육에 대한 관점을 바탕으로 어떻게 읽기를 지도할 것인가에 대한 거시적 접근 방식을 의미한다. 이러한 점에서 읽기 지도 접근법은 특정 읽기 이론을 바탕으로 읽기 수업을 단계화하여 제시한 읽기 지도 모형(예: 현시적 교수법▶p.262, 반응 중심 교수법▶p.266)이나 개별적인 읽기 교수 전략(예: 저자에게 질문하기, KWL▶p.200)과 구분된다.

읽기 지도 접근법에는 과정 중심 읽기 지도▶p.247, 개별화 읽기 지도▶p.248, 독본 중심 읽기 지도▶p.250, 문학 기반 지도▶p.251, 발음 중심 지도▶p.253, 총체적 언어 지도▶p.254, 균형적 읽기 지도▶p.255, 북스타트▶p.257 등이 있다. 읽기 지도 접근법에는 읽기를 보는 관점에 따라 상이한 접근 방식이 사용되기도 한다. 예를 들어, 독본 중심 읽기 지도와 문학 기반 지도는 텍스트▶p.18나 텍스트에 속한 어휘나 문장을 가공하고 단계적으로 읽기 기능▶p.163을 지도할 것인가, 아니면 텍스트를 실제적인 문학 작품을 통해 자연스러운 학습을 할 것인가에 따라 교육 철학이나 지도 방식이 상이하다. 마찬가지로 초기 읽기 지도에서 발음 중심으로 지도할 것인가(발음 중심 지도), 유의미한 맥락 속에서 통합적인 언어 활동을 통한 지도를 택할 것인가(총체적 언어 접근법), 또는 양자를 균형있게 지도할 것인가(균형적 읽기 지도)에 따라 교육 철학이나 읽기 지도 접근 방식이 상이하다. 이러한 점에서 상이한 읽기 지도 접근법은 학술적인 논쟁의 대상이 되기도 하였다.

즉, 읽기 개념, 아동 및 학생에 대한 입장, 읽기 교육에 대한 이론적·실천적 관점에 대한 변화는 읽기 지도에 대한 접근법을 변화시킨다. 이러한 점에서 읽기 지도 접근법은 고정적으로 확정된 방법론이기보다는 학문적 요구와 교육적 필요에 따라 계속해서 변화하고 있다고 볼 수 있다.

관련 용어

과정 중심 읽기 지도, 발음 중심 지도, 총체적 언어 지도, 독본 중심 읽기 지도, 문학 기반 읽기 지도

[참고문헌]

천경록·김혜정·류보라(2023). 『독서 교육론(개정판)』. 역락.

과정 중심 읽기 지도

과정 중심 읽기 지도는 독자▶p.120가 글을 읽는 전, 중, 후 과정에 수반되는 인지적 기능이나 전략을 가르치는 읽기 지도 방법이다. 이 지도 방법은 능숙한 독자가 글을 읽을 때 일어나는 머릿속 인지 과정이나 문제 해결 전략을 교육 내용으로 추출한 것이라고 볼 수 있다. 대체로 과정 중심 읽기 지도는 책이나 글을 읽은 후의 내용이나 결과에 초점을 맞추어 지도하기보다는, 읽기 과정을 읽기 전, 읽기 중, 읽기 후로 나누고 각각의 단계에 따라 필요한 기능이나 전략을 가르친다. '읽기 전' 단계에는 글을 읽기 전에 독자에게 필요한 전략을 주로 지도하는데, 여기에는 배경지식 활성화하기, 읽기 목적 인식하기, 책의 제목이나 글의 앞부분, 사진 등을 활용하여 책의 내용을 예측하기, 읽기 목적에 따라 전체적으로 무엇이 쓰여 있는지 탐색하는 훑어읽기 등을 가르친다. '읽기 중' 단계에서는 글을 읽으면서 내용을 이해하는 데 필요한 전략으로 글의 중심 내용 파악하기▶p.168, 추론하기, 질문하며 읽기▶p.218, 참고자료 활용하며 읽기▶p.38, 자신의 인지 과정 점검하기 등을 가르친다. '읽기 후' 단계에서는 글을 읽은 후 내용을 정리하고 감상하는 데 필요한 전략이나 활동을 다루며 주제 파악하기, 글의 내용 요약하기▶p.170, 글의 내용을 비판적으로 평가하기,

상호텍스트적 읽기 ▶p.196 등 읽은 내용을 이용하여 토의하거나 글을 쓰는 다양한 활동을 포함한다. 이는 글을 다 읽은 후에 읽기 지도가 가능하다는 결과 중심 지도의 한계를 극복하고, 읽기 과정 중에 교육적 지도 및 읽기 학습이 가능하다는 점을 강조하는 관점으로, 독자의 인지 과정을 보다 현시적으로 지도할 수 있는 토대가 되었다.

[참고문헌]

박영목(2006). 「전략적 과정 중심 읽기 지도 방안」. 『독서연구』 16, 265-292.

천경록·김혜정·류보라(2023). 『독서 교육론(개정판)』. 역락.

한철우·박진용·김명순·박영민(2001). 『과정 중심 독서 지도』. 교학사.

읽기 > 읽기 교수학습 > 읽기 지도 접근법 >

개별화 읽기 지도 individualized reading instruction

개별화 읽기 지도란 각 학생의 개별적인 요구 사항과 능력에 맞춰 독서 학습 경험을 맞춤화하는 교육 방법을 말한다. 교사는 각각의 학습자에게 자신에게 맞는 읽기 자료를 스스로 선택하여 읽도록 한 후, 학습자와 주기적으로 만나 학습자의 독서에 대해 토론하면서 읽기 ▶p.38를 발전시켜 나가는데, 이 과정에서 각 개별 독자 ▶p.120의 흥미와 요구에 부응하여 읽기 지도를 할 수 있다.

이 모형은 올슨(Olson, 1949)에 의해 처음 제안되었는데(Tierney & Readence 2000:108), 학생들은 다양한 관심사를 바탕으로 책을 스스로 선택하고, 읽기 속도도 조절할 수 있기 때문에, 자신의 독서 능력 신장에 대한 책임감과 자발성을 키울 수 있다는 장점이 있다. 또한 초중등학교 전 학년에 적용될 수 있으며, 학생들의 읽기 기능 ▶p.163을 개선하고 다양한 읽기 자료에 대한 관심을 증대시킬 수 있으며, 학습 독서와도 결합하여 적용될 수 있다.

개별화 읽기 지도는 '읽을거리 탐색, 자기 선택, 속도 조절'이라는 세 가지 원칙에 기초하며, 그 절차는 '흥미와 수준을 고려한 학생들의 자율적인 독서 자료 선정(self-selection), 독서 자료의 충분한 제공(ample supply of reading material), 읽기 목적과 계획에 대한 학생과 교사 간의 협의(student-teacher conference), 학습 요구가 비슷한 학생끼리 유연한 독서 집단 형성(flexible needs grouping), 독서 경험의 공유(sharing books)' 등 5가지로 나눌 수 있다(Tierney & Readence, 2000:109). 이는 학습자가 발달 단계에 맞는 관심 있는 제재를 선택하여, 스스로 읽어 나갈 수 있도록 충분한 안내 자료를 제공하며, 교사와의 정기적인 만남을 통해 학생의 요구를 확인하고 학생이 읽은 내용을 교사와 토론함으로써 읽기를 통해 얻은 아이디어들을 공유한다는 것을 의미한다. 이 때문에 아동의 읽기 흥미▸p.134와 언어 경험을 중시하는 총체적 언어 접근법의 하위 모형으로 분류된다.

개별화 읽기 지도는 학생의 창의성을 잘 이끌어 낼 수 있으며, 동기화가 잘되며, 나아가 학생과 교사 간의 협의로 인해 이해와 신뢰를 쌓게 하며 경쟁을 줄이는 한편, 학생의 자아개념, 책임감, 독자성 등을 발달시키는 장점이 있다. 또한 읽기 회복 프로그램(reading recovery program)이나 읽기 워크숍▸p.281 형태와 결합하여 하위 지도 방법으로 활용되기도 한다.

관련 용어

읽기 회복 프로그램, 읽기 워크숍

[참고문헌]

박영목(2000). 「독서교육 활성화 방안 연구」. 『국어교육』 103, 1-51.

Olson, W. C.(1949). *Child development*(Chap. XII). New York: D.C.Heath.

Ruddell, R. B.(2002). *Teaching children to read and write: Becoming an effective literacy teacher*(3rd ed.). Allyn and Bacon.

Tierney, R. J., & Readence, J. E.(2000). *Reading strategies and practices*(6th ed.). MA: Allyn and Bacon.

독본 중심 읽기 지도 basal readers-based reading instruction

독본 중심 읽기 지도란 학습자 수준에 맞는 글(책)을 순차적으로 읽힘으로써 발음(낭독), 문장 및 문단 읽기, 긴 글 읽기 등 아동의 독서 발달에 필요한 기본적인 읽기 능력▶p.41을 개발하는 지도 방법을 뜻한다.

여기서 독본(basal reader)은 이야기(stories)와 활동 연습(practice exercise)을 결합한 유아 및 초등학교용 읽기 책을 뜻하며, 보통 교육 분야 출판사에서 수준별 시리즈로 개발되어 읽기 학습의 교재로 사용된다. 따라서 초기 문해력▶p.12 시기 기초적인 읽기 능력을 기르기 위해 개발된 것으로, 발음 중심 지도▶p.253나 총체적 언어 지도▶p.254에서 모두 활용될 수 있다.

초기 독본 지도는 미국의 1950~60년대에 크게 유행했다. 예컨대 『Dick & Jane(series)』은 1930년대부터 사용된 가장 유명한 독본이다. 이는 음소 인식, 유창성, 어휘, 독해▶p.48와 같은 필수적인 기능들을 지도하도록 설계된 책 읽기 프로그램이다. 그러나 이 독본은 체계적인 음소 및 철자 중심 지도(phonics instruction)를 등한시한 반면, 글자 모양을 보고 말하는 시각 단어 지도(sight words method)를 강조하고, 스토리 암기 방식을 고수했기 때문에 많은 비판을 받았다. 이후 독본 중심 읽기 지도 프로그램은 1970년대 클레이(Clay) 박사에 의해 지지된 문학 작품에 기반한 읽기 회복 프로그램(reading recovery program)의 기초가 되었고, 유아 및 초등학생에게 여전히 널리 사용되는 방법으로 최근에도 80% 이상의 교사들이 독본 중심 읽기 프로그램을 사용한다고 한다. 2000년대 이후 독본은 언어 중점 학습(phonics)을 수용하면서, 동시에 발췌문, 시, 그림은 물론, 수학·과학·사회 등 타 교과의 내용과 결합된 다양한 자료들을 사용하고 있으며, 읽기 전후 활동지, 평가지, 이야기 중간에 물어볼 질문 등을 활용하여 기능 학습도 강화하고 있다.

독본 중심의 읽기 지도 프로그램을 설계할 때는 체계적이며 논리적인 진행 절차를 지녀야 하며, 초보자부터 능숙한 독자▶p.120가 되기까지 단계가 올라갈 때 완만하고 일관성 있게 책을 권하도록 하며, 교사들을 위한 교수법 안내는 물론, 학생의 지식을 평가하기 위한 도구까지 제공해야 한다. 그러나 독본 중심 읽기 지도는 학생의 읽기 발달▶p.53을 고려하여 수준별 책(leveled book)을 단계별로 읽도록 지도하는 것이기 때문에, 책의 단계는 물론, 책마다 세부적인 읽기 지도 지침을 마련하고 있어 학습 시스템이 엄격하고 제한적일 수 있다. 또한 이 방법은 독자 그룹에 적용되는 것이기 때문에, 고급 독자나 읽기 부진▶p.62아에게는 획일적으로 느껴질 수 있다. 따라서 독본 중심 읽기 지도를 사용할 때는 학습자의 수준, 관심사, 흥미 등을 고려하여 융통성 있게 적용하는 것이 바람직하다.

관련 용어

개별화 읽기 지도

[참고문헌]

이성은(2005).『아동을 위한 총체적 언어교육(실체와 매체로서의 언어적 관점)』. 이화여대 출판부.

Farr R., Tulley M. A., & Powell, D.(1987). The evaluation and selection of basal readers. *The Elementary School Journal 87*(3), 266-281.

읽기 > 읽기 교수학습 > 읽기 지도 접근법 >

문학 기반 지도 literature-based instruction

문학 기반 지도는 문학 작품의 원전에 대한 읽기▶p.38 경험을 통해 아동의 읽기 능력▶p.41 향상을 목적으로 하는 읽기 지도 방법이다. 문학 기반 지도는 다음과 같은 두 가지 특징을 지닌다. 첫째, 문학 기반 지도에서는 실제적(authentic)인 문학 작품이 주된 수업 자료로 쓰인다. 둘째, 어휘를 통제하거나 기본 읽기 기능▶p.163에 초점을 둔 독본 중심 읽기 지도▶p.250와는 달리 작품 읽기 경험을 통해 자연스러운 문해력▶p.12 발달을 촉진하고자 한다는 점이다. 이러한 점에서 문학 기반 지도는 총체적 언어 지도▶p.254와 읽기 교육에 대한 관점이 유사하다.

문학 기반 지도는 문학 작품을 활용하여 읽기를 지도하는 거시적인 접근 방식이므로 반응 중심 교수법▶p.266을 포함한 다양한 수업 전략 방법이 이 지도 방식에 활용된다. 교사는 그 과정에서 멘토로서 읽기, 쓰기와 같은 언어 활동에 시범을 보이고, 학생 간 토의와 토론을 장려하고, 문학 작품에 대한 반응 활동을 계획하는 코치와 같은 역할을 수행한다. 문학 기반 지도에서 학생들이 혼자서도 읽을 만한 문학 작품을 스스로 선택하여 읽게 하는 것이 중요하다. 이렇게 선택한 책을 읽도록 한 후에는 읽은 책에 대하여 이야기하는 활동을 하기도 한다. 교사는 읽고 있는 책의 뒷부분을 예측하게 하거나, 읽는 중의 어려운 점, 읽고 있는 부분에서 재미있는 점에 대해 이야기하며 책에 대해 깊은 이해를 할 수 있도록 한다.

관련 용어

독본 중심 읽기 지도, 총체적 언어 지도, 반응 중심 교수법

[참고문헌]

천경록·김혜정·류보라(2023). 『독서 교육론(개정판)』. 역락.

Vacca, J. L., Vacca, R. T., Gove, M. K., Burkey, L. C., Lenhart, L. A., & McKeon, C. A.(2018). *Reading and learning to read*(10th ed.). Boston, MA: Pearson.

발음 중심 지도 phonics-based instruction

발음 중심 지도는 글자와 소리의 관계를 인식한 후, 글자와 단어를 발음하고 익히게 하여 학생들이 해독▸p.43을 잘하도록 돕는 초기 읽기 지도 방식을 의미한다. 발음 중심 지도의 대표적인 방식으로는 파닉스(phonics)가 있다. 발음 중심 지도는 소리와 글자와의 관계(letter-sound correspondences)를 인식하는 활동 및 철자 규칙(spelling patterns)을 익히게 한 후, 단어를 몇 개의 부분으로 나누어 이를 발음하여 단어를 해독하고, 궁극적으로 읽기 기능▸p.163과 전략 등 독해▸p.48와 관련한 기능을 연습하는 방식으로 점차 확장한다. 이때의 발음 중심 지도 방법은 크게 두 가지로 나눌 수 있다. 합성 파닉스 방식(synthetic phonics)은 학생들에게 개별 글자나 낱자군을 해당하는 소리와 연결하고 그 소리를 혼합하여 단어를 형성하는 방법을 가르친다. 분석 파닉스 방식(analytic phonics)에서는 먼저 학생들에게 단어 전체를 가르치고, 그 다음에는 해당 단어의 특정 낱자를 소리와 연결하는 방법으로 지도한다.

국어에서도 발음 중심 지도는 소리와 글자의 관계를 인식하여 낱자를 익히고 해독과 독해를 지도하는 방법으로 확대된다는 점에서 영미권의 방식과 유사하다. 일반적으로 초등 국어교육에서는 발음 중심 지도 방법을 자모식과 음절식으로 나눈다. 자모식은 자음자와 모음자에 대한 모양과 소리를 익히고, 이를 조합하여 음절과 단어를 익히는 방식으로 확대하여 접근하는 방식이다. 음절식은 '가갸거겨…' 로 대표되는 기본 음절표에 제시된 기본 음절 글자를 익히고 이를 바탕으로 자모와 단어를 익히는 방식으로 접근한다.

발음 중심 지도는 글자와 소리의 관계를 체계적이고 명시적으로 가르친다는 점이 특징적이며, 소리와 글자와의 관계가 규칙적인 국어에서 초기 읽기 지도에 알맞다는 장점이 있다. 다만, 이 지도 방법은 분석적이고 논리적이어서 초기 독자▸p.120에게 다소 어려움을 주거나 흥미를 잃게 만들 수 있다는 점에서 어려움이 있다.

[참고문헌]

교육부(2024). 『초기 문자 지도 (초등학교 1-2학년 국어 지도서 부록)』. 교육부.

김영숙(2017). 『찬찬히 체계적·과학적으로 배우는 읽기&쓰기 교육』. 학지사.

천경록·김혜정·류보라(2023). 『독서 교육론(개정판)』. 역락.

Vacca, J. L., Vacca, R. T., Gove, M. K., Burkey, L. C., Lenhart, L. A., & McKeon, C. A.(2018). *Reading and learning to read*(10th ed.). Boston, MA: Pearson.

읽기 > 읽기 교수학습 > 읽기 지도 접근법 >

총체적 언어 지도 whole language approach

총체적 언어 지도는 발음 중심으로 읽기▸p.38를 지도하기보다는, 의미 있는 맥락▸p.28에서 단어와 문장을 통해 읽기를 지도하는 초기 읽기 지도 방식을 의미한다. 총체적 언어 지도에서 '총체적 언어'란 언어를 분절적 발음이나 글자로 분석하여 해독▸p.43하기보다는 단어나 문장이 의미 있는 맥락 속에서 서로 관련되어 의미를 만드는 체계로 작동한다는 의미를 지닌다. 또한 읽기와 쓰기, 말하기를 분절적이거나 독립적인 활동이 아닌 실질적인 언어 자료 및 환경 속에서 듣고 말하며, 읽고 쓰는 활동을 통해 통합되는 활동으로 본다. 이 점에서 총체적 언어 지도는 '총체적'이라는 개념을 바탕으로 능동적이고 자연스러운 읽기 학습이 이루어져야 한다는 철학을 담고 있다.

총체적 언어 지도에서 유의미한 읽기 활동이 독자▸p.120로부터 시작된다는 관점을 바탕으로 해독을 위한 기능이나 전략을 명시적으로 지도하기보다는 학생들에게 의미 있는 학습을 제공하고 흥미롭고 다양한 언어 활동을 제공하는 데 주안점을 둔다. 예를 들어, 총체적 언어 지도에서 아동은 이러한 실제적인 읽기 경험을 할 수 있는 예측하기 쉬운 책, 간단한 안내문, 이야기 등을 읽어 주거나 읽게 하는 경험을 통하여 읽기 기능▶p.163과 전략을 학습한다.

총체적 언어 지도는 언어를 분절적으로 보지 않고, 의미 있는 단위로 보고 가르친다는 점에서 의미 중심 지도 방법으로도 볼 수 있다. 일반적으로 초등 국어교육에서 의미 중심 지도 방법으로 낱말식과 문장식으로 나눌 수 있다. 낱말식은 아동에게 친숙한 낱말(단어)을 제시하여 읽고 쓰게 하고 이를 통해 발음과 글자도 이해하고 인식하도록 지도하는 방법이다. 문장식에서는 아동이 경험할 수 있는 문장을 우선적으로 아동이 경험할 수 있는 문장을 이해하고 표현하면서 발음과 글자도 함께 인식하고 이해하도록 지도한다.

총체적 언어 지도는 아동이 언어에 흥미를 갖고 읽기 학습에 참여할 수 있으며, 어휘력과 사고력을 신장할 수 있다는 장점이 있다. 다만, 이 지도 방법은 글의 문맥 안에서는 단어의 뜻을 추측할 수 있지만, 문맥이 지원되지 않는 경우에는 그 단어의 뜻을 잘 이해하지 못할 수도 있고, 체계적으로 글자와 발음을 익히는 데 발음 중심 방법만큼 효율적이지 못하다는 점에서 한계가 있다.

[참고문헌]

김윤옥·신의경(2024).「총체적 언어 접근에 기반한 기초 문식성 지도 사례 연구」.『새국어교육』 130, 169-201.

교육부(2024).『초기 문자 지도 (초등학교 1-2학년 국어 지도서 부록)』. 교육부.

Vacca, J. L., Vacca, R. T., Gove, M. K., Burkey, L. C., Lenhart, L. A., & McKeon, C. A.(2018). *Reading and learning to read*(10th ed.). Boston, MA: Pearson.

읽기 > 읽기 교수학습 > 읽기 지도 접근법 >

균형적 읽기 지도 balanced reading instruction

균형적 읽기 지도란 발음 중심 지도▶p.253나 총체적 언어 지도▶p.254의 장점과 한계를 인식하고, 이 두 방법을 균형적으로 절충하여 지도하는 초기 읽기 지도 방법을 의미한다. 발음 중심 지도는 체계적으로 해독▶p.43 학습을 할 수 있으나, 언어 학습의 맥락▶p.28을 제공하지 않고 기계적인 해독을 위한 연습을 반복하기 때문에 학생들의 동기 유발을 저해할 수 있다는 점에서 비판을 받았다. 반대로 총체적 언어 지도의 경우 실제적인 맥락을 통한 유의미한 학습은 가능하지만, 실제 글자 해독의 방법이나 절차가 학생들에게 체계적으로 제공되지 못한다는 점에서 비판을 받았다. 균형적 읽기 지도는 발음 중심 지도나 총체적 언어 지도의 장단점을 고려하여, 이 두 가지 방식을 조화롭고 균형적으로 가르치는 것을 강조한다. 예를 들어, 균형적 읽기 지도에서 학생들이 자주 접하는 대상이나 사물의 낱말과 이름을 익히는 총체적 언어 지도 방식에서 시작하여 글자를 배우고 소리를 내는 방법을 배우는 발음 중심 지도 방법을 병행하여 가르칠 수 있다. 혹은 발음 중심 지도 방법으로 가르치되 학생들에게 의미 있는 그림책이나 이야기책을 중심으로 해독하는 방식을 가르치거나, 학생들이 속한 상황이나 환경 속에서 글을 읽는 경험을 갖도록 하는 총체적 언어 지도 방식을 병행하기도 한다. 이러한 점에서 균형적 읽기 지도는 경직된 지도 방식이라기보다는 학생과 상황에 따라 유연하게 적용할 수 있다는 장점이 있다.

균형적 읽기 지도의 한 접근 방법으로, 초등 국어교육에서는 발음 중심 지도와 의미 중심 지도 방법을 일정한 순서로 절충하여 초기 문자 지도 및 읽기 교육이 이루어질 수 있도록 하였다. 초등 국어 교과서에서는 의미 중심 지도 방법으로 시작해 글자와 읽기▶p.38에 대한 흥미와 동기를 유발하고 기초적인 읽기 교육 내용을 다룬다. 이후 발음 중심 지도 방법으로 글자와 소리에 대해 학습하게 한 후, 다시 의미 중심 지도 방법으로 확장하여 문장과 문단, 글을 읽고 이해하는 방법을 택하고 있다.

관련 용어

읽기 지도법

[참고문헌]

교육부(2024). 『초기 문자 지도 (초등학교 1-2학년 국어 지도서 부록)』. 교육부.

이경화(2006). 「균형적 기초문식성 교육 내용 연구」. 『국어교육』 120, 139-168.

천경록·김혜정·류보라(2023). 『독서 교육론(개정판)』. 역락.

Vacca, J. L., Vacca, R. T., Gove, M. K., Burkey, L. C., Lenhart, L. A., & McKeon, C. A.(2018). *Reading and learning to read*(10th ed.). Boston, MA: Pearson.

읽기 > 읽기 교수학습 > 읽기 지도 접근법 >

북스타트 Bookstart

북스타트는 독서 문화 진흥을 목적으로 영유아들에게 지역 도서관, 보건소, 동사무소 등에서 그림책이 든 가방을 선물하는 지역사회 문화 운동 프로그램이다. 북스타트는 영유아기 독서체험 및 습관화를 내용으로 하는 독서 증진 정책이라고 할 수 있다.

북스타트는 1992년 영국에서 생후 첫 건강 진단을 받으러 보건소에 오는 아이들에게 그림책이 든 가방을 무상으로 선물하자는 쿨링(Cooling)의 제안으로 시작되었다. 영국 북스타트의 목적은 지역 도서관 및 보건 센터와 협력하여 모든 가족들에게 책을 나누어 주고 독서에 관해 조언해주며 지역 도서관을 이용하도록 해서 영국의 모든 가정이 책을 만날 수 있게 하자는 것이다. 이 운동은 전 세계적으로 확산되어, 독일, 호주, 일본, 태국 등에서도 시행하고 있다.

우리나라에서는 2002년 '책읽는사회만들기국민운동'이 운영 조직인 '북스타트코리아'와 재정 지원 조직인 '북트러스트'를 조직하며 시작되어 전국 여러 지역에서 운영되고 있다. 우리나라의 북스타트에서는 영유아 중 0개월~18개월 대상자에게는 북스타트 꾸러미를, 19개월~35개월 대상자에게는 북스타트 플러스 꾸러미를 제공한다. 책 꾸러미 가방에는 그림책 2권과 함께 책 읽어주기 가이드북, 프로그램 안내 책자, 지역시행기관 안내 책자 등을 함께 담아 제공하며, 가이드북에는 책을 읽어주는 구체적인 방법, 연령별로 좋은 그림책 등에 대해 안내를 하고 있다.

북스타트는 책을 읽을 줄 모르는 아기들도 책에서 시각적 즐거움, 소리에 대한 민감성과 집중력을 키워 책과 친해지게 하고, 책을 매개로 아기와 부모가 풍요로운 관계를 형성 있도록 돕는 역할을 한다. 또한 부모의 소득 격차의 영향 없이 평등한 문화적 기회를 누릴 수 있도록 하는 사회적 육아 지원 운동의 성격을 갖고 있다.

[참고문헌]

김영석(2004). 「영국 북스타트 운동의 의의와 그 추진 현황: 셰필드 북스타트를 중심으로」. 『한국문헌정보학회지』 38(2), 291-313.

윤희윤·천재탁(2009). 「국내 북스타트 운동의 분석과 활성화 방안: 공공도서관을 중심으로」. 『정보관리연구』 40(1), 87-112.

북스타트코리아홈페이지, http://www.bookstart.org

읽기 > 읽기 교수학습 >

읽기 교수학습 모형 teaching & learning models of reading

읽기 교수학습 모형이란 읽기▸p.38 수업에서 일어나는 교사와 학생의 상호 작용 현상 중, 특징적 사태를 중심으로 그 속에 담긴 교사의 지도 원리를 단순화시킨 형태 또는 정형화된 절차를 뜻한다.

읽기 교수학습 모형을 적용하면 다양한 이점이 있다. 우선 수업 현상을 이해하는 데 도움이 된다. 예컨대 인체 해부도를 보면 인체의 구조를 이해하기 쉽듯이, 복잡한 읽기 수업 현상을 구성하는 다양한 요인들 간의 관계를 단순화한 모형으로 제시함으로써 수업 현상을 명료하게 이해할 수 있다. 또한 모형을 수업에 적용함으로써 수업 상황이나 교사의 자질 등에 영향을 덜 받고 질 높은 수업을 균질하게 수행할 수 있다.

읽기 교수학습 모형은 특히 읽기 기능▶p.163이나 전략을 단계적으로 가르치는 데 유리하다. 이것은 '직접 교수법'과 같이 교사의 직접 교수를 중시하는 외재적 모형, '현시적 교수법▶p.262'과 같이 학생 중심의 수업 원리와 발견을 중시하는 내재적 모형, '상보적 교수법▶p.264'과 같이 자세하고도 충분한 설명보다는 암시와 촉진과 같은 비계의 형식으로 지도가 이루어질 때 학습이 더욱 효과적으로 이루어질 수 있다고 보는 대화주의 모형으로 분류할 수 있다(Pressley, Harris, & Marks, 1992). 그 외에도 일반적인 수업 모형 분류에 따라, '직접 교수법'과 같이 절차를 중시하는 모형, '개별화 접근법'과 같이 학습 조건을 중시하는 모형, '독서 토론법'과 같이 수업 형태를 중시하는 모형으로 나눌 수 있다.

이때, 읽기 교수학습 모형의 하위 단계로, 다양한 읽기 전략과 기법(techniques)을 포함함으로써 상황에 따라 읽기 지도 모형을 상세화 할 수 있다. 읽기 지도 모형을 적용할 때는 수업의 목적과 상황에 맞게 수업 단계나 학습 요인을 적절히 생략 혹은 변형하거나 다른 모형을 결합하기도 하는 등, 융통성 있게 적용하는 것이 바람직하다.

관련 용어

직접 교수법, 현시적 교수법, 상보적 교수법, 반응 중심 학습 모형, SQ3R

[참고문헌]

박영목(2006). 「전략적 과정 중심 읽기 지도 방안」. 『독서연구』 16, 265-292.

Dick, W., Carey, L., & Carey, J. O.(2009). *The systematic design of instruction*(7th ed.). Needham Heights, MA: Allyn & Bacon.

Kilbane, C. R. & Milman, N. B.(2014). *Teaching models: Designing instruction for 21st century learners*. Boston, MA: Pearson.

Pressley, M., Harris, K. R., & Marks, M. B.(1992). But good strategy instructors are constructivists! *Educational Psychology Review 4*(1), 3-31.

읽기 > 읽기 교수학습 > 읽기 교수학습 모형 >

직접 교수법 direct instruction

직접 교수법이란 강의(lecture)하거나 교육 자료를 예로 들어 설명(demonstration)하는 등 교사가 직접적으로 이론이나 원리를 제시하여 지도하는 방법을 말한다. 학습자들이 스스로 문제에 대한 해결 방안을 생각할 기회를 제공하거나 경험이나 귀납적 추론을 통해 원리를 발견하는 문제 해결 모형이나 탐구 기반 학습과는 달리, 원리나 이론을 교사가 직접적으로 설명하고 학습자는 교사가 설명한 것을 모방, 반복함으로써 학습이 이뤄지는 원리를 따른다. 따라서 직접 교수법은 모방, 암기, 반복, 훈련을 강조하는 **행동주의**▶p.68 교육학의 영향을 받았다고 한다.

일반적으로 교육에서 말하는 직접 교수법이란 용어는 1964년 일리노이 대학 특수아동 연구소(University of Illinois Institute for Research on Exceptional Children)의 앵글맨(Engelmann)에 의해 사용된 것으로 알려져 있다. 이후 앵글맨과 베커(Engelmann & Becker, 1964)가 빈곤층 아동들을 위한 산수와 읽기 기초 교육을 증진시킬 목적으로, 직접 교수법을 구체화하여 '명시적인 지도, 효과적인 학습의 연속, 사전 개발된 수업 계획과 활동지(script)' 등을 원리로 하는 'DISTAR(Direct Instruction System for Teaching Arithmetic and Reading)' 모형을 개발하여 널리 알렸다.

직접 교수법은 지도 내용의 명시적인 전달을 강조하기 때문에, 여타의 교수법들과 결합하여 사용되어 그 의미역이 상당히 넓다. 특정 기능을 가르칠 목적으로 교사가 학생들 앞에 서서 복잡하지 않으면서 분명한 방법으로 설명하는 강의 기법(Rosenshine, 1983)을 가리키기도 하고, 자료를 작은 단계로 나누어 제시하고 학생의 이해를 매 단계 확인하면서 모든 학생들의 적극적이고 성공적인 참여를 이끌어 내는 체계적 프로그램인 '모두를 위한 성공(Success for All by R. Slavin, 1987)'도 직접 교수법을 바탕으로 한다. 한편, 외국어 교수법에서는 문법 번역식 교수법의 대안으로 제기되었다. 목표어를 사용하여 반복 기능 훈련을 강조하는 실제적 언어 지도 방법을 뜻하는 용어로도 사용되었으며, 이로 인해 1970년대 중반부터 언어 교수법 모형으로 소개되었다.

이처럼 직접 교수법의 큰 특징은 교사의 안내와 명확한 지침 제공에 있다. 설명이나 시범, 일대일 지도 등과 같은 직접적인 방식으로 지식을 전달하며, 교사에 의한 안내된 지침(guided instruction)을 중시한다. 나아가 세심하게 계획된 수업(scripted form)을 통해 명료하게 정의된 교수 과제를 제시하며, 오해의 소지가 없는 명확한 가르침을 강조한다. 이를 통해 교사는 학습을 통제하고 학습 과정을 모니터링하여 학생들이 측정 가능한 학습 결과를 달성하도록 이끈다. 이것은 분절적인 읽기 기능▶p.163이나 전략 단위를 지도하기에 유용하다.

직접 교수법의 지도 절차는 학자마다 조금씩 다르고, 교사가 어떻게 수업을 설계하느냐에 따라 그 단계가 변형, 확장될 수 있다. 다만, 분명한 것은 교사의 설명 뒤에 학습자의 연습이 따른다는 것이다. 국내에서는 제6차 국어과 교육과정 문서(국정교과서 교사용지도서)에 한국교육개발원(Korean Educational Development Institute, KEDI)의 교수법을 소개하고 있다. 이에 따르면, 직접 교수법의 단계는 '설명하기 → 시범 보이기 → 질문하기 → 활동하기'의 4단계로 소개하고 있다. 설명 단계에서는 교사의 원리 설명이 이뤄지고, 시범 단계에서는 원리 설명에 따른 예시를 보여 주며, 질문 단계에서는 설명한 내용을 학습자가 잘 이해하고 있는지를 확인하는 질문을 하며, 활동 단계에서는 학습자의 연습이 이뤄진다. 이때 수업 상황에 따라 시범이나 질문은 생략될 수 있으며, 반대로 교사의 일대일 지도(tutorials), 참여 실험실 수업, 토론, 세

미나, 워크숍, 관찰 및 실습 등의 단계가 학습자 활동 단계에 추가되기도 한다.

이 모형은 지식의 원천을 학습자가 아니라 교사에게 있다고 보기 때문에 지나치게 교사 위주로 치우칠 수 있다는 비판이 있다. 그러나 직접 교수법은 앞서 말한 학습의 탐구 모델과는 달리 명시적인 설명과 직접적 지시에 의해 가르치므로, 학습자에게 지식을 명료하게 전달할 수 있다. 또한 수업이 교사 주도 하에 계획된 대로 진행될 가능성이 높으므로 읽기 기능을 나누어 가르칠 때는 효율적이다. 따라서 이러한 장단점을 고려하여 적절하게 사용할 수 있다.

관련 용어

현시적 교수법, 행동주의

[참고문헌]

Stahl, S. A. & Hayes, D. A.(1997). *Instructional models in reading*(Chap. 3), 59-85. Mahwah NJ: Lawrence Erlbaum Associates.

Tierney, R. J., & Readence, J. E.(2000). *Reading strategies and practices*(6th ed.). MA: Allyn and Bacon.

Rosenshine, B.(2012). Principles of instruction: Research-based strategies that all teachers should know. *American Educator 36*(1), 1-19.

읽기 > 읽기 교수학습 > 읽기 교수학습 모형 >

현시적 교수법 explicit instruction

현시적 교수법이란 학습자가 학습의 맥락을 분명하게 이해할 수 있도록 명시적이고 구조화된 방식으로 지도하는 것을 뜻한다. 여기서 현시적이라는 의미는 수업 설계 및 전달 절차를 모두 포함하는 모호함 없는 명료한 교육 접근을 의미한다(Archer & Hughes, 2011:1).

현시적 교수법은 직접 교수법▶p.260과 마찬가지로 교사의 설명이 중요한 부분을 차지한다. 그러나 전략의 내용과 활용 방법, 전략 사용의 시기와 목적 등 수업의 맥락에 대해 학습자가 이해할 수 있도록 명확히(explicit) 설명해 준다는 데 특징이 있다. 즉 현시적 교수법은 교사가 수업의 맥락을 충분히 명료하게 설명함으로써, 학생들이 기능이나 전략에 대한 지식만을 받아들이는 것이 아니라 기능이나 전략을 언제, 어떻게, 왜 사용해야 하는지에 대한 총체적(holistic) 이해가 일어나도록 한다. 현시적 교수법은 인지주의의 영향을 받았으며, 학습자의 인지 과정을 중시한다.

현시적 교수법은 많은 학자들에 의해 제기되며 지금까지 다양한 버전으로 발전하고 있다. 초기 로젠샤인(Rosenshine, 1987)은 '학생의 이해를 점검하면서 모든 학생들이 적극적이고 성공적으로 참여할 수 있도록 작은 단계(small steps)로 진행하는 체계적 교수법'으로 정의하였다. 그는 6가지 효과적인 원칙을 제안하였는데, 그것은 '검토(review)→설명(presentation)→안내된 연습(guided practice)→교정과 피드백(correction and feedback)→독립적 읽기(independent practice)→주/월별 검토(weekly and monthly reviews)' 단계이다. 다른 학자들은 현시적 교수법을 '학습의 목적과 맥락 설명을 위한 무대(stage) 설정, 학습 과제 설명(explanation), 학습 과정 모델화(modelling the process), 안내된 활동(guided practice), 독립적 활동(independent practice), 평가와 마무리(evaluation)' 단계로 제시하는 등 다양한 교수법으로 변형하여 사용하고 있다.

현시적 교수법도 직접 교수법과 같이 교사의 설명과 학생의 연습을 주축으로 하지만, 전략 사용의 내용과 방법과 시기와 이유에 대한 사고 활동, 교사의 안내에 의한 연습 활동, 학생들의 독립적인 연습 활동, 교사의 피드백 등의 활동 등이 더 중시된다. 학생들은 새로운 기능을 배우기 위한 목적과 이론적 근거에 대한 명확한 설명, 교육 목표의 분명한 진술, 사고구술법(think-aloud method) 등을 사용하여 교사의 인지적 처리 과정을 보여 주는 구체적인 시연,

독립적으로 수행할 때까지 피드백 등을 통한 지속적인 연습 단계를 거친다. 현시적 교수법은 예컨대, 소리를 결합하는 것부터 단어를 해독▶p.43하는 것, 비유적인 언어로 복잡한 문장을 쓰는 것, 어려운 글을 이해하는 것 등 교사가 모든 것을 설명하고 시범을 보여 주고 모델링하기 때문에 완벽히 안내된 활동(fully guided practice)이라고도 불린다.

현시적 교수법 역시 직접 교수법과 마찬가지로 책임이양 모형을 적용하여, 시간이 흐름에 따라 수업의 주도권이 교사에서 학생으로 이양될 수 있도록 학습자의 적극적 참여와 활동을 유도한다.

관련 용어

직접 교수법, 책임이양모형

[참고문헌]

Archer, A. L., & Hughes, C. A.(2011). *Explicit instruction: Effective and efficient teaching*, 1-22. New York: Guilford Publications.

Goeke, J. L.(2008). *Explicit instruction: A framework for meaningful direct teaching*, 10. Pearson.

Rosenshine, B.(1987). Explicit teaching and teacher training. *Journal of teacher education 38*(3), 34-36.

읽기 > 읽기 교수학습 > 읽기 교수학습 모형 >

상보적 교수법 reciprocal instruction

상보적 교수법이란 교사와 학생 간의 능동적 상호 작용을 통해 점차 독립적인 학습으로 나아가도록 하는 지도 방법을 말한다. 상보적 교수법은 팰린사와 브라운(Palincsar & Brown, 1984)이 고학년 독해▶p.48 능력 향상을 목적으로 사회구성주의 이론에 기반하여 개발하였다.

이들은 독해력과 상위인지▶p.192 능력을 향상시킬 수 있는 4가지 읽기 전략, 즉 '예측, 질문 생성, 명료화, 요약'을 제안했다. 예측 전략은 텍스트▶p.18를 일정 정도 읽다가 끊고, 독자▶p.120들이 자신의 배경지식을 텍스트에서 수집한 내용과 적극적으로 결합시켜 텍스트의 방향과 저자의 글의 의도와 관련된 가설을 만드는 것이다. 질문 전략은 독자가 스스로 질문을 하여 텍스트에 대한 자신의 이해를 모니터링하고 평가한다. 학생들 상호 간에 질문을 주고받을 때는 질문자가 '의미가 불분명한 곳, 수수께끼 같은 정보, 이미 배운 다른 개념과의 연결, 의미를 좀 더 명료하게 하기, 설명이 필요한 곳' 등을 파악하여 질문하면, 답변자가 그 부분에 대한 답을 찾아 설명한다. 명료화 전략은 텍스트의 불분명하거나 어렵거나 익숙하지 않은 측면을 식별하고 명확하게 하는 것이다. 예컨대, 읽은 부분에서 어색한 문장이나 구절 구조, 낯선 어휘, 불분명한 참조 또는 모호한 개념 등을 다시 읽고, 자신이 읽었던 텍스트를 떠올려 상호텍스트적 맥락▶p.98을 활용하거나 외부 자원(인터넷 자료, 사전 검색 등)을 사용하는 등의 활동을 통해 인지적 문제들을 해결하는 것이다(Doolittle et al., 2006). 요약 전략은 독자가 텍스트에서 중요하고 덜 중요한 정보를 구별하는 작업을 수행하여, 일관성 있는 전체로 구성하는 것이다(Palincsar & Brown, 1984). 즉 텍스트 내에서 중요한 정보, 주제 및 아이디어를 식별함으로써, 텍스트의 필수 의미를 전달하는 명확하고 간결한 전체 설명으로 통합하는 과정이다.

수업 절차로, 교사는 처음에 4가지 전략을 안내하고, 전략 사용의 중요성을 인식시킨다. 그 다음에 소집단(4~15명)으로 나누어 교사 역할을 할 학생을 정한다. 학생들은 선정된 교사의 주도하에 4가지 전략을 이용하여 제재를 읽고 대화하면서 글의 의미를 이해한다. 교사는 필요시 피드백을 제공하고, 학생들의 학습 진행 상태나 개별적 요구에 맞추어 서서히 지원을 줄여 나간다. 학습 초기에는 교사 또는 교사 역할을 하는 학생이 수업의 리더가 되지만 점진적으로 학습에 대한 책임을 각 학생에게 이양시켜 각자 독립적 읽기▶p.38를 할 수 있도록 한다.

상보적 교수법은 교사의 개입을 최소화 하면서 교사와 학생 간의 대화라는 협력적 의미 구성 활동을 통해 텍스트를 정교하게 이해해 나가는 방법으로, 읽기 수업뿐만 아니라 다른 교과에서도 협력적 교수법으로서 널리 활용되고 있다.

관련 용어

사회구성주의, 대화, 상위인지전략

[참고문헌]

이경화(2003). 『독해점검전략의 상보적 수업을 통한 아동들의 독해력 향상에 관한 연구』. 숙명여자대학교 박사학위논문.

전병만·오준일·김영태·안병규·오윤자 공역(2017). 『언어 교육의 접근 방법과 교수법』. 케임브리지, Richards, J. C., & Rodgers, T. S.(2014). *Approaches and methods in language teaching*(3rd ed.). Cambridge: Cambridge University Press.

Doolittle, P. E., Hicks, D., Triplett, C. F., Nichols, W. D., & Young, C. A.(2006). Reciprocal teaching for reading comprehension in higher education: A strategy for fostering the deeper understanding of texts. *International Journal of Teaching and Learning in Higher Education 17*(2), 106-118.

Palincsar, A. S.(1986). *Reciprocal teaching. In Teaching reading as thinking*. Oak Brook, IL: North Central Regional Educational Laboratory.

Rosenshine, B. & Meister, C.(1994). Reciprocal teaching: A review of the research. *Review of Educational Research 64*(4), 479-530.

읽기 > 읽기 교수학습 > 읽기 교수학습 모형 >

반응 중심 교수법 response-based instruction

반응 중심 교수법이란 학생들이 문학 작품 또는 글에 대한 자신의 이해를 형성하여 표현할 수 있도록 학생들의 개인적 반응과 읽기▶p.38 경험을 중시하는 문학 지도 방법이다. 반응 중심 교수법의 토대가 되는 반응 이론의 유형은 **독자**▶p.120의 반응을 유도하는 요소를 무엇으로 보는지, 또는 문학 작품의 의미를 결정하는 요소를 무엇으로 보는지에 따라 다양하다. 우리나라에서 문학 교육 방법으로 자주 언급되는 반응 중심 학습 모형은 반응 이론 중 로젠블렛(Rosenblatt)의 **독자 반응 이론**▶p.84의 영향을 받아 개발되었다.

로젠블렛의 독자 반응 이론은 독자의 반응 및 **텍스트**▶p.18의 의미 형성에 텍스트와 독자 모두가 영향을 미친다는 중도적 관점을 취하며, 텍스트의 의미가 텍스트와 독자 간 의미 있는 상호 작용에 의해 형성된다고 설명하였다. 이에 독자와 텍스트 간 상호 작용을 텍스트와 독자 사이의 심미적 '**교섭(transaction)**▶p.86'으로 명명함으로써 텍스트와 독자 모두의 역할이 중요함을 분명히 하였다. 그리고 독자와 텍스트 간 심미적 교섭을 통해 형성된 의미에 대하여 독자가 갖게 되는 생각이나 느낌 등의 내적 변화를 '반응'이라 칭하며 중시하였다.

경규진(1993)에서는 교섭(transaction)을 '거래'로 명명하고, 반응 중심 학습 모형을 '텍스트와 학생의 거래(반응의 형성), 학생과 학생 사이의 거래(반응의 명료화), 텍스트와 텍스트의 상호 관련(반응의 심화)'의 3단계로 소개하였다. 반응 형성 단계는 독자 개개인이 텍스트를 개별적으로 읽는 활동이 주가 된다. 이때 학습자들은 자신의 과거 경험에 근거한 생각이나 느낌, 감각, 이미지 등을 선택하여 텍스트의 의미를 만들어 내는 과정을 통해 개인적 반응을 형성해야 한다. 반응 명료화 단계는 앞선 단계에서 형성된 주관적 반응을 보다 객관적인 반응으로 만드는 것을 목적으로 한다. 그러므로 학습자들은 서로의 반응을 교환하고, 상호 질문, 토론, 발표 등의 공유 활동을 통해 자신이 형성한 의미를 표현하며 비합리적인 반응을 수정 및 재정리해야 한다. 반응 심화 단계는 **상호텍스트성**▶p.98에 기반한 것으로, 텍스트와 텍스트 간 거래를 통한 반응의 심화를 꾀한다. 이에 다른 텍스트와 관련지으며 텍스트에 대한 이해를 심화 또는 일반화하는 등의 활동이 강조된다.

반응 중심 교수법은 문학을 가르치는 장면에서 텍스트와 함께 독자의 적극적인 역할 수행을 강조하며 문학 이론은 물론이고 교육 실천에 큰 변화를 가져왔다는 점에서 의미가 있다.

관련 용어

대화 중심 교수법

[참고문헌]

경규진(1993). 『반응 중심 문학교육의 방법 연구』. 서울대학교 박사학위논문.

정정순(2016). 「문학 교육에서의 '반응 중심 학습'에 대한 이론적 재고」. 『문학교육학』 53, 253-279.

Rosenblatt, L. M.(1982). The literary transaction: Evocation and response. *Theory Into Practice 21*(4), 268-277.

Rosenblatt, L. M.(1986). The aesthetic transaction. *The Journal of Aesthetic Education 20*(4), 122-128.

읽기 > 읽기 교수학습 > 읽기 교수학습 모형 >

대화 중심 교수법 dialogue-based instruction

대화 중심 교수법이란 단계적인 대화를 통해 문학 작품 혹은 글의 의미를 풍부하게 해석하도록 지도하는 방법이다. 이는 바흐친(Bakhtin)의 대화주의로부터 영향을 받았다.

대화주의는 80년대 이후 문학을 비롯한 다양한 학문 영역에 지대한 영향을 끼쳤다. 대화주의에서 '나'는 타자와의 관계를 통해서만 존재할 수 있으며, 부단히 소통을 향해 노력하는 행동적으로 열린 존재로서, '대화'란 개체 및 사회가 존재하는 방식을 의미한다. 반면, 대화주의의 대립적 개념인 독백주의는 타자를 의식의 대상으로만 인식해 자아를 봉쇄하고 내부를 지향하며 분리와 고립을 만들어내는 것을 말한다.

이러한 대화주의에 기반한 대화 중심 교수법은 크게 학습을 대화의 과정으로 보고, 대화를 '내적 대화(텍스트▶p.18와 독자▶p.120)', '횡적 대화(독자와 독자)', '종적 대화(우수한 독자와 독자)'로 구분한다. 내적 대화는 독자가 텍스트를 혼자 읽으면서 의미를 구성하는 과정으로, 독자 개인의 내면에서 활성화되는 텍스트와 독자 간의 대화를 뜻한다. 횡적 대화는 독자가 이해한 것을 다른 독자들과 대화를 나누면서 의미를 확장하는 과정이다. 이때 애매한 해석 내용을 명료화하고, 해석의 폭을 넓히며 조정한다. 종적 대화는 독자가 교사 혹은 자신보다 우수한 독자와 대화를 나누면서 의미를 수정하거나 이해를 깊게 하는 과정이다. 이때 교사의 역할은 새로운 관점을 제시해 주고, 의도를 가진 질문을 통해 사고력을 계발시키며, 다른 해석을 제공함으로써 경쟁적 읽기를 추동시키는 등 읽기 활동을 견인한다.

국어과 교육에서는 이를 문학 교수학습에 적용하여, '①작품 이해에 필요한 지식을 이해하기 ②작품 읽기 ③독자 개인의 내적 대화하기 ④독자와 독자들 간의 해석을 공유하는 횡적 대화하기 ⑤교사(혹은 더 우수한 학습자)와 독자의 종적 대화하기 ⑥작품의 의미 정리하기 혹은 작품 재구성하기'의 6단계로 발전시켰다(최미숙, 2006).

대화 중심 교수법을 수업에 적용할 때는 독자가 생성해 낸 해석상의 차이를 유의미한 것으로 보고, 독자가 주체적으로 형성하는 의미 구성의 차이가 더 폭넓고 깊은 텍스트의 이해에 도달할 수 있다는 것을 강조한다. 이는 대화에는 하나의 담론▶p.156이나 단일한 상황만 존재하는 것이 아니라 서로 다른 사람들이 참여하여 서로 다른 발화들이 교환될 때 더욱 의미를 지닌다는 대화주의의 이념을 따른 것이다. 이는 사회적 구성주의▶p.72 교육관이나 상보적 교수법▶p.264과도 맥을 같이 한다.

관련 용어

대화법, 상보적 교수법, 사회구성주의

[참고문헌]

여홍상(1995). 『바흐친과 문화이론』. 문학과지성사.

이진경 역(2019). 『언어교육과 대화적 교수법: 교실 수업에서 언어와 학습의 역동성』. 상상의 힘, Nystrand, M., Gamoran, A., Kachur, R., & Prendergast, C.(1997). *Opening dialogue: Understanding the dynamics of language and learning in the English classroom*. New York: Teachers College Press.

최미숙(2006). 「대화 중심의 현대시 교수 학습 방법」. 『국어교육학연구』 26, 227-253.

읽기 > 읽기 교수학습 > 읽기 교수학습 모형 >

대화법 socratic dialogue(maieutics)

대화법은 교사와 학생이 대화를 통해 학습을 진전시키는 지도법으로, 대화법 혹은 질문법이라고도 불린다. 대화법의 기원은 소크라테스의 산파술(産婆術)에서 찾을 수 있다. 소크라테스는 인간 악행의 원인을 무지(無知)라고 보았는데, 이러한 무지 혹은 잘못된 지식을 깨우쳐 주기 위해서는 그것을 직설적으로 알려줄 것이 아니라 질문을 통해 스스로 깨닫도록 만들어야 한다고 했다. 따라서 산파술(maieutic method)이란 아이를 낳을 때 옆에서 돕는 산파와 같이, 자기 스스로 지혜를 낳을 수 있는 능력이 없을 때, 산파와 같은 조력의 도움으로 지혜를 깨닫게 하는 방법이란 뜻이다.

소크라테스의 대화법은 교사가 무지를 가장하여, 대화 상대자로부터 논설(로고스)을 끌어내어 무지를 자각할 수 있도록 하는 소극적 대화법과 상대방이 제출한 논설이나 질문을 거듭함으로써 개념을 검토하고 당사자가 의식하지 못했던 새로운 아이디어를 낳게 하는 적극적 대화법으로 나뉜다.

대화법의 주요 요소는 비판적 질문과 적극적 경청이다. 대화법의 학습 효과를 높이기 위해서 교사는 몇 가지 주의를 기울여야 한다. 첫째는 학생의 이해 정도나 내면을 잘 파악하여 그에 적용할 질문 방법을 정하는 것이고, 둘째는 앞 단계의 성과를 기반으로 새로운 관점에서 다음 단계의 논리를 발전시켜 나갈 수 있도록 발전적인 질문을 구성하는 것이고, 셋째는 교사와 학생의 대립을 극복하고 더 높은 이해의 단계로 발전할 수 있도록 인내와 사랑으로 돕는 것이다. 예를 들면, '이 글에서 필자가 주장하는 것이 무엇인가?'라고 묻는다면, 다음에는 '왜 필자는 그런 주장을 했는가?'를 묻고, 그 다음에는 '그런 처지와 상황에 있다면 누구나 그럴 수는 있겠지만, 다른 대안은 없을까?' 등의 대화로 이어질 수 있다.

교사의 일방적인 강의나 설교는 학생의 흥미를 떨어뜨리고 학생들의 자발적인 학습을 유도하지 못할 수 있는 반면, 대화법은 교사가 학생의 학력이나 생활 경험을 확인해 가면서 학생의 요구나 흥미에 부합되는 질문과 답변을 할 수 있으며, 이를 통해 자발적이고 적극적인 학습 태도를 촉진시킬 수 있다. 그러나 이 방법은 처음 만들어졌을 때의 의도와 같이, 일대일 교수 상황에서 사용하기에 더 적합하다.

관련 용어

산파술, 하브루타

[참고문헌]

박해용(2013). 『소크라테스 대화법의 이론과 실제』. 한국학술정보.

이진경 역(2019). 『언어교육과 대화적 교수법: 교실 수업에서 언어와 학습의 역동성』. 상상의 힘,

Nystrand, M., Gamoran, A., Kachur, R., & Prendergast, C.(1997). *Opening dialogue: Understanding the dynamics of language and learning in the English classroom*. New York: Teachers College Press.

안내된 읽기 지도 GRI, guided reading instruction

안내된 읽기 지도는 학생들이 교사와 동료의 도움을 받으며 텍스트▶p.18를 읽게 하는 읽기 지도 방법이다. 이 지도법은 학생들이 자신의 읽기 수준에 적합한 책을 교사의 지도하에 읽으며 점차 어려운 난도의 책을 읽을 수 있는 전략적 행동 체계를 개발하여 독해 능력을 신장하는 것을 목표로 한다. 안내된 읽기는 다른 교수법과 함께 결합하여 활용되어 읽기 지도를 할 때에 '독립적 읽기'의 전 단계로 사용되기도 한다.

안내된 읽기 지도는 파운터스(Fountas)와 피넬(Pinnell)이 1996년에 개발한 읽기 수업 방법으로, 안내된 읽기 지도의 과정은 개별 학습으로 진행할 수도 있고 모둠으로 진행할 수도 있다. 구체적인 지도의 절차는 다음과 같은 단계로 이루어진다.

① 독서 자료의 선정: 독서 자료는 학생들의 수준과 흥미, 글의 길이와 유기성 등을 고려하여야 하며, 특히 글의 난도는 약간 어렵지만 너무 부담스럽지 않은 수준을 선택하는 것이 중요하다.

② 독서 자료의 소개: 학생들이 책에 대해 이해하는 데 도움을 줄 수 있는 주요 개념과 글의 형식 등 책에 대한 정보를 명확하고 흥미롭게 제공한다.

③ 교사의 도움 하에 이루어지는 학생들의 독서: 학생들은 글 전체나 일부분을 조용하게 읽으며 문제 해결을 위해 필요한 경우에는 도움을 요청할 수도 있다. 교사는 학생들의 문제 해결 과정을 유심히 관찰하고 기록하며, 학생들이 적절한 읽기 전략을 찾으며 읽기▶p.38 중의 문제를 해결할 수 있도록 도움을 준다.

④ 독서 자료에 대한 대화와 토론: 책을 읽고 나서 학생들은 읽은 내용에

대해 대화와 토론을 하고 자신들의 문제 해결 과정에 대해 탐구하는 시간을 갖는다. 이 단계에서 글 전체 혹은 중요한 부분을 다시 읽거나 관련된 글을 찾아볼 수도 있다.

⑤ 교사의 지도: 교사는 텍스트에 기반하여 학생의 전략 체계를 확장시킬 수 있도록 안내하며 명시적으로 지도한다.

⑥ 단어 익히기 활동: 교사는 학생들이 단어 활동을 유연하고 효율적으로 할 수 있도록 명시적으로 지도한다.

⑦ 이해의 확장: 이 활동은 선택적으로 이루어지게 되며, 학생들은 독서 자료에 대한 이해를 확장하기 위해 글쓰기나 그림 그리기 등의 활동에 참여한다.

관련 용어

안내된 읽기(guided reading, GR)

[참고문헌]

박영목(2008). 『독서교육론』. 도서출판 박이정.

Fountas, I. C., & Pinnell, G. S.(2012). Guided reading: The romance and the reality. *The Reading Teacher 66*(4), 268-284.

Tierney, R. J., & Readence, J. E.(2000). *Reading strategies and practices*(6th ed.). MA: Allyn and Baccon.

읽기 > 읽기 교수학습 > 읽기 교수학습 모형 >

DRA, DRTA Directed Reading Activity, Directed Reading Thinking Activity

DRA는 독자▶p.120가 텍스트▶p.18를 읽을 수 있도록 교사가 명시적이고 직접적으로 지도하는 방법이다. 이것은 읽기 능력▶p.41 개발을 위해 체계적으로 교수하기, 단어 인식력 향상시키기, 독서 과정 안내하기, 독서 활동에 집중시키기 등을 중심으로 구안한 읽기 지도 모형이다. DRTA는 DRA에 더하여 독자의 사고(thinking) 활동을 강조하는 읽기 지도 모형이다. DRTA는 읽기 목적의 설정, 정보의 추출과 이해, 독서 자료의 평가, 판단의 유보 및 의사결정, 질문 생성, 예측과 확인을 하는 등과 같은 독자의 사고력 신장에 중점을 둔다.

DRA는 유럽과 미국에서 읽기 능력을 향상시키기 위한 방법으로 오랫동안 널리 사용되어 온 읽기 지도 방법이다. DRTA는 DRA의 발전된 형태로, 교사와 학생 간의 관계를 고정적인 것이 아니라 역동적인 것으로 상정한다. 이 두 지도 방법은 소설, 전기 등 이야기 글뿐만 아니라 사회과, 과학과 등의 내용교과적인 글의 지도에 모두 사용할 수 있다.

DRA는 다음의 다섯 단계로 진행되며, 글 읽기와 읽기 기능 학습이 가장 핵심이 되는 단계이다.

① 동기 유발 및 배경지식 개발: 교사는 학생들의 읽기 동기▶p.132를 유발하고, 글의 내용과 학생들의 지식 및 경험을 관련짓게 한다.
② 글 읽기: 묵독을 한다.
③ 읽기 기능 학습: 읽기와 관련된 기능을 지도한다. 핵심어 찾기, 지시어 찾기, 중심 문장 찾기, 문단 나누기 등 여러 기능을 지도한다. 이때 단편적이고 지엽적으로 지도하는 것이 아니라 집중적이고 체계적이며 단계적으로 지도하도록 한다.
④ 다시 읽기: 묵독을 하거나 소리 내어 읽기 방법으로 글을 다시 읽는다.
⑤ 강화 학습: 읽은 글과 유사하거나 관련된 글을 찾아 더 읽어 보게 하거나, 읽은 글에 대한 글쓰기, 음악·미술 등 여러 교과와 관련지은 다양한 활동 등을 할 수 있다.

DRTA는 다음의 다섯 단계로 진행된다.

① 읽기의 목적 설정하기: 학생은 예측하기를 하며 스스로 또는 교사의 상호 작용으로 읽기의 목적을 설정한다. 이때 경험이나 배경지식 등을 활용하도록 한다.

② 읽기 목적이나 자료의 성격에 맞게 조절하며 읽도록 지도하기: 설정한 목적에 따라 적절한 읽기 방법을 구상하여 자료의 특질에 맞게 읽도록 지도한다. 이때 읽기 속도를 조절하고 읽기 과정에 대한 자기 점검을 하며 여러 전략을 생각하도록 강조한다.

③ 읽는 상황을 관찰하기: 교사는 자료의 성격이나 목적에 맞게 알맞은 방법으로 읽는지 관찰한다.

④ 독해 후 지도하기: 글의 내용을 이해했는지를 지도하고, 학생은 질의 응답을 하며 자신이 예측한 내용이나 설정한 목적이 적절하였는지를 확인한다.

⑤ 중요한 기능 지도하기: 글을 읽을 때 중요하게 작용한 기능이나 전략을 가르치는데, 이때 **직접 교수법**▶p.260이나 **현시적 교수법**▶p.262, 자발적 탐구 학습법 등의 절차를 적용하여 지도할 수 있다.

DRA와 DRTA는 제시된 글을 독해하면서, 그 과정에 읽기 기능을 지도하는 부분을 적절한 지점에 삽입하여 지도하는 방법이다. DRA가 교사 중심의 경향이 강하다면 DRTA는 보다 학생 중심의 방법이라 할 수 있다. DRA도 학생의 활동으로 이루어지기는 하지만 교사 중심의 지도에 따라 이루어진다. 이와 달리 DRTA는 학생 개개인이 여러 측면에서 서로 다르다는 것을 전제하고 있으며, 읽기 목적을 인식하고 이에 따라 자신의 읽기 과정을 조정하도록 함으로써 독자의 '사고' 활동을 강조한다. 이에 학생 스스로 글을 읽는 목적을 설정하고 그 목적에 맞추어 예측, 확인, 조정하며 읽으며 읽은 내용을 자신의 관점에서 해석하도록 촉진한다.

[참고문헌]

박영목(2008). 『독서교육론』. 도서출판 박이정.

박영목·한철우·윤희원(2008). 『국어과교수학습론』. 교학사.

천경록·이재승(1997). 『읽기 교육의 이해』. 우리교육.

Harris, T. L., & Hodges, R. E.(1995). *The literacy dictionary: The vocabulary of reading and writing*. IRA.

Tierney, R. J., & Readence, J. E.(2000). *Reading strategies and practices*(6th ed.). MA: Allyn and Baccon.

읽기 > 읽기 교수학습 >

읽기 활동

읽기 활동이란 독자▶p.120가 정보 획득, 즐거움 등의 목적으로 텍스트▶p.18를 읽고 의미를 구성하는 행위이다. 주요 읽기 활동에는 지속적 묵독▶p.277, 독자 극장▶p.278, 읽기 워크숍▶p.281, 함께 읽기▶p.283, 북 클럽▶p.285, 독서 토론▶p.286, 하브루타▶p.288, 북매치▶p.290, 독서 동아리▶p.292, 온 책 읽기▶p.293 등이 있다.

읽기 활동의 강조는 읽기 교육에도 영향을 미쳤는데, 과거에는 분절적인 읽기 기능▶p.163이나 인지 과정을 기술한 읽기 전략▶p.190을 계발함으로써 읽기▶p.38를 지도했다면, 2000년대 이후에는 활동 이론(activity theory)이 제기되면서 읽기를 목적이 있는 활동으로 간주하고, 총체적인 읽기 활동을 구성함으로써 자연스러운 언어 경험을 통해 읽기를 습득하도록 하는 방법이 유행하게 되었다. 이에 따라 읽기 교육자나 연구자들에 의해 다양한 읽기 프로그램이나 수업 방식들이 읽기 활동들로 개발되고 있다.

읽기 활동은 우리 삶 전반에 걸쳐 일어나며, 지식과 정보를 제공하며 오락과 취미의 대상이 되는 등 삶의 질을 제고하는 데 중요한 역할을 한다. 이와 같이 읽기 활동을 통해 우리는 새로운 것을 배우고, 정보를 얻고, 주변 세상을 이해하며, 즐거움을 얻을 수 있다. 따라서 읽기를 지도할 때는 읽기 상황, 읽기 목적, 학습자 특성에 따라 적절한 읽기 활동을 선택하여 활용할 필요가 있다.

관련 용어

읽기 기능, 읽기 전략, 읽기 수업

[참고문헌]

김명순(2005). 「활동 중심 독서의 의미와 방향」. 『독서연구』 14, 55-76.

천경록 · 백해경 · 진명숙 · 양서영 · 고지용 · 황기웅(2021). 『활동중심 독서 지도』. 교육과학사.

읽기 > 읽기 교수학습 > 읽기 활동 >

지속적 묵독 SSR, sustained silent reading

지속적 묵독은 학생에게 일정 시간 동안 자신이 선택한 책을 읽을 수 있는 기회를 제공하는 읽기 활동▶p.276이다. 이 읽기 활동은 읽기▶p.38를 기능(skill)으로 보아 다른 기능과 마찬가지로 연습을 통해 능숙해질 수 있다는 원리에 토대를 두고 있는데, 헌트(Hunt, 1970)가 개별화 읽기 프로그램(Individualized Reading Program)을 구성하는 요소의 하나로 방해받지 않은 지속적 묵독(Uninterrupted Sustained Silent Reading)을 소개하면서부터 본격적으로 연구되었다. 그 이후로 이것은 자율 독서(Free Voluntary Reading) 혹은 여가 독서(Recreational Reading)의 형태로 많은 국가의 초중등 학교 현장에 적용되었다. 우리나라에서는 2000년대 초반부터 아침 독서 10분이나 아침 독서 시간 등의 명칭으로 초중등 학교 현장에 적용되었다.

지속적 묵독을 실행할 때에 유의할 점은 다음과 같다.

① 교사와 학생 모두가 읽을 책을 준비한다.

② 교사와 학생 모두가 매일 같은 시간에 일정 시간 동안 책을 묵독한다. 묵독을 어려워하는 학생에게는 다른 학생에게 방해가 되지 않는 선에서 음독을 허용한다.

③ 교사는 타이머를 사용하여 학생이 끝나는 시간을 교사나 동료에게 물어보지 않도록 한다.

④ 지속적 묵독과 관련된 어떠한 책무(예, 독서기록장 작성, 감상문 쓰기 등)도 부여하지 않는다.

지속적 묵독은 책에 대한 자유로운 선택, 교사의 독서 모델, 활동에 대한 비책무성, 책에 대한 빈번한 접촉 등과 같은 요소를 통해 독자▶p.120의 읽기 습관▶p.136과 긍정적인 읽기 태도▶p.130 형성에 영향을 준다.

관련 용어

자기 선택 독서, 아침 독서

[참고문헌]

윤준채 역(2013). 『아침독서 핸드북』. (사)행복한아침독서.

Hunt, L. C.(1970). Updating the individual approach to reading: IPI of IRP? Paper presented at the conference of the International Reading Association, Anaheim, Cal.

읽기 > 읽기 교수학습 > 읽기 활동 >

독자 극장 readers' theater

독자 극장은 동화나 희곡 등의 책 내용을 연극으로 실연하는 읽기 활동▶p.276이다. 독자 극장은 목소리로만 하는 실연도 포함된다. 독자 극장은 읽기 능력▶p.41뿐만 아니라, 다양한 언어적, 사회적 능력을 발달시키는 데 유용한 읽기 활동이다. 그래서 독자 극장을 읽기 지도 방법으로 활용하면 학생들의 읽기 유창성▶p.47 향상, 이해력 증진, 읽기 동기▶p.132 강화, 자신감 향상, 협력적 학습 등을 꾀할 수 있다. 특히 연극 실연을 위한 연습을 하며 반복하여 읽는 과정에서 음독 연습과 읽기 속도 증가 등이 이루어질 수 있어 읽기 유창성을 교수학습하기에 효과적인 방법이다.

독자 극장은 성인의 읽기 지도를 위해 개발되었으나 아동의 지도에도 적용하게 되었으며, 공연보다는 글 읽기 지도에 중점을 두고 있다. 따라서 대본을 외우지 않으며 무대의 현실성에 중점을 두고 연극을 하는 것이 아니라는 점에서 일반적인 연극 공연과 차이가 있다. 독자 극장은 활용 방식에 있어서 유연성을 주요 특징으로 하여 실연의 방식을 다양하게 설정할 수 있다. 실연 장소로 교실, 무대, 야외 등을 활용할 수 있고, 대본이 되는 글의 종류도 편지, 시, 이야기, 학생들이 창작한 이야기까지 다양하게 선정할 수 있다(Kerry Moran, 2006).

독자 극장의 지도 절차는 대본 선정 단계, 예행 연습 단계, 연극 실연 단계 등의 활동으로 구성되어 있다.

① 대본 선정 단계에서 학생과 교사는 소리 내어 읽을 글인 대본을 선정하고 연극을 하기 위해 필요한 논의를 한다. 대본은 기존의 글을 선정하거나 학생들이 창작할 수도 있다. 각 부분을 나누어 읽기 위해 학생들이 원하는 부분을 지원하여 담당하며, 혼자 읽기를 수줍어하거나 읽기에 어려움을 겪는 학생들의 경우 모둠이 함께 담당하여 집단 낭송 방식으로 진행할 수도 있다.

② 예행 연습 단계에서 학생들은 자신들이 읽을 등장인물의 성격을 연기하기 위해 목소리, 감정, 몸짓과 표정 등을 어떻게 해야 하는지 결정한다. 정확한 발음과 목소리 내기, 적절한 억양과 어조를 위해서 대본을 여러 번 읽으면서 연습한다. 학생들은 자신이 맡은 부분을 큰소리로,

최대한 극적으로 표현하면서 읽는다. 소리 내어 읽기는 읽기의 순서, 읽기에 참여하는 사람 수 또는 읽기의 유형에 따라 여러 가지 변형이 가능하다.

③ 연극 실연 단계에서 독자 극장은 무대나 교실 앞쪽 등에서 보여 줄 수 있으며, 열을 맞추어 서거나 앉아서 대본의 차례에 맞추어 대본을 읽는다. 등장인물의 출현에 따라 입장과 퇴장을 할 수도 있다. 이 단계에서는 대본의 질보다는 독자들의 목소리와 표현으로 된 해석의 질을 강조한다. 의상과 소품은 불필요하나, 흥미와 즐거움을 높이기 위해 약간의 소품을 활용할 수도 있다.

독자 극장은 글과 해석, 공연의 결합을 통해 문해력▶p.12 신장을 할 수 있는 유용한 도구이다. 독자 극장 활동을 하며 학생들은 텍스트▶p.18에 몰입하게 되고, 등장인물의 성격에 대한 해석을 하며 작품에 대한 이해를 높일 수 있다. 또한 발음, 억양, 어조 등에 유의하며 반복해서 읽는 과정에서 읽기 유창성을 기를 수 있다.

관련 용어

독서 연극

[참고문헌]

박영목(2008). 『독서교육론』. 도서출판 박이정.

박정진·조재윤 공역(2012). 『문식성 전략 50-단계별 언어 기능 교수 전략』. 한국문화사, Tompkins, G.(2009). 50 literacy strategies: Step by step. Boston: Pearson Education.

천경록·이경화·서혁 공역(2012). 『독서교육론』. 박이정, Irwin, J. W.(2006). *Teaching reading comprehension processes*(3rd ed.). Boston: Pearson College Div.

Moran, K. J.(2006). Nurturing emergent readers through readers theater. *Early Childhood Education Journal 33*(5), 317-323.

읽기 > 읽기 교수학습 > 읽기 활동 >

읽기 워크숍 reading workshop

읽기 워크숍은 책을 읽고 읽은 내용에 대해 능동적이고 자주적인 방식으로 토의·토론을 거쳐 주어진 과제를 집단적으로 해결하는 읽기 지도 방법이다. 읽기 워크숍은 교실 공동체에서 책에 대한 이야기를 나누는 **읽기 활동**▶p.276의 일종으로, 학생들이 모둠의 수준과 관심에 맞는 책을 선택해서 스스로 읽는 데 중점이 있다. 또한 학생의 자발적 읽기와 교사의 직접 지도가 균형을 이루는 교수학습 활동이다.

읽기 워크숍의 이론적 기저는 비고츠키(Vygotsky)의 근접발달영역과 유능한 타자의 역할 개념을 바탕으로 한다. 비고츠키의 이론은 읽기 워크숍에서 이루어지는 언어적 상호 작용의 중요성에 대한 근거를 제공해 준다. 또한 읽기 워크숍에서 교사와 동료 학생이 유능한 타자의 역할을 하여 **텍스트**▶p.18 읽기나 이해 방법을 보여 주어 비계를 제공함으로써 **읽기**▶p.38에 도움을 준다. 이러한 읽기 워크숍은 **독서공동체**▶p.155의 구성원으로 참여하여 텍스트의 의미에 대해 공유하고 대화와 협상을 통해 바람직한 의미를 구성하는 협력 학습이라는 점에서 그 중요성이 있다.

전통적인 의미에서 워크숍은 사람들이 함께 모여서 무언가를 창조하고 만드는 장소, 작업장을 뜻하는데, 워크숍에서는 서로 다른 기술과 능력을 가진 참가자들이 다양한 활동을 통해서 서로 협력하여 문제를 해결하게 된다. 이러한 의미에서 볼 때 읽기 워크숍은 학습과 교수의 균형을 갖춘 학습 환경을 제공하는 데 주요한 특징이 있다. 학생이 독립적 읽기를 수행할 수 있도록 교사는 독서 전략을 지도하고 학생들의 독서 과정을 관찰, 평가하는 등의 지원을 하며 성장의 촉진자로서의 역할을 한다.

워크숍 활동의 도입 과정은 교사 주도의 미니레슨(mini lesson)을 포함하는데, 미니레슨이란 교사가 직접적으로 원리나 기능을 가르쳐주는 시간을 말한다. 교사는 학생의 읽기 활동이 이루어지기 전에 읽기 전략 등에 대해 설명, 시범 등을 10분 내외 시간 동안 진행한다. 전개 과정에서는 읽기 활동이 이루어지는데, 학생의 수준에 따라 자립적 읽기와 교사의 안내된 읽기 활동이 이루어진다. 읽기 자료는 개별적으로 다른 자료를 읽을 수도 있고 모둠별로 동일한 자료를 읽도록 할 수도 있다. 마무리 과정에서는 모둠 토의가 진행되는데, 학생들이 다 같이 모여서 각자 읽은 책에 대한 이야기를 나누게 된다. 이 과정에서 학생들은 상호 작용을 하며 읽은 내용에 대한 이해를 넓힐 수 있다. 각 단계에서의 세부 활동은 워크숍의 목적과 교실의 상황에 따라 다양하게 구성할 수 있다.

읽기 워크숍의 활동들은 다양한 방식으로 구성되지만 공통적인 특징이 있다. 첫째, 읽기 워크숍은 학생 독자▶p.120의 실제적이고 능동적인 독서 활동을 기초로 운영된다. 학생들은 자신이 좋아하는 책을 선택하여 자유롭게 읽으면서 독서 전략에 대해서 배운다. 둘째, 교사가 학생들의 독서 활동에 적극적으로 개입하여 지도한다. 교사는 학생들의 독서 활동을 관찰하여 독서 수준을 평가하고 각자의 요구에 맞는 독서 전략을 선정하여 지도한다. 셋째, 학생들은 독자 공동체에서 자신이 읽은 내용에 대해서 동료나 교사와 적극적으로 대화를 나눌 수 있다.

읽기 워크숍은 학생들이 읽고 싶은 책을 스스로 선택해서 읽을 수 있도록 충분한 시간을 제공할 뿐만 아니라, 읽은 책에 대해서 동료 학생이나 교사와 이야기를 나눌 수 있기 때문에 학생 개개인의 독서 능력과 태도를 향상시키는데 효과적인 프로그램이다. 읽기 워크숍은 다양한 수준의 학생들이 존재하는 교실 환경에서 학생 개개인의 독서 능력에 대한 평가를 바탕으로 개인별 지도가 이루어질 수 있다.

관련 용어

독서 토론, 독서 토의

[참고문헌]

김주환(2018). 「독서 워크숍의 개념과 방법」. 『독서연구』 46, 183-212.

한철우·홍인선(2005). 「자기 주도성 향상을 위한 독서 워크숍 지도 방안」. 『독서연구』 13, 237-266.

읽기 > 읽기 교수학습 > 읽기 활동 >

함께 읽기 shared reading

= 공유 독서

함께 읽기는 학생이 교사의 지도와 지원을 받으며 다른 사람과 함께 책 읽기▶p.38에 참여하거나 감상을 공유하는 대화형 독서를 말한다. 특히 읽기에 어려움을 겪고 있는 어린 독자▶p.120들에게 교사가 필요한 지원을 제공하면서 읽기 능력 향상을 촉진하기 위해서 사용되는 경우가 많으며, 이때 큰 글자의 확대된 인쇄물이나 삽화가 있는 큰 책(big book)을 사용하는 경우가 많다.

함께 읽기는 교사에 따라 다양하게 구현될 수 있지만 일반적으로 다음과 같은 순서를 따른다. 첫째, 본문 소개 단계로, 제목, 표지와 작가/일러스트레이터에 대해 토론하며 이야기를 소개한다. 이 단계에서는 학생들에게 이 이야기가 무엇에 관한 것일지 예상해 보라고 한다. 둘째, 본문 읽기 모델 단계로, 내용에 맞는 적절한 목소리와 어조로 학생들에게 이야기를 읽어 준다. 잠시 멈추고 학생들에게 예측을 하도록 한다. 학생들의 이해 수준을 결정하기 위해 간단한 질문을 한다. 셋째, 함께 본문 읽기 단계로, 반응과 의견을 위한 시간을 예약하며, 본문을 함께 읽는다. 넷째, 요점 지도 단계로, 요점을 지도하기 위해 텍스트▶p.18의 중요한 부분을 선택한 뒤 여러 번 읽고 질문하거나 학생들의 비슷한 경험과 연결짓도록 한다. 다섯째, 반복 읽기 단계로, 이야기를 다시 읽거나 독자적으로 읽을 수 있는 시간을 준다. 다음 날 읽을 부분을 다시 검토하여 추가 지도 요점을 만들고 학생들이 본문을 처리하는 데 있어 독립성을 갖도록 지원한다. 그 외에도 이야기와 관련된 창작물(예컨대, 공예품) 만들기 등 후속 활동을 연결할 수 있다.

함께 읽기에 참여하는 교사는 유창하고 풍부한 표현으로 낭독을 하기도 하고, 먼저 일정 부분을 읽은 다음, 뒤에 이어질 내용을 예측하도록 함으로써 시각 단어 지식(sight words knowledge)과 **읽기 유창성**▶p.47을 구축할 수 있다. 또한 교사는 숙련된 독자들이 사용하는 기능들을 구사하며 읽기 모델로서 뚜렷한 역할을 보여 주기 때문에 독자 모델(reader's model)로서 작용한다.

함께 읽기는 학급 공동체를 위한 즐거운 경험이자 아이들이 더 어려운 텍스트를 향해 함께 나아가는 동시에 독립적으로 텍스트를 읽는 데 필요한 절차를 알아차리고 습득하기 시작하는 중요한 기회이다. 따라서 **읽기 부진**▶p.62 또는 읽기 어려움을 겪고 있는 독자들에게 필요한 지원을 제공할 수 있으며, 함께 읽는 소집단 전체에 교수법적 지원을 함으로써, 학생들이 스스로 읽지 못할 수도 있는 자료를 즐길 수 있도록 하며, 모든 학생이 성공적이라고 느낄 수 있도록 한다.

관련 용어

안내된 읽기(Guided Reading) 전략, 공유 독서

[참고문헌]

Fountas, I. C., & Pinnell, G. S.(1996). *Guided reading, good first teaching for all children,* 149-162. Portsmouth, NH: Heinemann.

Fountas, I. C., & Pinnell, G. S.(n.d.). *What is shared reading?* Retrieved (날짜), from https://fpblog.fountasandpinnell.com/what-is-shared-reading.

읽기 > 읽기 교수학습 > 읽기 활동 >

북 클럽 book club

북 클럽은 학생들이 책을 읽고 책의 내용에 대해 모둠의 동료들과 서로 이야기를 나누고 이를 바탕으로 글을 쓴 후 전체 구성원들과 공유하는 활동을 하는 총체적 언어 활동이다. 북 클럽은 1980년대 후반 미국에서 책에 관한 대화에 학생들이 깊이 몰두할 수 있도록 도와주기 위한 목적에서 출발하였으며, 기존에 있었던 독서 토론▶p.286을 정교화한 읽기 지도 방법이다.

북 클럽 활동의 진행 과정은 읽기 활동, 모둠 독서 토론, 쓰기 활동, 공동체와 공유하기로 이루어지며 각 진행 과정에 대해 교사의 수업이 이루어진다. 우선 학생들은 지정된 책을 각자 읽으면서 드는 생각, 질문 등을 기록한다. 책을 읽고 나서는 학생들이 모둠 토론의 방향을 설정하며 토론을 위한 준비를 하게 된다. 이때 학생들의 읽기와 토론 활동을 할 수 있도록 교사는 읽기 전략과 토론에 대한 수업을 진행하는데 예측하기, 비판하기, 자신의 배경지식과 연결하기 등과 같은 읽기 전략에 대한 시범을 보이고, 발언 교대, 듣기, 반응하기 등 토론이 어떻게 진행되는가를 설명한다. 이어 모둠별로 독서 토론을 하게 되는데 토론 내용은 글의 내용을 바탕으로 흥미 있는 내용, 책과 관련된 자신의 생각 등을 자유롭게 이야기한다. 모둠 토론 후에는 읽은 내용과 토론한 내용을 종합하여 각자 쓰기를 한다. 마무리로는 전체 학급 구성원이 각 모둠 토론에서 논의한 내용을 바탕으로 함께 이야기를 나누며 공유하는 활동을 한다. 이러한 일련의 활동을 통해 학생들은 다양한 관점에서 글의 전체적인 내용에 대해 이해할 수 있게 된다.

북 클럽은 읽기, 쓰기, 이야기하기가 종합적으로 이루어지는 언어 지도 방법으로 학생들이 주제에 집중하며 토론하기를 할 수 있으며, 학생 각자가 모둠 토론에 대해 책임감을 갖고 의미 있는 기여를 하며 토론에 참여할 수 있도록 한다는 장점이 있다.

관련 용어

독서 토론, 독서 토의, 독서 동아리

[참고문헌]

김라연(2005). 「북클럽(Book Club) 활동에 적합한 텍스트 요건 분석-중학교 1학년 국어 교과서의 문학 작품을 중심으로」. 『독서연구』 13, 1-22.

Raphael, T., & McMahon, S.(1994). Book club: An alternative framework for reading instruction. *The Reading Teacher 48*(2), 102-116.

읽기 > 읽기 교수학습 > 읽기 활동 >

독서 토론

독서 토론이란 독자▶p.120가 책을 읽고 텍스트▶p.18에 대한 의견과 감상을 논의하는 상호 작용 활동이다. '독서 토의'와 구분 없이 사용하기도 하는데, 두 활동 모두 넓은 의미로는 독자가 공동의 독서 활동에 참여하면서 개인이 구성한 의미를 다수의 독자들과 상호 작용함으로써 글에 대한 이해와 감상을 정교화하고 확장할 수 있도록 하는 독서 활동을 통칭한다. 두 활동을 구분하여 좁은 의미로 사용할 때에는 독서 토론은 '논제'나 '해석상의 갈등'을 중심으로 하며 의견을 공유하는 독서 활동을 의미하고, 독서 토의는 논제에 대한 찬성과 반대의 입장 구분 없이 다수의 독자가 참여하여 의견을 공유하는 독서 활동을 의미한다. 협의의 의미에서도 독서 토론과 독서 토의는 책을 읽고 의견을 공유하는 활동이라는 면에서 공통점이 있다.

독서 토론에 참여한 독자들은 글에 대한 해석과 이해의 주체이자 타인의 해석이나 의미를 수용하거나 혹은 반박하는 주체로서의 역할을 수행하게 된다. 독서 토론은 독자 간의 상호 작용을 통해 개인적 반응을 극복하고 반응의 사회화를 가능하게 한다는 점에서 주목을 받았다. 독자는 책을 읽고 나서 '개인적 반응'을 형성하는데 독자마다 다르게 구성된 의미는 토론의 과정에서 타당한 해석이 무엇인가에 대한 해석상의 갈등으로 나타나며 각 독자들은 자신의 해석을 정당화하기 위한 노력을 하게 된다. 토론을 하며 개인적으로 형성한 의미를 다수의 독자들과 사회적 **맥락**▶p.28 속에서 공유하는 '반응의 사회화'가 이루어지게 된다. 특히 독자들 간에 지배적인 의미가 나타나지 않고 반응이 다양하게 형성될 경우에는 활발한 토론이 이루어질 가능성이 높아지게 된다.

독서 토론을 넓은 의미로 지칭할 때에는 하위 방법으로 토의식 방법(discussion)과 토론식 방법(debate)으로 나눌 수 있고, 각각은 협의의 독서 토의와 독서 토론을 의미한다. 독서 토의는 일정한 절차 없이 비교적 자유롭게 책을 읽고 나서 그에 대한 의견과 감상을 공유하는 반면, 독서 토론은 단계적으로 진행된다. 독서 토론의 절차는 다양한 방식으로 진행되는데, 예를 들어 ①준비하기-②묵독 및 토론 자료 마련하기-③토론하기-④반응 정교화하기로 이루어질 수 있다(김주환·이순영, 2015). 준비하기 단계에서 학생들은 6~8인 이하의 모둠을 구성하고 독서 토론의 순서와 규칙을 정한다. 독서 토론의 순서와 규칙은 토론의 방식에 따라 다양하게 정할 수 있다.이때 교사는 읽어야 할 책을 소개하고 모둠 구성, 독서 토론 환경 계획, 독서 토론의 절차에 관한 지도를 실시한다. 다음 단계에서는 본격적인 독서 토론 활동을 하기 위해서 개별적으로 책을 읽는 활동을 하고 모둠원이 함께 독서 토론을 하기 위한 자료 마련하기를 한다. 토론 자료 마련을 위해 우선 모둠원들은 책의 내용과 관련하여 특정한 토론 주제를 정하게 된다. 토론 주제는 구체적인 논제의 형태로 제시되어야 하고 모둠원들은 논제와 관련하여 찬성 측과 반대 측으로 자신의 입장을 선택한다. 그리고 토론 주제에 대한 논거, 예상 반론에 대한 반박 근거를 준비한다. 이러한 자료를 토대로 독서 토론을 시행하게 된다. 토론이 끝난 이후에는 읽은 책에 대한 비평문, 논설문, **독후 감상문**▶p.327 등을 작성하는 활동을 통해 텍스트에 대한 반응을 정교화하게 된다.

독서 토론은 독자의 텍스트에 대한 이해 능력과 독서의 정의적 능력 향상에 긍정적인 영향을 준다. 독서 토론을 하는 과정에서 주요 독해 전략을 능동적으로 활용하게 되어 **독해**▶p.48와 관련된 인지적인 능력을 향상시키는 효과가 있고, 체계적이고 논리적인 사고력 형성에도 영향을 준다. 그리고 독서 토론은 동기와 몰입, 즐거움, 자기 효능감과 같은 독서의 정서적 영역에도 영향을 미친다. 또한 독서 토론은 의견을 교류하는 과정에서 자신의 의사를 구어로 표현하는 의사소통 능력을 향상시킬 수 있고, 독단적 사고의 극복과 공동체 의식을 형성하여 사회적 상호 작용의 발달 측면에서도 효과가 크다.

관련 용어

독서 토론, 독서 토의, 북 클럽, 읽기 워크숍

[참고문헌]

김주환 · 이순영(2015). 「독서토론이 고등학생의 작품 이해에 미치는 영향」. 『화법연구』 27, 37-65.
이보라(2016). 「독서 활동 중심의 독서토론이 독서태도에 미치는 영향」. 『디지틀도서관』 84, 57-72.

읽기 > 읽기 교수학습 > 읽기 활동 >

하브루타 Havruta

하브루타는 둘 이상의 학습자들이 **텍스트**▶p.18를 읽고 학습하는 과정에서 짝을 지어 함께 이야기하며 질문과 토론을 통해 새로운 의미를 구성하고 깨달음에 이르는 독서 지도법이다. 즉, 같은 글이나 책을 읽으면서 텍스트를 정확하고 깊이 이해하기 위해 스스로 질문하고 답을 찾아가는 과정에서, 각자의 해석과 질문을 주고받으며 적극적인 토론이 이루어지는 것이 특징이다.

하브루타는 유대인의 전통 학습법에서 유래되었는데, 친구나 동료를 의미하는 '하베르(haver)'에서 기원한 것으로, '짝과 함께 공부하는 것'으로 그 의미가 확대된 것으로 알려져 있다. 즉, 전통적으로 유대인들이 탈무드 등의 경전을 학습할 때에 두 사람이 한 조가 되어 각자 읽은 내용에 대해 설명하고, 서로 질문하고 토론하는 과정에서 새로 알게 되거나 깨달음에 이르게 되는 학습 방법이다. 하브루타식 독서 토론 방법의 일반적인 절차는 다음과 같다.

① 읽기: 두 사람(짝 1, 2)이 똑같은 (부분)텍스트를 큰 소리로 읽기
② 설명하기: 짝 1이 (부분)텍스트에 대한 자신의 생각을 정리하여 설명하기
③ 반박하기: 짝 2는 경청하고 동의하지 않는 부분에 대해 이유와 증거를 제시하며 반박하기
④ 증명하기: 짝 1이 자신의 설명을 다시 논리적으로 증명하기 (역할을 바꾸어 ③, ④번 활동 반복)
⑤ 정리하기: 합의를 거쳐 최상의 해답을 결정하거나 각자의 주장을 정리·제시하고 마무리하기

한편 하브루타 학습법을 적용하여 모든 학생들이 참여하는 확대된 교실 독서 토론 활동의 예는 다음과 같다.

① 개별 활동: 각자 글을 읽고 질문이나 과제 해결 방안 만들기
② 짝 토론: 각자 만든 질문이나 해결 방안을 짝과 적극적인 토론을 통해 더 나은 질문과 해결책 마련하기
③ 모둠 토론: 짝 토론에서 만든 질문이나 해결 방안을 모둠 토론을 통해 최선의 질문과 해결 방안 선택하기
④ 발표: 모둠별로 최선의 질문과 해결 방안을 발표하고 전체가 공유하기
⑤ 종합 정리(쉬우르; shiur): 교사 및 전체 학생이 질문과 토론을 통해 내

용을 종합 정리하기

하브루타 학습법은 학습자 주도적인 질문과 토론 활동을 개념이나 지식을 이해하고 문제를 해결해 나간다는 점에서 함께 경청하고 공감하는 의사소통 능력은 물론 비판적·창의적 사고, 협업 능력을 길러주는 데 도움을 준다.

관련 용어

교수학습 방법, 학습법, 토의·토론, 모둠 토론

[참고문헌]

이성일(2019). 『하브루타로 교과수업을 디자인하다』. 맘에드림.

전성수(2012). 『최고의 공부법-유대인 하브루타의 비밀』. 경향BP.

Holzer, E., & Kent, O.(2011). Havruta learning: What do we know and what can we hope to learn? In H. Miller, L. Grant, & A. Pomson(eds.). *International handbook on Jewish education*, 407-417.

읽기 > 읽기 교수학습 > 읽기 활동 >

북매치 BOOKMATCH

북매치는 학생들이 자신의 독서 수준과 흥미를 고려하여 스스로 책을 선택할 수 있도록 돕기 위해 개발된 도서 선정 중심의 독서 활동이다. BOOK-MATCH는 책의 길이(Book length), 언어의 친숙성(Ordinary language), 글의 구조(Organization), 책에 대한 선행지식(Knowledge prior to book), 다룰 만한 텍스트(Manageable text), 장르에 대한 관심(Appeal to genre), 주제 적합성(Topic appropriate), 연관(Connection), 높은 흥미(High-interest) 등 9가지 체크리스트 요소의 첫글자를 조합하여 만들어진 약자이다. 이 활동은 학생들이 독립적으로 책을 선택할 수 있도록 돕는 비계 역할을 한다.

북매치는 자기선택적 독서 활동의 일종으로, 자기선택적 독서(self-selected reading; SSR)▶p.212는 학생들이 자기가 읽고 싶은 책을 스스로 선정하고 자율적으로 책을 읽도록 하는 독서 지도의 방법이다. 이와 같이 스스로 선택한 책을 읽도록 할 때 학생들은 독서를 지속적으로 하게 되고 독서에 대한 흥미 또한 유지하는 것으로 알려져 있다. 이러한 자기선택적 독서는 1980년대 자기결정 이론(self-determination theory)에 근거하고 있는데, 이 이론에서는 인간은 자유롭게 행동하고 사고하기를 바라고 있기 때문에 자율적 상황에서 능동적으로 행동할 때 보다 높은 성취를 이룰 수 있다고 본다. 즉, 자기선택적 독서는 학생들의 자율성을 지원하기 때문에 학생들의 읽기▶p.38에 대한 내적 동기 신장에 유의미한 영향을 줄 수 있다.

북매치 전략을 활용한 독서 활동의 절차는 북매치 전략에 대한 교사의 설명 및 시범, 북매치 전략을 활용한 학생의 책 선정하기, 자기주도적 책 읽기, 책 읽은 내용 공유하기, 정리 및 평가하기로 이루어진다. 책을 선택하기 위해 교사는 9가지의 북매치 요소를 설명하고 각 요소를 고려하는 북매치 전략을 활용하여 책을 선택하는 시범을 보인다. 학생들은 북매치 전략을 숙지하고 이를 활용하여 자신이 읽기에 적합한 책을 선정하게 된다. 스스로 선택한 책을 자유롭게 읽고, 이어서 읽은 책의 내용에 대해 구성원들과 공유하고 이러한 일련의 과정이 잘 이루어졌는지를 평가하며 활동을 마무리하게 된다.

관련 용어

자기선택적 독서(self-selected reading; SSR)

[참고문헌]

박영민·최숙기(2008). 「읽기 동기 신장을 위한 자기선택적 독서 프로그램 구성 방안」. 『독서연구』 19, 201-228.

Wutz, J., & Wedwick L.(2005). BOOKMATCH: Scaffolding book selection for independent reading. *The Reading Teacher 59*(1), 16-32.

읽기 > 읽기 교수학습 > 읽기 활동 >

독서 동아리

= 독서 클럽

독서 동아리는 소집단을 구성하여 구성원들이 직접 책을 선정하고 자율적인 방법으로 책을 읽은 뒤 독서한 것에 대해 이야기를 나누는 활동이다. 학교, 직장, 도서관, 공공기관 등을 기반으로 모임이 구성되며, 독서 동아리의 주된 활동은 책 읽기와 독서 토론▶p.286이다. 독서 동아리는 구성원들이 직접 만나서 활동하는 경우가 대다수이지만 온라인에서 활동이 이루어지기도 한다.

독서 동아리의 목적은 책을 통한 학습, 독서 관련 정보 교류, 전문성 계발, 지식 습득, 지식 창출 등이 있으며, 독서 동아리의 활동 요소는 책 읽기, 독후 토론, 쓰기, 독서 관련 교육, 독서 봉서 등 다양한 요소로 구성할 수 있다. 독서 동아리의 목적과 요소들은 학생 대상 동아리와 직장 대상 동아리 등에 따라 달라질 수 있으며, 구성원의 수와 독서 동아리 활동의 방식과 내용도 구성원들의 취향과 여건에 따라 다양하게 이루어질 수 있다. 다만, 모임의 지속적 유지를 위해서는 인원은 15명 내외로 구성하여 정기적으로 모이는 것이 필요하다.

독서 동아리는 독서 인구를 확대하고, 독서를 생활화하는 사회문화적 풍토를 조성하는 효과가 있다. 독서 동아리 활동의 경험자일수록 독서량이 많고 특히 성인들의 독서량과 독서 동기▶p.132 증진에 효과가 있는 것으로 나타나고 있어 독서 동아리는 독서 문화 활성화에 기여하고 있다.

관련 용어

북 클럽(book club), 독서회(reading group), 독서 토론, 독서 토의

[참고문헌]

문화체육관광부(2013). 『2012 전국 독서동아리 실태조사』. 문화체육관광부.

박용현(2012). 「특성화고 학교 부적응 학생을 위한 학교 독서교육 실천사례 연구」. 『독서연구』 27, 222-257.

이용준(2014). 「직장 독서동아리의 특성 및 활성화 방안 연구」. 『독서연구』 31, 165-193.

읽기 > 읽기 교수학습 > 읽기 활동 >

온 책 읽기

= 한 학기 한 권 읽기

'온 책 읽기'는 최소한 한 권 이상의 책을 읽고, 생각을 나누고 쓰는 통합적인 독서 활동을 지칭한다. 그동안 읽기 교육이 교과서 지문 중심의 글 읽기▶p.38나 분절적 기능 중심 교육에 치우쳤다는 반성에서 비롯되어, 학생들로부터 책을 읽는 경험 제공, 읽기 습관▶p.136의 형성 등을 목적으로 제안된 읽기 활동▶p.276의 하나이다. '온 작품 읽기'라고도 하는데 이는 읽는 대상을 하나의 온전한 작품으로 설정하는 것이고, '온 책 읽기'는 읽는 글의 단위를 한 권의 책으로 삼는다는 것에서 다를 뿐 둘 모두 교육의 목적과 활동 측면에서 지향하는 바는 유사하다.

온전한 책 한 권을 모두 읽고 생각을 나누고 표현하는 수업에 대한 필요성 및 중요성이 점차 강조되면서 2015 개정 교육과정 시기에 국어과 교수학습의 방법으로서 '한 학기 한 권 읽기'가 도입되었다. "한 학기에 한 권, 학년(군) 수준과 학습자 개인의 특성에 맞는 책을 긴 호흡으로 읽을 수 있도록 도서 준비와 독서 시간 확보 등의 물리적 여건을 조성하고, 읽고, 생각을 나누고, 쓰는 통합적인 독서 활동을 학습자가 경험할 수 있도록 한다."는 내용이 교육과정상에 명시되었다(교육부, 2015: 69). 2015 개정 초등학교 교과서는 3학년부터 '독서 단원'을 별도로 편성하였고, 중학교 및 고등학교 교과서에서는 주로 읽기 또는 문학 성취기준과 연계하여 한 학기 한 권 읽기 활동을 직간접적으로 제시하기도 하였다. '한 학기 한 권 읽기'는 '한 편(권)의 글', '자발적으로 읽는 태도', '성공적인 독서 경험'을 강조한다.

2022 개정 교육과정에서는 '한 학기 한 권'이라는 표현을 명시하고 있지는 않지만 앞선 개정의 흐름을 이어 받아 국어과 교수학습의 방향으로 "성취기준에 대한 통합적이고 깊이 있는 학습을 위해 한 권 이상의 도서를 긴 호흡으로 읽을 수 있도록 선정하고, 이를 다양한 성취기준의 통합, 영역 간 통합, 교과 간 통합 수업에 활용"할 수 있음을 밝히고 있다. 읽기 영역에서는 읽기 자료를 쉽고 짧은 글에서 한 편의 완결된 글, 한 권 이상의 책 읽기로 읽기의 폭을 점진적으로 넓혀 갈 수 있도록 지도해야 하며, 문학 영역에서도 책 한 권 읽기나 작품 전체 읽기 활동 등을 통해 수업 시간의 한계를 최소화할 수 있게 해야 함을 강조하고 있다.

이는 그간 국어교육에서 글의 일부 또는 부분 발췌된 글(작품)을 통한 학습에서 나아가 한 편(권)의 온 작품(a whole text)을 읽어 내는 독서 경험의 기회를 제공한다는 점과 이를 통해 독서에 대한 성취감을 불러 일으켜 성공적인 독서 경험을 통해 평생 독자▶p.123로서의 기반을 마련할 수 있다는 점에서 의의가 있다.

관련 용어

한 학기 한 권 읽기, 온 작품 읽기

[참고문헌]

교육부(2015). 『국어과 교육과정』, 교육부 고시 제2015-74호. 교육부.

김영란(2019). 「'한 학기 한 권 읽기'의 교육적 함의」. 『독서연구』 51, 251-282.

이소라(2018). 「2015 개정 교육과정 고등학교 국어 교과서의 '한 학기 한 권 읽기' 반영 양상 분석 연구」. 『학습자중심교과교육연구』 18(9), 807-830.

한글깨치기

= 초기 문자 지도, 한글 학습, 한글 해득, 한글 문해

정의

한글깨치기란 한글▶p.298을 정확하게 소리 내어 읽고 쓸 수 있는 능력을 갖추는 것을 뜻한다. 엄격한 의미에서 한글깨치기는 '문자와 소리의 대응 관계를 아는 것'과 같이 한글이라는 문자를 익히는 것으로 한정된다(최영환, 2008). 이러한 관점에서는 한글을 깨쳤다는 것을 한글의 자모 및 자모의 결합으로 이루어진 글자를 소리 내어 읽을 수 있는 것으로 본다. 가령, '다리'를 [다리]로 소리 내어 읽을 수 있으면 그 의미를 모르더라도 한글을 깨친 것으로 보는 것이다. 이 관점에서는 한글 학습에 의미 이해를 포함할 경우, 성인이 되어서도 한글을 완벽히 깨칠 수 없다는 점을 근거로 한글 학습을 문자 학습으로 한정한다.

그러나 읽고 쓸 수 있는 능력을 갖추었다는 것은 문자 언어를 통한 의사소통이 가능하다는 것이므로, '의미 이해'와 긴밀하게 연결된다. 이에 따라 한글깨치기를 폭넓게 정의하는 관점에서는 한글깨치기를 단어 단위의 한글을 비교적 유창하게▶p.47 소리 내어 읽고 쓰며 그 의미까지 아는 수준으로 상정한다. 한글깨치기를 읽기▶p.38 및 쓰기의 기초 기능을 획득한 수준으로 보는 것이다.

[그림]에 따르면, 한글을 읽어 그 의미를 파악할 수 있으려면 시각적 문자 정보를 청각적 소리 정보로 전환(①의 점선)할 수 있어야 하고, 청각적 정보에 대응되는 의미 정보를 머릿속 어휘사전(mental lexicon, 심성 어휘집)에서 탐색하여 연결(②의 점선)할 수 있어야 한다. 의미를 한글로 쓰는 과정은 이와는 반대로, 머릿속 어휘사전에서 전달하고자 하는 의미의 소리를 찾은 후(②의 실선) 그 소리에 대응되는 문자로 전환(①의 실선)할 수 있어야 한다.

한글을 이제 막 배우기 시작한 학생은 한글의 시각적 문자 정보와 소리

정보를 상호 전환하는 데 익숙하지 않다. 이에 따라 한글을 읽고 쓰는 과정에서 문자를 소리로, 소리를 문자로 전환하기 위해 의식적인 노력을 해야 한다. 아동들이 한글을 읽거나 쓸 때 더듬거리며 소리를 내는 것은 이러한 이유이다. 그러나 한글을 완벽히 깨친 학생들은 문자 정보와 소리 정보 간 전환을 자동적으로 처리할 수 있게 된다. 이렇게 한글을 완벽하게 깨친 후부터는 의식적으로 문자를 소리로 변환하지 않고, 문자만 보고도 빠르게 문자를 읽고 그 의미를 파악할 수 있게 된다(③의 점선). 쓰기 과정에서도 마찬가지로, 의미를 소리로 변환하려는 의식적인 노력 없이 빠르게 의미와 문자 간 전환을 이루어 낼 수 있다(③의 실선).

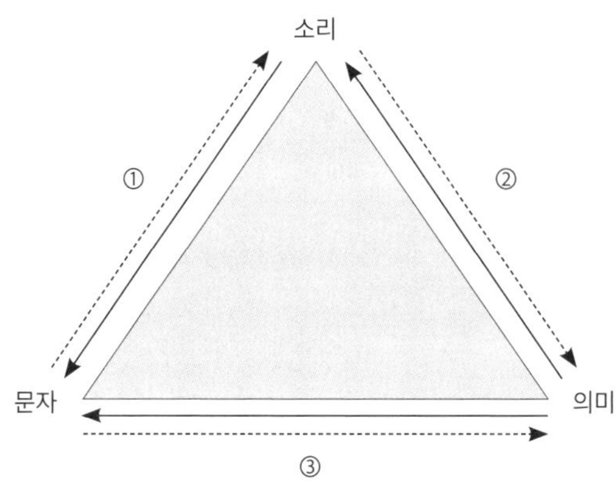

[그림] 문자, 소리, 의미의 관계

이처럼 한글깨치기의 범위는 다양할 수 있으나, 한글깨치기가 한글을 통해 의사소통할 수 있는 능력의 토대를 이루는 기초 능력이라는 점, 그리고 한글을 소리 내어 읽고 쓰는 능력을 획득하는 것과 관련된다는 점은 분명하다. 이러한 견지에서 한글을 깨친 학습자는 한글 자소(grapheme)를 식별할 수 있으며, 글자를 소리로 바꾸고(해호화, 해독▶p.43) 소리를 그에 대응되는 글자로 바꾸는(부호화) 것을 정확하게 수행할 수 있어야 한다.

한글깨치기의 교육 내용

한글깨치기의 일반적인 교육 내용은 다음과 같다.

[표] 한글깨치기의 교육 내용 및 하위 요소

교육 내용	하위 교육 내용 요소
읽기·쓰기 자세	• 읽기·쓰기 자세: 읽기·쓰기 능력을 신장시키는 데 필요한 기초 지식과 신체적 기술 - 글자를 읽을 때(쓸 때) 왼쪽으로 오른쪽으로, 위쪽에서 아래쪽으로 눈(또는 손) 움직이기 / 바른 자세로 읽기, 바른 자세로 쓰기 / 연필 잡는 법 익히기 등
소리 구별하기 (음운론적 인식 ▶p.44)	• 음운론적 인식: 말소리를 정확하게 듣고 음절 및 음소 단위를 지각·조작할 수 있는 능력 - 소리 식별하기(음운 변별 능력): 소리의 개수 세기, 같은 소리/다른 소리 구분하기 ※ 음소 단위, 음절 단위를 모두 식별하도록 지도 - 소리 조작하기: 소리 합치기, 소리 빼기, 소리 바꾸기 ※ 낱자 소리들이 결합되어 낱말 소리가 된다는 점을 인식하도록 지도(음운 결합 지식)
낱자 및 글자 지식	• 낱자(자음자, 모음자)에 대한 기초 지식 - 자음자와 모음자의 소리, 모양, 이름, 순서, 필순 익히기 • 글자(음절 단위)에 대한 기초 지식 - 자소 원리 습득: 글자가 낱자로 구성됨을 이해 - 글자의 짜임 이해 ※ 받침이 없는 글자의 짜임을 익힌 후, 받침이 있는 글자의 짜임을 익히도록 지도(모음 → 자음+모음 → 자음+모음+자음)
글자 소리 내어 읽기 (해독 ▶p.43)	• 낱자/글자 지식, 글자·소리 대응 지식을 활용하여 낱자의 조합으로 구성된 글자를 소리 내어 읽을 수 있는 능력 • 글자·소리 대응 지식: 낱자의 소릿값 지식 및 글자와 소리가 연결되는 일련의 규칙 - 낱자와 소리의 대응 관계 이해 - 글자와 소리의 대응 관계 알기 ※ 받침이 없는 낱말 → 받침이 있는 낱말, 글자와 소리가 일치하는 낱말 → 불일치하는 낱말의 순서로 지도 ※ 받침이 있는 낱말 지도 시, 대표 받침소리를 익히도록 지도
글자 쓰기	• 글자 쓰기: 말소리를 그에 대응되는 문자로 전환할 수 있는 능력 - 낱자 쓰기: 자음자, 모음자 정확하게 쓰기, 획순에 맞게 쓰기 - 낱말 쓰기: 글자의 짜임에 대한 지식을 바탕으로 받침 없는 낱말, 받침 있는 낱말 쓰기

교육적 의의

첫째, 한글깨치기 교육은 학습자를 음성 의사소통 단계에서 문자 의사소통 단계로 입문시키는 중요한 역할을 담당한다. 한글을 완벽히 깨침으로써 읽기▶p.38 및 쓰기 능력의 기초를 형성할 수 있으며 문자 의사소통의 기초적 특성이나 고유한 방식 등을 익힐 수 있다.

둘째, 한글깨치기 교육은 교과 학습뿐 아니라 학습자들의 학교생활 전반에서의 유창성▶p.47 및 효능감▶p.139 등에 큰 영향을 미친다. 학습의 기초를 이루는 글자를 읽고 쓸 수 있는 능력을 습득하지 못할 경우, 교과 학습은 물론이고 학교생활 전반에서 어려움을 겪게 된다. 적절한 시기에 한글을 깨우칠 수 있도록 교육적 지원이 이루어져야 할 필요가 있다.

관련 용어

한글 학습, 문자 학습, 해독, 단어 재인, 글자 쓰기, 초기 문해력, 기초 문해력

[참고문헌]

이경화·이수진·최규홍·김지영·임지수·김견희·유효정(2020). 『한글 교육 내용(요소)별 교수 학습 자료 개발 연구』. 교육부·경상북도교육청.

이차숙(2003). 「한글의 특성에 따른 한글 해독 지도 방법 탐색」. 『유아교육연구』 23(1), 5-25.

윤혜경(2001). 「한글 해호화 과정의 특성」. 『인간발달연구』 8(1), 27-42.

최영환(2008). 「한글 학습의 개념 및 내용에 관한 연구」. 『독서연구』 19, 347-376.

읽기 > 한글깨치기 >

한글

한글이란 한국어를 표기하기 위한 문자의 이름으로, 세종대왕이 창제한

훈민정음(訓民正音)의 20세기 이후 명칭이다. 한글은 세종 25년(1443)에 창제되어 세종 28년(1446) 음력 9월 상순에 '훈민정음'이라는 이름으로 반포되었다. 이후 한글은 정음(正音), 국문(國文), 가갸글 등 다양한 이름으로 통용되었다.

문자 분류상 한글은 표음문자이면서 음소문자이다. 표음문자는 글자 하나가 일정한 단위의 소리를 나타내는 문자로, 음절문자와 음소문자로 나뉜다. 한글은 자음과 모음 소리에 대응되는 자음자와 모음자가 따로 만들어져 있는 음소문자이다. 일반적으로 음소문자는 음절문자에 비해 더 많은 소리를 나타낼 수 있는데 한글은 문자와 소리의 대응 정도가 상당히 높아 문자의 표음성이 높은 편이다.

그러나 한글이 운용되는 양상은 일반적인 표음문자, 음소문자와 상이하다. 우선, 한글은 형태소의 원형을 밝혀 적는 형태음소적 표기법을 취함에 따라 표음문자임에도 글자와 소리가 일치하지 않는 경우가 있다. 즉, 단어의 뜻을 분명하게 드러내기 위해 원형을 밝히고 분절하여 표기한다. 또한 한글은 음절문자처럼 초성·중성·종성을 결합해 음절 단위로 모아쓰는 방식을 취한다. 자음자와 모음자 등 여러 개의 낱자를 조합하여 하나의 글자로 표기하는 것이다. 이러한 특성들로 인해 한글의 시각적 인지 단위는 자소 단위가 아닌 글자 단위이다. 가령, '강물'은 여섯 개의 자소로, 시각적으로 두 글자라고 인식된다. 이에 따라 다른 음소문자와 달리 한글 재인에서는 '강'과 '물'이라는 각각의 음절에 대응되는 '글자' 단위의 재인이 이루어진다.

한글의 제자 원리는 자음자와 모음자로 나누어 살펴볼 수 있다. 자음자는 발음 기관을 본뜬 상형의 원리와 소리의 거세짐에 따른 가획의 원리로 만들어졌다. 기본자에 해당하는 5가지 자음자, 즉 'ㄱ'은 혀뿌리가 목구멍을 막고 혀 뒤쪽이 입천장을 막는 모양, 'ㄴ'은 혀끝이 윗잇몸에 닿는 모양, 'ㅁ'은 입의 모양, 'ㅅ'은 이의 모양, 'ㅇ'은 목구멍 모양을 본떠 만들었다. 기본자 이외의 글자들은 소리가 거세질수록 획을 더하여 'ㄱ→ㅋ, ㄴ→ㄷ→ㅌ, ㅁ→ㅂ→ㅍ, ㅇ→ㆆ→ㅎ'과 같이 만들었다. 다만, 'ㆁ', 'ㄹ', 'ㅿ'은 기본자의 모양을 달리하여 만든 글자들로, 소리의 세기를 반영하는 가획의 의미가 없다.

모음자는 상형의 원리, 합용의 원리로 만들어졌다. 모음자는 기본자에 해당하는 3가지 모음자, 즉 'ㆍ'는 하늘(天)의 둥근 모양, 'ㅡ'는 땅(地)의 평평한 모양, 'ㅣ'는 사람(人)이 서 있는 모양을 본 떠 만들었다. 이외의 글자들은 기본자를 합성하여 만들었다. 'ㆍ'를 한 번 결합하여 초출자('ㅗ, ㅏ, ㅜ, ㅓ'), 초출자에 'ㆍ'를 한 번 더 결합하여 재출자('ㅛ, ㅑ, ㅠ, ㅕ')를 만들었다.

[표 1] 한글 자음자의 제자 원리별 구분

기본자	가획자	이체자
ㄱ	ㅋ	ㆁ
ㄴ	ㄷ, ㅌ	ㄹ
ㅁ	ㅂ, ㅍ	
ㅅ	ㅈ, ㅊ	ㅿ
ㅇ	ㆆ, ㅎ	

[표 2] 한글 모음자의 제자 원리별 구분

기본자	초출자	재출자
ㆍ	ㅗ, ㅏ, ㅜ, ㅓ	ㅛ, ㅑ, ㅠ, ㅕ
ㅡ		
ㅣ		

1989년 3월 1일부터 시행된 현행 〈한글 맞춤법〉 제4항에 따르면, 한글은 자음자 14자, 모음자 10자 총 24자모로 구성되어 있으며 그 순서와 이름은 다음과 같다.

[표 3] 한글 자모자의 구성 순서 및 명칭

자음자	글자	ㄱ	ㄴ	ㄷ	ㄹ	ㅁ	ㅂ	ㅅ	ㅇ	ㅈ	ㅊ	ㅋ	ㅌ	ㅍ	ㅎ
	이름	기역	니은	디귿	리을	미음	비읍	시옷	이응	지읒	치읓	키읔	티읕	피읖	히읗
모음자	글자	ㅏ	ㅑ	ㅓ	ㅕ	ㅗ	ㅛ	ㅜ	ㅠ	ㅡ	ㅣ				
	이름	아	야	어	여	오	요	우	유	으	이				

한글을 가르치는 것은 다양한 측면에서 의의를 지닌다. 첫째, '한글'의 문자적 특성을 아는 것은 한글을 깨치는 데 직간접적으로 도움이 된다. 한글 자모자의 이름과 소릿값을 알고 정확하게 발음하고 쓰는 과정을 통해 자모자가 모여 글자가 만들어진다는 것을 이해하고 글자의 소리가 어떻게 만들어지는지 이해할 수 있다. 둘째, 우리 민족의 고유 문자인 한글은 민족 문화의 산물이라는 점에서 한글 자체에 대한 학습을 통해 우리의 말과 글을 이해하는 것은 물론이고 사랑하고 아끼는 태도를 기르는 교육적 계기를 마련할 수 있다. 셋째, 한글 자체에 대한 학습을 통해 올바른 문자 생활의 기초를 마련할 수 있다.

관련 용어

한글깨치기, 초기 문자 지도, 한글 지도 방법

[참고문헌]

이익섭(2000). 『국어학개설』. 학연사.

국립국어원 '알고 싶은 한글', https://www.korean.go.kr/hangeul/index.html

디지털한글박물관, http://archives.hangeul.go.kr/

읽기 > 한글깨치기 >

한글 지도 방법

= 초기 문자 지도 방법

한글 지도 방법이란 한글▸p.298 자모(낱자)에 대한 기초 지식을 바탕으로, 한글을 읽고 쓸 수 있도록 가르치는 방법을 총칭한다. 한글 지도의 목표는 한글을 완벽히 깨우쳐 읽기▸p.38 · 쓰기 능력의 기초를 철저하게 닦는 데 있다. 이에 한글 지도에서는 한글 자모의 형태, 소리값, 이름 등을 알고, 음절 단위의 글자를 정확하게 소리 내어 읽고 쓸 수 있는 능력 신장을 중시한다. 한글깨치기

(한글 학습)▶p.295는 초기 문해력▶p.12 교육의 일부이므로, 초기 문해력 지도 방법인 발음 중심 지도▶p.253와 총체적 언어 지도▶p.254 등을 적용하여 지도할 수 있다.

한글 지도의 일반적 원리와 유의사항은 다음과 같다.

첫째, 한글 지도는 한글의 특성을 고려하여 이루어질 필요가 있다. 구체적으로 한글은 초성·중성·종성이 결합된 음절 단위로 소리가 나며, 이 음절에 대응되는 글자라는 시각적 단위가 존재한다. 그러므로 한글 지도 시에는 낱자 단위뿐 아니라 글자 단위에서 읽고 쓰는 경험을 풍부하게 제공해야 한다. 또한 한글은 자소와 음소의 대응이 매우 규칙적인 문자이지만, 단어 단위에서는 다양한 음운변동이 적용되어 소리와 형태가 다른 경우가 있다. 형태음소적 표기법을 택하고 있기 때문이다. 그러므로 학생들에게 단어를 읽거나 쓸 때에는 형태와 소리가 다를 수 있음을 명시적으로 설명하고, 뜻을 떠올리며 읽고 쓸 수 있도록 지도해야 한다.

둘째, 한글 지도는 균형적이어야 한다. 이때 '균형적 지도▶p.255'라는 것은 발음 중심 지도▶p.253와 총체적 언어 지도(의미 중심 지도)▶p.254 중 어느 하나를 선택하거나 단순 절충하는 식이 아니라, 학생의 언어 발달 수준과 특성을 고려해 적합한 지도 방법을 탐색하고 학생에게 맞는 방식으로 지도의 내용이나 비중, 지도 방법의 우선순위를 결정해야 한다는 것을 의미한다. 가령, 음운론적 인식▶p.44 능력을 갖추고 있지만 읽고 쓸 줄 아는 단어가 통낱말 단위의 시각 어휘(sight words)에 한정된 학생은 발음 중심 지도를 통한 체계적인 지도가 효과적일 수 있다. 반면, 상대적으로 풍부한 어휘력과 이야기 이해력을 갖추고 있지만 자모에 대한 흥미나 주의 집중이 낮은 학생의 경우, 학생이 관심을 가질 만한 단어나 문장을 활용하여 전체 단어 인식에서 부분적인 자모 인식으로 지도의 초점을 옮겨가는 식의 총체적 언어 지도(의미 중심 지도)의 접근이 적절하다. 이처럼 한글 지도는 학생의 특성이나 수준을 면밀히 고려하여 결정해야 하며, 발음 중심 지도와 총체적 언어 지도의 전략을 상황에 맞게 유연하게 조합하는 교육적 판단이 요구된다.

셋째, 한글 지도의 효과를 높이기 위해서는 실제적이고 의미 있는 언어 자료를 활용해야 한다. 학생에게 친숙하고 실생활과 밀접하게 관련된 단어와 문장을 중심으로 지도할 때, 학생들은 한글을 기계적으로 익히는 것이 아니라 삶의 맥락 속에서 능동적으로 탐색하고 직접 사용하며 배울 수 있게 된다. 특히 초등학교 저학년 시기의 문해력 발달 단계에서는 자모의 반복적 노출과 사용 경험이 한글 학습 및 문해력 획득의 핵심 요인이다. 이 과정에서 학생의 흥미는 학습 지속성과 적극적 참여의 핵심적인 변수로 작용한다. 실제적인 언어 자료는 학생의 생활 세계와 긴밀하게 연관된 단어들로 구성되므로, 학교 안팎에서의 자연스러운 반복 노출과 자발적 사용을 유도할 수 있다. 이는 문자 해득을 넘어, 문해력의 인지적, 정의적 측면의 성장까지도 도모하는 통합적 접근이라 할 수 있다.

마지막으로, 학습자들의 오류를 자연스러운 발달의 징후로 보아야 한다. 학습자들은 표준 철자법에 따라 한글을 읽고 쓰기까지 다양한 오류를 보이는데, 이 오류들은 읽고 쓰는 방법을 터득하기 위한 학습자들의 적극적인 추론과 학습의 과정을 반영한다. 이러한 견지에서 오류는 제거 요소이기보다는 유창한 읽기 및 쓰기를 위해 발생하도록 격려하고 도와주어야 할 요소이다. 또한 오류를 보이는 부분을 중심으로 표준 철자법을 단순 반복하는 식의 기계적인 학습보다는 오류 단서를 통해 학습자들이 무엇을, 왜 어려워 하는지, 한글과 관련해 어떠한 추론과 규칙을 만들어 가고 있는지 등에 대한 정보를 수집하고, 이를 바탕으로 학습자가 필요로 하는 부분에 도움을 주는 접근이 필요하다.

관련 용어

발음 중심 지도, 총체적 언어 지도(의미 중심 지도), 균형적 지도

[참고문헌]

교육부(2017). 『초등학교 국어 1-1 교사용 지도서』. ㈜미래엔.

김기영·이재승(2021). 「입문기 초등학생 한글 자모 교육의 원리」. 『한국초등국어교육』 72, 31-56.

엄훈·염은열·김미혜·박지희·진영준(2022). 『초기 문해력 교육 읽기 따라잡기로 시작해요』. 사회평론아카데미.

이경화·이수진·김지영·강동훈·최종윤(2018). 『한글 교육 길라잡이』. ㈜미래엔.

이수진(2014). 「초등 국어과 교과서의 입문기 문자지도관 변화 연구」. 『국어교육연구』 54, 251-276.

최미숙·원진숙·정혜승·김봉순·이경화·전은주·정현선·주세형(2023). 『국어 교육의 이해(개정 4판)』. 사회평론아카데미.

읽기 >

읽기 평가

읽기 평가는 읽기▶p.38에 필요한 능력(지식, 기능, 태도)을 평가하고, 그 결과에 근거하여 학생의 읽기 능력▶p.41을 해석한 후 이를 바탕으로 학생에게 적절한 교육적인 피드백을 제공하는 것이다. 읽기 평가의 내용은 일반적으로 읽기 교육의 범주이면서 읽기 능력 구인 요소인 지식, 기능, 태도에 따라 글의 유형이나 맥락▶p.28 등의 지식적인 요소, 읽기 기능▶p.163과 전략▶p.190, 읽기 과정의 점검과 조정 등의 인지적인 요소, 읽기의 흥미▶p.134, 동기▶p.132, 습관▶p.136, 태도▶p.130, 가치▶p.137, 관여▶p.142, 주도성▶p.143, 성찰 등의 정의적인 요소로 설정한다. 읽기 평가는 형식에 따라 대단위 표준화된 형식 평가와 규격화되지 않은 비형식 평가, 시간에 따라 읽기에서 평가 초점에 따라 읽기 결과를 중시하는 결과 평가와 읽기의 과정을 중시하는 과정 평가, 평가 주체에 따라 교사에 의한 학생 평가, 학생에 의한 자기 평가 또는 동료 평가 등으로 나눌 수 있다. 읽기 평가의 대상은 읽기를 하는 학생으로 할 수 있고, 학생에 한정되지 않고 학생들을 둘러싼 환경(가정 문해 환경, 교사, 교육 프로그램 등), 평가 과정이나 결과 자체도 평가의 대상이 될 수 있다.

읽기 평가는 읽기의 결과를 평가할 것인가와 읽기의 과정을 평가할 것인가에 따라 결과 평가▶p.306와 과정 평가▶p.311로 나눈다. 읽기 결과 평가는 글을 읽고 난 후에 이해의 결과를 평가하는 것으로 자유 회상 검사▶p.307, 탐문 검사▶p.308, 선택형 검사▶p.309 등이 있다. 읽기 과정 평가는 읽기 과정 중에 독해▶p.48의 특성이나 읽기 수행의 문제점 등을 파악하기 위해 실시하는 것으로 빈칸 메우기 검사▶p.312, 오독 분석▶p.314, 시선추적 검사▶p.318, 중요도 평정▶p.319, 프로토콜 분석▶p.320, 관찰법▶p.316, 독서 면담법▶p.317, 읽기 포트폴리오 평가▶p.328 등이 있다. 또한 읽기 이해 과정 중에 읽기 목적과 상황이 무엇인가 하는 과제에 대한 인식과, 실제 읽기 과정에서 어떤 때에 어떤 읽기 기능이나 전략을 효율적으로 사용하는지에 대해 점검하거나, 잘못된 이해에 대해서 전략을 조정하는지 등의 상위인지▸p.192를 평가하기도 한다.

읽기 결과 평가나 과정 평가의 예로 제시된 세부적인 평가 방법은 평가 목적이나 상황 등에 따라 다르게 분류될 수 있다. 예를 들어 중요도 평정은 이 책에서 읽기 과정 평가로 제시되어 있으나, 읽기 결과 평가의 방법으로 사용하기도 한다. 그래서 읽기 평가는 개인이나 집단의 읽기 능력에 대한 형식적 및 비형식적 평가 방법, 평가 주체에 따른 평가, 교육적인 의사 결정을 위한 평가 등을 통해 획득한 정보를 사용하는 복합적인 노력으로 이루어진다.

[참고문헌]

노명완·정혜승·윤준채·김영란·옥현진·이순영·서수현·김지연·장봉기·백혜선 공역(2012). 『읽기 전략과 읽기 수업』. 한우리북스, Tierney, R. J., & Readence, J. E.(2005). *Reading strategies and practices: A compendium*(6th ed.). Boston: Allyn & Bacon.

Afflerbach, P.(2017). *Understanding and using reading assessment*(3rd ed.). ASCD.

Guzzetti, B. J.(ed.)(2002). *Literacy in America: An encyclopedia of history, theory, and practice*. Santa Barbara, CA: Abc-Clio.

읽기 > 읽기 평가 >

읽기 결과 평가

읽기 결과 평가는 글을 읽고 난 후에 산출된 결과물을 보고 독자▸p.120의 이해 정도를 평가하는 것이다. 글을 다 읽고 내용 이해, 추론, 평가, 감상, 창의적 이해 반응 등에서 좋은 결과물을 산출해 내었다고 하면 우수한 읽기 능력▸p.41을 지녔다고 평가한다.

읽기 결과 평가는 읽기 종료 단계와 읽기 수행에서 얻게 된 결과를 평가하고 해석하기 위한 목적과 의사 결정을 피드백하기 위한 목적으로 실행된다. 읽기 결과 평가는 결과 정보를 읽기 목표, 읽기 상황, 읽기의 시작과 과정에 대한 정보와 관련시키는 데 중점을 두게 되어, 읽기 활동▶p.276의 결과로써 파악된 이해 정도를 바탕으로 읽기 활동의 장점 및 가치에 관한 정보를 제공한다.

읽기 결과 평가로는 자유 회상 검사▶p.307, 탐문 검사▶p.308, 선택형 검사▶p.309 등이 있다.

[참고문헌]

천경록·김혜정·류보라(2023). 『독서 교육론(개정판)』. 역락.

Hughes, A.(2003). *Testing for language teachers*(2nd ed.). Cambridge University Press.

읽기 > 읽기 평가 > 읽기 결과 평가 >

자유 회상 검사 free recall test

자유 회상 검사는 얼마나 많은 내용의 정보를 기억하고 떠올릴 수 있는지를 평가하는 방법으로 독자▶p.120가 글을 읽은 후 글과 관련된 내용을 언어적으로 산출할 때 구술 내용 결과를 토대로 학생의 글에 대한 이해 정도를 확인한다. 즉 독자가 읽은 글을 자유롭게 회상하여 구술한 내용을 통하여 기억한 정보량(전체 글의 내용 중 몇 %를 기억했는지의 분량), 글의 주요 정보, 글 정보의 정확성, 정보의 연결 순서, 기억 내용을 인출하는 전략 등을 평가한다. 평가자가 실시간으로 독자의 회상한 내용을 구체적으로 평가하기 어려울 경우에는 회상하는 내용을 녹음할 수 있다.

자유 회상 검사는 주로 회상한 글의 정보 단위인 명제를 중심으로 채점한다. 특히 채점할 때는 원문에 없던 내용이 회상 명제로 나타나거나, 원문에 있던 명제를 독자가 변형하여 회상할 경우 등에 대한 채점 기준을 별도로 마련해야 한다. 채점의 신뢰도를 높이기 위해서는 독서 전문가가 채점하도록 하고, 채점자 간 신뢰도를 높이는 연습 등이 충분히 이루어져야 한다. 자유 회상 검사는 평가 대상자가 글 내용을 잘 이해했음에도 불구하고 회상, 즉 말로써 끄집어내지 않는 경우에는 적절하게 사용될 수 없다는 한계를 지니고 있다.

[참고문헌]

노명완·박영목·권경안(1991). 『국어과교육론』. 갑을출판사.

천경록·김혜정·류보라(2023). 『독서 교육론(개정판)』. 역락.

Harris, T. L., & Hodges, R. E.(1995). *The literacy dictionary: The vocabulary of reading and writing*. IRA.

읽기 > 읽기 평가 > 읽기 결과 평가 >

탐문 검사 probe questions test

탐문 검사는 텍스트▶p.18를 읽고 중요한 정보에 대해 질문을 하고 독자▶p.120의 답변을 통해 읽기 이해 여부나 정도를 확인하는 평가 방법이다. 탐문(probe)이란 은유적으로 탐침선, 즉 땅속이나 바닷속과 같이 보이지 않는 지하층에 무엇이 있는지를 찾기 위해, 전체를 다 조사하기엔 너무 넓으므로 찾는 것이 있을 만한 곳에 탐사침을 찔러 넣어 묻어나오는 것을 확인하는 방식을 의미한다. 따라서 탐문 검사란 교사 혹은 평가자가 텍스트 이해를 확인할 수 있는 핵심적이고 주요한 질문 몇 가지를 한 뒤, 그 질문에 대한 독자의 답변만으로도 텍스트 전반에 대한 이해력을 평가할 수 있다고 본다.

평가자는 독자가 읽은 중요한 정보를 중심으로 이해한 내용을 인출하도록 하는 일종의 탐사적인 질문을 제시한다. 예를 들어, “이 글의 중심인물과 주변 인물은 누구인가?”, “이 이야기에서는 어떤 사건들이 일어났는가?”, “이 글의 시간적, 공간적 배경은 무엇인가?”와 같은 세부적인 질문을 할 수도 있고, 이러한 질문들을 종합하여 “이 글의 배경은 인물 또는 사건과 어떤 관련이 있는가?” 등과 같은 질문을 할 수 있다. 이때 탐문에 따른 글의 내용이나 질에 대한 이해 정도는 탐문을 위해 사용하는 질문의 내용과 순서에 영향을 많이 받을 수 있으므로 질문의 내용과 순서가 중요하다.

탐문 검사는 정보를 기억하는 수준뿐만 아니라 글에 대한 독자의 독해 수준▶p.161을 개별적으로 점검할 수 있고, 글을 제대로 해독▶p.43하지 못한 독자에게는 추가적인 탐문을 하여 이에 대한 반응 내용이나 수준을 평가하는 데 도움이 될 수 있다. 자유회상이 많은 정보를 회상할수록 좋기 때문에 정보의 양에 치중되어 있다면, 탐문법은 질문 자체의 수도 1~2개 정도만으로도 충분하며, 그 반응 또는 답변 내용을 보고 텍스트 이해 수준을 판가름할 수 있다는 점에서 효과적인 평가 방식이라 할 수 있다.

[참고문헌]

노명완·박영목·권경안(1991). 『국어과교육론』. 갑을출판사.

이순영·최숙기·김주환·서혁·박영민(2015). 『독서교육론』. 사회평론아카데미.

천경록(2022). 「초등 1학년 학생의 음독 오류와 독해의 양상 분석」. 『한국초등국어교육』 74, 397-419.

읽기 > 읽기 평가 > 읽기 결과 평가 >

선택형 검사 multiple-choice test

선택형 검사는 읽은 글에 대하여 문항에서 요구하는 것이나 물음에 대한 답을 몇 개의 선택지 중에서 선택하도록 하는 평가 방법으로, 구성형(서답형) 검사에 대응하여 객관식 검사라고도 한다. 이 검사의 종류에는 진위형(眞僞型), 배합형(配合型), 선다형(選多型) 등이 있다.

진위 검사(眞僞檢査, true-false test)는 주어진 글 내용에 대하여 맞는 진술, 또는 틀린 진술을 주고 피험자에게 진(眞, true) 또는 위(僞, false)를 판정하게 하는 검사이다. 진위 검사는 학생 집단을 대상으로 간편하게 실시할 수 있고, 채점도 쉬우며, 문항도 세부 내용에서 중심 내용까지 고루 물을 수 있는 장점이 있다. 그러나 피험자가 우연히 정답을 맞힐 확률이 50%이므로, 이를 보완하기 위해서는 자신이 답을 고른 이유를 서술하도록 추가하는 경우도 있다.

배합형 검사(matching type test)는 응시자가 아이디어, 주제, 진술, 숫자, 표현 또는 해답을 뒷받침하는 증거, 정의, 동등한 표현 등과 연결하는 능력을 검사하는 것으로, 일종의 짝짓기와 같이 양쪽 항목을 의미상 관련되거나 인접한 쌍을 찾아 상호 일치시키는 방법이다. 예를 들어, 단어와 그 뜻, 상징과 그 의미, 자료와 사건(date & event), 원인과 결과, 사람과 그 업적, 문제와 해결 등을 연결시키는 것이다. 따라서 배합형 검사는 양쪽 목록으로 구성되는데, 한쪽 목록(premises-column)은 질문이나 전제에 해당하며, 그에 대응하는 다른 목록(response-column)은 응답이나 결론에 해당한다. 이때 각 목록의 항목들은 단어, 문장, 그림 또는 다양한 기호로 표현될 수 있다. 이 검사의 장점은 문제를 구성하는 데 많은 시간이나 노력을 들이지 않고도 넓은 영역의 자료를 다룰 수 있으며, 응시자도 평가의 지침이 분명하여 문항을 읽고 이해하기 쉽다는 데 있다. 반면 문항을 만드는 데 시간과 노력이 많이 들지만, 응시자가 답을 유추하거나 끼워 맞히기에 용이하다는 단점도 있다.

선다형 검사는 읽은 글의 내용이나 의도 등에 대한 질문에 두 개 이상의 답지를 제시하여 피험자가 정답 또는 가장 적절한 답지를 고를 수 있도록 하는 검사이다. 선다형 검사는 채점이 빠르고 쉽기 때문에 경제적이고 채점자의 주관성이 반영되지 않으며 기계 채점이 가능해 대단위 평가에 적용하기 좋다는 장점이 있다. 하지만 좋은 문항을 개발하기에 어렵고 우연에 의해 답이 맞을 수 있는 확률이 높다는 단점이 있다. 대단위 평가의 선다형 형태는 발문 유형에 따라 가장 알맞은 답지를 고르는 최선답형, 하나의 정답지를 찾는 정답형, 여러 개의 정답지를 찾는 다답형, 거짓인 답지를 찾는 부정형이 있다. 부정형 문항의 경우에는 발문에 '아닌', '없는' 등의 표현에 보통 밑줄이 함께 제시된다. 주로 답지가 4개인 4지 선다형이나 답지가 5개인 5지 선다형 형태를 많이 사용한다.

선택형 검사는 채점이 간편하면서도, 많은 학생들을 짧은 시간에 평가할 수 있으므로 효율성과 경제성 측면에서 장점이 있다. 그러나 선다형의 경우에 문항 구성이 어렵고, 학생의 답이 맞았거나 틀렸을 경우에 왜 맞았는지 또는 왜 틀렸는지 학생에게 피드백을 제공하기 힘들다는 단점이 있다. 그리고 학생들의 주체적이고 창의적인 반응을 평가하기 힘들고, 교수학습을 개선하고 학생을 지도·조언하기 위한 구체적인 정보를 얻기 어렵다는 단점이 있다.

선택형 검사는 독서 결과에 대하여 독자▶p.120인 학생들을 선발, 분류, 배치하기 위한 양적 평가로 공정성과 객관성을 강조하면서 많이 활용된다. 이 방법은 독서 목적에 적합한 문항과 선택 답지를 어떻게 구성하느냐에 따라 평가의 질적 수준이 결정되므로 읽기 목적에 타당한 문항을 개발하고, 적절한 난도와 오답 시비를 지니지 않는 답지를 구성해야 한다.

[참고문헌]

교육과학기술부(2008). 『중학교 교육과정 해설 II : 국어, 도덕, 사회』. ㈜미래엔.

박도순·권순달·김명화·김영애·김정민·김진하·김형주·남명호·남현우·박완성·양길석·어윤경·이나현·이원석·이현주·장은아·조지민(2019). 『교육 평가(수정 보완판)』. 교육과학사.

천경록·김혜정·류보라(2023). 『독서 교육론(개정판)』. 역락.

Hughes, A.(2003). *Testing for Language Teachers*(2nd ed.). Cambridge University Press.

Oller, J. W. Jr.(1979). *Language Tests at School*. Longman.

Haladyna, T. M.(2004). *Developing and validating multiple-choice test items*(3rd ed.). Routledge.

읽기 > 읽기 평가 >

읽기 과정 평가

읽기 과정 평가는 독자▶p.120가 읽기▶p.38를 잘 수행하고 있는지를 알아보기 위해 읽기 활동▶p.276의 과정을 평가하는 것이다. 이 평가는 독해 과정의 세밀한 부분을 분석하여 독해 양상과 독해 능력을 알아내고자 하는 목적과 독서 활동에 대한 의사 결정을 피드백하기 위한 목적으로 실행한다. 또한 읽기 능력▶p.41 진단을 통하여 읽기의 장애 요인을 제거하기 위한 목적으로 실행하기도 한다. 읽기 과정 평가는 어떠한 읽기 활동 과정을 거치는 것이 읽기 목표를 달성하는데 적절한지, 그리고 그 읽기 활동 과정의 효율성이 어떠한지에 대한 정보와 자료를 점검하고 조정, 개선하기 위한 것이다. 그러므로 이 읽기 활동 과정이 처음 설정한 목표대로 잘 수행되지 않을 경우에 그 문제점, 결함 등에 관한 정보와 자료를 수집하고, 올바른 독서를 위한 개선점 등을 탐색한다.

읽기 과정 평가로는 빈칸 메우기 검사▶p.314, 오독 분석▶p.314, 시선추적 검사▶p.318, 중요도 평정▶p.319, 프로토콜 분석▶p.320, 관찰법▶p.316, 독서 면담법▶p.317, 읽기 포트폴리오 평가▶p.328 등이 있다.

[참고문헌]

김영실(2022). 「초등학교 교사들의 과정중심평가 실천 방식과 수행 유형 분석」. 『교육과정평가연구』 25(2), 139-166.

신혜진·안소연·김유원(2017). 「과정 중심 평가 활용의 정책적 분석: 서울특별시 소재 중학교 교사의 수행평가 활용 사례를 중심으로」. 『교육과정평가연구』 20(2), 135-162.

이순영·최숙기·김주환·서혁·박영민(2015). 『독서교육론』. 사회평론아카데미.

천경록·김혜정·류보라(2023). 『독서 교육론(개정판)』. 역락.

읽기 > 읽기 평가 > 읽기 과정 평가 >

빈칸 메우기 검사 cloze test

빈칸 메우기 검사는 읽기▶p.38 과정에서 학생들의 독해력을 검사하기 위하여 비교적 긴 한 편의 글에서 음절이나 어절(단어)을 빈칸(괄호)으로 놓고 그 빈칸을 채우게 하는 평가 방법이다. 이는 학생들이 읽고 있는 글의 정보나 구조를 스스로 다룰 수 있는지를 점검하고 학생들의 읽기 능력▶p.41에 대한 정보를 수집하는 평가 방법이다. 빈칸 메우기 검사를 위한 글의 길이는 완전하게 정해진 것은 없으나 일반적으로 250-350개 단어 수준의 명료한 글이어야 한다. 검사 도구를 만들 때에는 첫 번째 문장과 마지막 문장에는 빈칸을 만들지 않고, 두 번째 문장부터 빈칸을 만드는 것을 권장한다. 이는 앞뒤의 문장이 있어야 그 의미를 바탕으로 빈칸 안에 들어갈 내용을 추론할 수 있기 때문이다.

빈칸 메우기 검사는 평가지 구성 방식에 따라 규칙적 빈칸 메우기와 불규칙적(의도적) 빈칸 메우기가 있다. 규칙적 빈칸 메우기의 경우에는 둘째 문장부터 매 n번째(보통 5~9번째) 음절이나 어절을 빈칸으로 둔다. 어절을 빈칸으로 둘 경우에 빈칸으로 두는 어절의 성격은 고려하지 않아야 하며 빈칸의 길이는 실제 단어의 길이와 상관없이, 똑같은 길이로 제시하여야 한다.

불규칙적(의도적) 빈칸 메우기의 경우에는 빈칸으로 두고자 하는 단어나 어미 등을 평가자가 선택하여 의도적으로 빈칸을 제시하면 된다. 예를 들어, 글 내용 이해 정도를 검사하기 위해서는 중요한 단어만을 빈칸으로 두고, 통사 능력을 주로 검사한다면 조사나 어미를 빈칸으로 한다. 그리고 문단 또는 문장 사이의 의미 연결 관계를 검사한다면 접속 부사(예: '그리고', '그러나', '또한' 등)를 빈칸으로 할 수 있다.

빈칸 메우기 검사는 빈칸을 채우는 방식에 따라 학생이 평가지에 주어진 빈칸을 직접 쓰는 서답형 방식과 주어진 답지에서 선택하는 선택형 방식으로 구분할 수 있다. 빈칸 메우기의 채점 방식으로, 서답형 방식에는 정확한 응답만을 맞는 것으로 하는 정확한 답 채점 방식과 원래 글의 음절이나 어절과 의미가 통하는 것은 모두 정답으로 허용하게 되는 허용 답 채점 방식이 있다. 선택형 방식인 경우에도 하나의 정답만을 인정하는 단일 정답 채점과 복수의 정답을 인정하는 복수 정답 방식, 그리고 정확성을 채점 기준으로 하여 정답의 등급을 구분하는 등급 정답 채점 방식이 있다.

빈칸 메우기를 규칙적으로 할지, 불규칙적으로 할지는 평가자가 어떠한 목적을 가지고 빈칸 메우기를 활용하고자 하는가에 따라 결정된다. 빈칸 메우기 검사는 읽기 과정의 특성이나 문제점 등을 파악하기 위한 평가 방법으로 활용되지만 학생들의 빈칸 메우기 결과를 통해 읽기 자료가 독자▶p.120 수준에 맞는지, 즉 읽기 자료의 난도를 측정하는 도구로 사용되기도 한다.

[참고문헌]

노명완·정혜승·윤준채·김영란·옥현진·이순영·서수현·김지연·장봉기·백혜선 공역(2012). 『읽기 전략과 읽기 수업』. 한우리북스, Tierney, R. J., & Readence, J. E.(2005). *Reading strategies and practices: A compendium*(6th ed.). Boston: Allyn & Bacon.

박정진·조재윤 공역(2012). 『문식성 전략 50-단계별 언어 기능 교수 전략』. 한국문화사, Tompkins, G.(2009). *50 literacy strategies: Step by step*. Boston: Pearson Education.

이순영·최숙기·김주환·서혁·박영민(2015). 『독서교육론』. 사회평론아카데미.

조재윤(2015). 「학업성취도 평가와 빈칸 메우기 평가의 상관관계 연구」. 『독서연구』 36, 95-118.

Guzzetti, B. J.(ed.)(2002). *Literacy in America: An encyclopedia of history, theory, and practice*. Santa Barbara, CA: Abc-Clio.

Harris, T. L., & Hodges, R. E.(1995). *The literacy dictionary: The vocabulary of reading and writing*. IRA.

Oller, J. W. Jr.(1979). *Language Tests at School*. Longman.

읽기 > 읽기 평가 > 읽기 과정 평가 >

오독 분석 miscue analysis

= 음독 분석

오독 분석은 학생이 소리 내어 글을 읽도록 하여 오독이 얼마나 일어나는지를 검사하는 방법이다. 오독의 양과 양상을 분석함으로써 학생이 글을 읽을 때 직면하는 어려움을 식별할 수 있다. 즉, 오독 양상을 정확히 분석하면, 학생의 읽기▶p.38 과정에 대한 정보를 파악할 수 있고, 오독의 원인을 확인함으로써 교육적으로 적절한 처방을 제시할 수 있다.

오독 분석은 학생의 읽기 속도와 정확도를 평가하기 때문에 학생의 읽기 유창성▶p.47 판단에도 도움이 된다. 또한 학생의 다양한 오독 양상을 면밀하게 분석하기 때문에 학생의 읽기 특성을 파악할 수도 있다. 이러한 점에서 오독 분석은 학생이 글을 읽으면서 범하는 실수를 단순히 세는 전통적인 음독 평가의 대안으로 여겨진다. 오독 분석에서의 오독은 '단서(cue)를 잘못 사용한 것(miscue)'으로 간주하여 오류(error)와는 다르다.

오독 분석은 읽기에서 학생들의 단서 활용 전략을 탐색하는 좋은 평가 방법으로, 오독의 종류에는 1) 무반응(학생이 전혀 반응하지 않음), 2) 생략(원래 있는 단어를 뺌), 3) 삽입(원래 없던 단어를 끼워 넣음), 4) 대치(원래 있는 단어를 다른 단어로 바꿈), 5) 반전(각 단어나 음절의 위치를 바꾸어 읽음), 6) 반복(단어를 거듭 되풀이하여 읽음), 7) 더듬거림(음절을 자연스럽게 읽지 못함), 8) 건너 뜀(두 단어 이상을 빼고 거르면서 읽음) 등이 있다.

오독 분석에 사용하는 읽기 자료는 일반적으로 독자▶p.120가 읽은 적이 없거나 학습하지 않은 것을 활용하고, 이 자료를 소리 내어 읽게 하고 이를 평가자가 들으면서 분석하거나 학생이 읽은 것을 녹음하였다가 분석한다.

오독 분석은 학생의 읽기 과정에 대한 구체적인 정보를 얻을 수 있고, 학생의 오독 원인을 정확히 밝히는 데 기초 자료가 될 수 있다. 그러나 오독 분석은 분석 과정에서 많은 시간이 걸리고, 오독의 양보다는 오독의 질을 분석하는 경우에는 교사의 전문성이 요구되는 한계를 지니고 있다.

[참고문헌]

노명완·정혜승·윤준채·김영란·옥현진·이순영·서수현·김지연·장봉기·백혜선 공역(2012). 『읽기 전략과 읽기 수업』. 한우리북스, Tierney, R. J., & Readence, J. E.(2005). *Reading strategies and practices: A compendium*(6th ed.). Boston: Allyn & Bacon.

윤준채·이천희·조재윤 공역(2018). 『돌려 읽기는 이제 그만! — 독서 능력을 신장시키는 음독 전략 25』. 사회평론아카데미, Opitz, M. F., & Rasinski, T. V.(2008). *Good-bye Round robin: 25 effective oral reading strategies*. Portsmouth, NH: Heinemann.

이순영·최숙기·김주환·서혁·박영민(2015). 『독서교육론』. 사회평론아카데미.

천경록·김혜정·류보라(2023). 『독서 교육론(개정판)』. 역락.

Goodman, K. S., & Burke, C. L.(1968). *Study of children's behavior while reading orally, Final report*. Bureau of Research.

Guzzetti, B. J.(ed.)(2002). *Literacy in America: An encyclopedia of history, theory, and practice*. Santa Barbara, CA: Abc-Clio.
Harris, T. L., & Hodges, R. E.(1995). *The literacy dictionary: The vocabulary of reading and writing*. IRA.
Pflaum, S. W.(1979). Oral reading error correction and cloze performance. *Reading World 19*. 168-178.

읽기 > 읽기 평가 > 읽기 과정 평가 >

관찰법

관찰법은 독자▶p.120들의 읽기▶p.38 활동 과정을 주의 깊게 자세히 살펴보면서 평가하는 방법으로, 학생을 이해하고 평가하기 위한 가장 보편적인 방법 중의 하나이다. 읽기 수행 과정을 관찰하는 방법으로는 특정 읽기 행위나 지정된 특성을 의도적으로 관찰하는 방법, 평소 수업을 실행하며 자연스럽게 독자의 특징을 누가적으로 관찰하고 기록하는 방법, 목록을 작성하여 활용하는 방법 등이 있다.

이 방법은 개별 독자뿐 아니라 집단 단위로 관찰하며, 주로 인위적인 상황보다는 자연적인 독서 상황에서 관찰하게 된다. 객관적이고 정확한 관찰을 하기 위해서는 관찰 대상인 독자의 상황이나 독서 양상 등을 그대로 기술하는 일화 기록법, 독서 상황과 양태 등에 대한 체크리스트나 평정 척도 등을 이용한다. 경우에 따라서는 독서 활동에 대하여 비디오 녹화를 한 후 분석하기도 한다.

[참고문헌]

교육과학기술부(2008). 『중학교 교육과정 해설 II : 국어, 도덕, 사회』. ㈜미래엔.
이도영(2007). 「읽기 정의적 영역에 대한 연구 방법론」. 『독서연구』 17, 181-205.

최미숙·원진숙·정혜승·김봉순·이경화·전은주·정현선·주세형(2023). 『국어 교육의 이해(개정 4판)』. 사회평론아카데미.

읽기 > 읽기 평가 > 읽기 과정 평가 >

독서 면담법

독서 면담법은 읽기 능력▶p.41 또는 읽기 태도▶p.130뿐만 아니라 읽기▶p.38 과정상의 어려움 등을 파악하기 위해 사전에 미리 구성한 질문에 근거하여 독자▶p.120와 자유롭게 면담함으로써 독자의 읽기 실행에 대한 광범위한 정보를 수집하는 방법이다. 이 방법은 독자와 평가자가 대면한 상황에서 읽기 과정의 문제점이나 읽기 부진▶p.62의 원인 등을 질문하고 답변을 통해 교사의 적절한 조언과 상담이 직접적으로 이루어지므로, 독자가 가진 문제점을 바로 해결해 줄 수도 있으며, 독자에 대한 격려와 읽기 동기▶p.132 부여 등을 직접적으로 할 수 있다는 점에서 진단과 처방이 동시에 이뤄지는 평가로 볼 수 있다. 또한 이 방법은 면담 전에 예상하지 못했던 독자에 대한 정보를 얻을 수 있으며, 면담하면서 평가 상황, 독자의 응답 내용 등에 따라 평가의 융통성을 발휘할 수 있는 장점이 있다.

[참고문헌]

교육과학기술부(2008). 『중학교 교육과정 해설 II : 국어, 도덕, 사회』. ㈜미래엔.

황혜정(1997). 「수학 수업에서 관찰 및 면담법을 활용한 평가」. 『수학교육논문집』 6, 173-191.

Guzzetti, B. J.(ed.)(2002). *Literacy in America: An encyclopedia of history, theory, and practice*. Santa Barbara, CA: Abc-Clio.

읽기 > 읽기 평가 > 읽기 과정 평가 >

시선추적 검사 eye tracking test

시선추적 검사는 독자▶p.120의 시선이 텍스트▶p.18의 어느 지점에서 어느 정도의 시간 동안 멈추는지, 시선이 어디에서 어디로 이동하는지, 시선이 어느 지점에서 다시 회귀(regression)하거나 정확한 위치에 회귀하는지 등에 대한 정보를 수집하여 독자의 읽기▶p.38 과정이나 독자의 특성을 확인하고 추론하는 평가 방법이다. 이 검사는 처음에 난독 증상이나 읽기 장애를 판별하기 위한 방법으로 사용되기도 하였고, 시선추적 장치(eye-tracker)를 통해서 독자가 글을 읽을 때 글(단어)의 특정 부분에 시선이 고정되어 멈추는 시간, 시선이 멈추는 빈도, 도약(saccade)의 거리, 회귀 등에 대한 읽기 과정에 대한 정보를 분석할 수 있게 되었다. 특히 시선추적 중에서 시선 멈춤 시간에 대한 정보는 독자가 읽기 텍스트의 어느 부분을 주시하거나 집중하고 있는지에 대한 경향이나 텍스트에 대한 지식과 이해의 수준을 추정할 수 있다. 그래서 시선 멈춤이 긴 부분은 학생이 어렵게 느끼거나 중요하다고 판단하여 천천히 읽는 경우가 많으므로 시선추적 검사에서는 중요하게 다루어야 할 지점이다. 이 방법은 독자가 묵독을 실시하는 상황에서 독서 중에 느끼는 어려운 부분을 찾고, 그 어려움을 겪는 원인이 무엇인지를 밝히는 데 유용하게 활용할 수 있다. Rayner 등(2012)에 의하면 능숙한 독자의 특징은 시선을 멈추는 고정 시간이 짧고 도약의 거리는 길며, 처리하지 못한 정보로 회귀하는 과정에서 그 정보가 위치한 곳에 정확하고 효율적으로 회귀한다고 보고하고 있다.

시선추적 검사는 시선추적 장치와 같은 전문적인 장비가 필요하다는 점, 결과 해석에 전문성이 따른다는 점 등으로 인해 학교 현장에서 읽기 과정이나 결과를 평가하는 데 일상적으로 활용하는 데 한계가 있다. 그래서 이 검사는 평가 방법보다는 읽기 연구의 도구로 활용되는 사례가 더 많다.

[참고문헌]

이순영·최숙기·김주환·서혁·박영민(2015). 『독서교육론』. 사회평론아카데미.

최미숙·원진숙·정혜승·김봉순·이경화·전은주·정현선·주세형(2023). 『국어 교육의 이해(개정 4판)』. 사회평론아카데미.

Guzzetti, B. J.(ed.)(2002). Literacy in America: An encyclopedia of history, theory, and practice. Santa Barbara, CA: Abc-Clio.

Harris, T. L., & Hodges, R. E.(1995). *The literacy dictionary: The vocabulary of reading and writing*. IRA.

Miles A. T.(1936). Eye movements in reading. *The Journal of Educational Research 30*(4), 241-277.

읽기 > 읽기 평가 > 읽기 과정 평가 >

중요도 평정 importance rating

중요도 평정은 독자▶p.120가 읽어 나가는 글을 개별적인 명제나 문장, 의미 단위(의미가 형성되는 단위로, 보통 절 단위)별로 나뉜 정보의 중요도를 판단하는 평가 방법이다. 이 평가 방법은 과정 평가뿐 아니라 결과 평가로도 활용될 수 있다.

읽기▶p.38는 글 속의 수많은 정보를 세세하게 이해하는 과정이기도 하지만, 글에 있는 많은 정보 중에서 중요한 정보와 중요하지 않은 정보를 구별하는 과정이다. 즉 이해 능력을 갖추었다는 것은 글의 목적, 주제 등에 기반하여 글 속의 정보가 중요한 정보인지 중요하지 않은 정보인지를 평가할 수 있다는 것이다. 중요도 평정 글 내용을 파악하면서(인지 작용) 동시에 읽고 있는 문장이 문맥상 중요한 정보인지 아닌지를 평가해야(상위인지▶p.192 작용) 하기 때문에 상위인지에 대한 평가를 할 때에도 활용된다.

독자는 글을 읽으면서 명제나 문장, 의미 단위별로 나뉜 정보들의 중요성을 읽기 목적, 주제 등에 따라서 5단계 내지 4단계 등의 정도성 평가(likert)로도 평정하지만, 나열적으로 진술된 문장들 속에서 중요한 명제를 포함하고 있는 문장이나 절을 선택할 수도 있다. 4단계 정도성 평가를 활용하는 경우에는 명제나 문장, 또는 의미 단위별로 '매우 중요하다', '조금 중요하다', '덜 중요하다', '중요하지 않다'와 같이 평정하게 된다. 학생들의 평정 결과를 전문가들의 평정과 비교하여 평정 척도가 어느 정도 일치하는가를 알아보게 된다. 이러한 판정을 통하여 학생들이 '매우 중요한 것'과 '중요하지 않은 것'을 구별할 수 있는지 등의 읽기 정보를 얻을 수 있다.

[참고문헌]

노명완·박영목·권경안(1991). 『국어과교육론』. 갑을출판사.

천경록·김혜정·류보라(2023). 『독서 교육론(개정판)』. 역락.

황상현·박영민(2024). 「고등학생의 문장 중요도 평정의 특징 분석」. 『교원교육』 40(3), 75-96.

읽기 > 읽기 평가 > 읽기 과정 평가 >

프로토콜 분석 protocol analysis

프로토콜 분석은 독자▸p.120가 글을 읽는 과정 중에 머릿속에 떠오르는 생각들을 말하게 하고 그것을 녹음하였다가 분석하여 독자의 읽기▸p.38 과정이나 결과를 평가하는 방법이다. 이때 머릿속에 떠오르는 생각을 자유롭게 말하도록 하는 '사고 구술(think-aloud)' 방법을 사용하여 녹음하도록 하며, 이를 전사하여 기록한 자료인 '프로토콜'을 분석의 자료로 사용한다.

프로토콜은 독해▸p.48의 전 과정을 자세하게 알 수 있는 기록이므로 독자의 의미 형성의 생생한 모습을 드러내어 주기 때문에 독해 과정을 연구하는 데 적합하다. 프로토콜을 분석할 때는 독자의 사고 구술 자료를 녹음(녹화)한 후, 독해력의 전반적인 특징을 평가한다. 프로토콜 분석은 독자의 내용 이해, 연상과 추론, 평가와 감상, 기능 및 전략 사용 양상, 독해 오류 등을 파악할 수 있고, 상위인지▶p.192적인 요소가 드러나는 지점을 충분히 파악할 수 있다는 장점이 있다.

사고 구술을 위해서는 독자(학생)의 훈련이 먼저 이루어져야 한다. 어린 독자나 사고 구술에 익숙하지 않은 독자는 자신이 생각하고 있는 내용을 그대로 구술하기가 매우 어렵기 때문에 독자의 사고 구술 자동성이 확보된 후에 이 방법을 적용하는 것이 필요하다. 또한 프로토콜을 분석하기 위해서 연구자는 고도의 이론적 지식을 갖추어야 하는 동시에 많은 시간과 노력을 기울여야 한다.

[참고문헌]

윤준채·이천희·조재윤 공역(2018). 『돌려 읽기는 이제 그만!: 독서 능력을 신장시키는 음독 전략 25』. 사회평론아카데미, Opitz, M. F., & Rasinski, T. V.(2008). *Good-bye Round robin: 25 effective oral reading strategies*. Portsmouth, NH: Heinemann.

이순영·최숙기·김주환·서혁·박영민(2015). 『독서교육론』, 사회평론아카데미.

천경록·김혜정·류보라(2023). 『독서 교육론(개정판)』. 역락.

최미숙·원진숙·정혜승·김봉순·이경화·전은주·정현선·주세형(2023). 『국어 교육의 이해(개정 4판)』. 사회평론아카데미.

Guzzetti, B. J.(ed.)(2002). *Literacy in America: An encyclopedia of history, theory, and practice*. Santa Barbara, CA: Abc-Clio.

Harris, T. L., & Hodges, R. E.(1995). *The literacy dictionary: The vocabulary of reading and writing*. IRA.

읽기 > 읽기 평가 > 읽기 과정 평가 >

자율적 수정 self-correction

자율적 수정이란 학습자가 읽기▶p.38 과정에서 자신이 잘못 읽은 부분을 스스로 고쳐 읽는지를 확인하는 평가 방법이다. 자율적 수정은 글을 읽는 인지 작용과 동시에 자신의 읽기가 제대로 되고 있는지를 파악하는 것이므로 상위인지▶p.192 평가에 해당된다. 주로 입문기나 기초 기능기에 속해 있어서 낭독으로 글을 읽는 학습자들에게 유용하게 사용된다. 자율적 수정은 학습자가 자신이 잘못 읽은 부분을 스스로 수정을 하는지 하지 않고 계속 읽는지, 어느 지점에서 실수를 인식하였는지, 얼마나 정확하게 수정하였는지 등을 관찰하거나 기록함으로써, 의미에 얼마나 민감하게 반응하는지, 주의 깊은 **독해**▶p.48를 하고 있는지, 내용의 흐름을 이해하고 있는지를 판단할 수 있다.

영어에서 자율적 수정의 대표적인 3가지 유형으로는 반복(zig and zag에서 zig을 반복하여 읽음), 음성학적으로 유사한 단어로 오독(shed를 she로 읽음), 시제 오류(bounded를 bounding으로 읽음) 등으로 나타난다. 특히 독해 부진 등의 특이 현상을 파악하는 데에 사용될 수 있다. 자율적 수정 방법으로 읽기를 평가할 때는 학습자와 일대일로 자세히 기록하고, 읽기 과정상의 특징을 살필 수 있도록 계획하고, 읽는 글을 조금 어려운 새로운 글로 하며, 일부분보다는 전체 글을 읽히는 것이 더 좋다. 이때, 교사는 **독자**▶p.120의 자율적 수정을 **텍스트**▶p.18에 표시하면서 관찰하게 되는데, 고쳐 읽은 단어의 개수, 형태, 내용적 특성 등을 판단하고 분석함으로써 학습자의 상위인지적 독해 능력을 판단할 수 있다.

관련 용어

읽기 과정 평가, 오독 분석

[참고문헌]

Recht, D. R.(1976). The self-correction process in reading. *The Reading Teacher 29*(7), 632-636.

Dynamic Indicators of Basic Early Literacy Skills, *What is DIBELS?*, https://dibels.uoregon.edu/about-dibels

읽기 수행평가

읽기 수행평가는 읽기▶p.38 수행의 과정과 읽기 결과 등의 인지적 측면을 평가하는 것은 물론이고, 읽기 수행상의 정의적 측면, 예컨대, 읽기 태도▶p.130, 읽기 관여▶p.142 등을 총체적으로 평가할 수 있는 방법이다. 이는 독자▶p.120가 읽은 글에 대하여 알고 있거나 생각하고 있는 것을 나타낼 수 있도록 답을 작성(구성)하거나, 발표하거나, 그리기와 만들기 등과 같이 산출물을 만들거나, 이러한 것을 준비하는 과정 등을 나타내도록 요구하여 평가하는 방법이다. 따라서 읽기 수행평가는 학생의 읽기 수행 양상(인지, 정의, 행동)을 평가함으로써 학생의 읽기 능력▶p.41을 총체적으로 평가하는 것으로, 관찰, 자기 보고서, 누가 기술법, 교사의 체크리스트, 교사의 자유 기술법 등 다양한 평가 도구를 활용하여 실시하게 된다.

읽기 수행이란 구체적인 독서 상황에서 행동하는 과정이나 그 결과를 의미한다. 독서 수행평가는 어떤 지식이나 절차에 대해 아는 차원을 평가하는 것이 아니라, 그러한 지식이나 절차를 바탕으로 실질적이면서도 구체적인 독서 활동을 어떻게 구현하는가를 평가하는 데 중점이 있다.

읽기 수행평가에서는 수행평가에 대한 평가(일종의 채점)를 교사가 하지 않고 학생이 직접 채점하는 방식인 자기 평가(self-assessment)와 상호 평가(peer-assessment)로 전환할 수도 있다. 자기 평가는 학생 자신의 언어 활동 과정이나 결과에 대해 스스로 점검하면서 평가하도록 하는 것으로, 자기 평가의 결과물은 구두로 진술하거나 보고서로 작성하여 교사에게 제출할 수도 있으며, 그 결과물을 교사가 다시 평가할 수도 있다. 자기 평가는 학생들이 자신의 학습 준비도, 학습 동기, 성실성, 만족도, 다른 학생과의 관계, 성취 수준 등에 대해 스스로 생각하고 반성하는 기회를 제공한다. 상호 평가는 학생과 학생 간에 설정한 평가 기준을 바탕으로 상대방을 서로 평가하도록 하는 방식으로,

학생의 독서 행동, 독서 습관이나 태도, 독서에 대한 표현 활동 등을 평가하는데, 구두에 의한 형식과 질문지에 의한 형식 등을 활용한다.

읽기 수행평가 방법으로는 읽기 포트폴리오 평가▶p.328, 관찰법▶p.316, 독서 구술 평가▶p.327, 독서 면담법▶p.317, 연구 보고서법▶p.325 등이 있고, 수행평가의 일환으로 서술, 논술형 평가▶p.324를 활용하기도 한다.

[참고문헌]

노명완·정혜승·윤준채·김영란·옥현진·이순영·서수현·김지연·장봉기·백혜선 공역(2012). 『읽기 전략과 읽기 수업』. 한우리북스, Tierney, R. J., & Readence, J. E.(2005). *Reading strategies and practices: A compendium*(6th ed.). Boston: Allyn & Bacon.

박도순·권순달·김명화·김영애·김정민·김진하·김형주·남명호·남현우·박완성·양길석·어윤경·이나현·이원석·이현주·장은아·조지민(2019). 『교육 평가(수정 보완판)』. 교육과학사.

Afflerbach, P.(2017). *Understanding and using reading assessment*(3rd ed.). ASCD.

Guzzetti, B. J.(ed.)(2002). *Literacy in America: An encyclopedia of history, theory, and practice*. Santa Barbara, CA: Abc-Clio.

Harris, T. L., & Hodges, R. E.(1995). *The literacy dictionary: The vocabulary of reading and writing*. IRA.

읽기 > 읽기 평가 > 읽기 수행평가 >

서술, 논술형 평가

서술형은 독서 수행 중에 주어진 주제나 과제, 내용에 따라 학생이 주관적으로 답안을 기술하는 평가 방식이다. 이 형식은 서술하는 방식이나 형식에 대한 사항을 각 문항에서 제시하는 것이 대부분이다. 즉 서술형은 평가 문항에 따라 글의 주제, 목적, 예상 독자, 분량, 시간 등 서술 방식을 제한하는 응답 제한형이 많다.

논술형은 글을 읽고 주어진 논제에 대해 주체적이면서 논리적인 사고를 바탕으로 문제 해결 과정을 서술하는 평가 방식이다. 논술형은 학생들이 독서 수행에서 제시된 논제가 무엇인지를 명확하게 나타나도록 하고, 학생은 자신의 생각이나 의견, 주장에 대하여 타당한 근거를 바탕으로 논리적 사고력을 표현해야 한다. 논술형은 '논리적인 서술'이라는 특징이 있지만, 서술한다는 측면에서 보면 서술형의 하나라고 할 수 있다. 하지만 논술형은 학생 각자의 생각이나 의견, 주장을 타당한 근거를 바탕으로 설득력 있는 논리적인 글▶p.114 형식인 서론-본론-결론의 구조를 갖추어서 서술한다는 점에서 서술형과 구별된다.

서술형은 주로 개념 이해, 설명, 요약이나 정리, 풀이 과정 등 사실을 바탕으로 기술하는 것을 주로 평가할 수 있고, 논술형은 주로 자신의 의견이나 주장을 논리적으로 서술하는 것을 주로 평가할 수 있다.

[참고문헌]

강현석·박찬혁(2006). 「교육과정 정상화를 위한 교과별 서술, 논술형 평가 방법의 재개념화」. 『교육학논총』 27(2), 15-38.

교육과학기술부(2008). 『중학교 교육과정 해설 II : 국어, 도덕, 사회』. ㈜미래엔.

김경희(2020). 「서·논술형 평가의 평가학적 의미 탐색」. 『교육평가연구』 33(4), 839-862.

박도순·권순달·김명화·김영애·김정민·김진하·김형주·남명호·남현우·박완성·양길석·어윤경·이나현·이원석·이현주·장은아·조지민(2019). 『교육 평가(수정 보완판)』. 교육과학사.

읽기 > 읽기 평가 > 읽기 수행평가 >

연구 보고서법

연구 보고서법은 독서 수행 중에 교사가 제시한 특정 주제에 대하여 학생 스스로 자료를 수집하고 분석·종합·평가한 내용을 작성하여 제출한 보고서를 평가하는 방법으로, 프로젝트(project)법이라고도 한다. 연구 보고서법은 독서 활동과 관련한 연구 과제나 산출물 개발 과제 등을 수행한 후, 연구 보고서 계획서 작성 단계부터 결과물 완성 단계에 이르는 프로젝트의 전 과정과 결과물을 종합적으로 평가한다.

연구 보고서에는 독서 활동과 관련한 연구 목적, 연구 계획 및 방법, 연구 결과, 참고문헌 등을 포함하도록 한다. 연구 목적에는 독서 관련 연구를 시작하게 된 동기와 필요성, 연구 활동이 목적을 명확하게 제시한다. 연구 계획 및 방법에는 연구 시기와 대상, 연구 내용 및 방법 등 연구를 수행하기 위해 필요한 내용을 구체적으로 제시한다. 연구 결과에서는 객관적이면서 정확한 내용을 쓰는데, 연구 목적에 잘 도달되도록 정리한다. 참고문헌에는 연구 활동을 하면서 참고한 자료를 정리하여 제시한다. 연구 보고서에는 연구 활동의 절차와 결과가 잘 드러나게 쓰기 위하여 객관적으로 서술하고, 연구 내용이나 방법이 누락되지 않도록 하며, 연구 결과가 축소나 과정, 왜곡되지 않도록 한다. 특히 연구 절차를 명확히 드러내서 연구 결과에 대해서 신뢰성을 갖도록 하고, 글의 표현에서도 다른 사람의 글이나 자료를 인용할 때는 출처를 명확히 밝혀서 쓰기 윤리를 준수하도록 한다.

독서 수행에 대한 연구는 그 주제나 범위에 따라 개인적으로 할 수도 있고, 관심 있는 학생들이 모여서 소집단별로 할 수도 있다. 이 방법은 학생들이 연구를 수행하고 보고서를 작성하는 과정에서 연구하는 방법, 각종 정보를 수집하는 방법, 다양한 자료를 분석, 종합, 평가하는 방법, 보고서 작성법 등을 익히게 되는 장점이 있다. 그리고 연구 보고서 발표회를 개최하거나 학생들 간에 연구 보고서를 상호 교환 또는 공유하는 과정에서 서로 배우는 기회를 갖게 된다.

[참고문헌]

교육과학기술부(2008). 『중학교 교육과정 해설 II : 국어, 도덕, 사회』. ㈜미래엔.

박순경(1999). 「학습자주도적 학습 활동으로서의 프로젝트법(project method)에 대한 고찰」. 『교육과정연구』 17(2), 21-38.

읽기 > 읽기 평가 > 읽기 수행평가 >

독서 구술 평가

독서 구술 평가는 독서 수행과 관련하여 주어진 내용이나 주제에 대해서 학생들에게 발표(예: 프레젠테이션 등)하도록 한 다음, 학생의 의견이나 생각을 개별적으로 일정한 시간 안에 발표하도록 하여 과제 준비도, 이해력, 의사소통 능력, 읽기 태도▶p.130 등을 직접 평가하는 방법이다.

독서 구술 평가는 독서 관련 주제나 질문을 사전에 미리 알려주는 형식을 취하는 경우가 있고, 평가 영역만 알려준 후 구술 평가 상황에서 교사가 평가 영역과 관련된 주제나 질문을 즉석에서 제시하고 학생이 답변하는 형식을 취하는 경우도 있다.

[참고문헌]

교육과학기술부(2008). 『중학교 교육과정 해설 II : 국어, 도덕, 사회』. ㈜미래엔.

송승훈(2019). 『나의 책 읽기 수업』. 나무연필.

Harris, T. L., & Hodges, R. E.(1995). *The literacy dictionary: The vocabulary of reading and writing*. IRA.

읽기 > 읽기 평가 > 읽기 수행평가 >

독후감

독후감은 책이나 글 등을 읽고 난 뒤에 얻게 된 생각이나 내용에 대한 느낌 등을 쓴 글이다. 독후감의 내용으로는 책(글)을 읽게 된 동기나 상황, 책(글)에 대한 소개, 책(글)의 간략한 줄거리, 책(글)을 읽고 난 소감이나 감상 등이 있다.

독후감은 일정한 형식 없이 다양한 형식(예: 일반적인 글, 일기, 시, 광고, 만화, 편지 등)이 있다. 독후감은 독서 활동의 효과를 높이고, 읽은 책을 좀 더 효율적으로 기억할 수 있다. 또 정서적이고 해석적인 독서를 유도하며, 책에 대한 자신의 생각이나 느낌을 파악해 보는 기회를 제공하기 때문에 독서 지도의 방법에서 독서 후 활동으로 활용하기도 하고, 포트폴리오 평가▸p.328의 하위 방법으로도 활용할 수 있다.

관련 용어

서평

[참고문헌]

류보라·서수현(2013).「중학생의 독후감에 나타난 독해 양상 분석 연구」.『청람어문교육』 47, 35-59.

신명선·안경아(2018).「독서감상문의 장르적 특성과 교육의 방향」.『교육문화연구』 24(2), 595-614.

최미숙·원진숙·정혜승·김봉순·이경화·전은주·정현선·주세형(2023).『국어 교육의 이해(개정 4판)』. 사회평론아카데미.

최숙기(2016).「다국면 Rasch 모형을 활용한 중학교 국어 교사의 독서 감상문 평가 양상 연구」.『학습자중심교과교육연구』 16(1), 515-538.

최지은(2017).「중학생의 독서 감상문 수행 양상 연구」.『청람어문교육』 63, 259-282.

읽기 > 읽기 평가 > 읽기 수행평가 >

읽기 포트폴리오 평가

읽기 포트폴리오 평가는 개별 독자▸p.120가 읽은 글의 내용에 대하여 직접 기록하거나 표현한 것을 지속적이면서도 체계적으로 모아 둔 자료를 대상으로 평가하는 방법으로, 독서 이력철이라고도 부른다. 학생의 읽기 수행과 관련된 자료를 모아 학기 중 또는 학기 말에 일괄적으로 또는 한 번에 평가하여 피드백한다.

읽기 포트폴리오 평가의 대상에는 독서와 관련하여 유익한 판단을 할 수 있는 자료라면 무엇이든지 다양하게 포함되는데, 독서 목록, 글의 개요나 줄거리, **독후감**▶p.327, 독후 활동 자료(글뿐만 아니라 그림 등으로 표현한 것), 독서 관련 토의·토론 자료(기록지), 교사의 관찰 일지, 체크리스트 자료, 읽기 평가 결과물 등을 모아 포트폴리오를 구성할 수 있다.

읽기 포트폴리오 평가는 다양한 **읽기 활동**▶p.276에서 학생의 발전, 노력, 성취를 평가하는 과정에 학생을 참여시키고, 교사와 학부모가 협력하여 주기적으로 **읽기 평가**▶p.305 과정과 목표 설정에 학생들을 동참시키며, 교사나 다른 이해 관계자들이 읽기 실행 자료를 수집하고, 분석하고, 계획을 세우고, 학생들의 읽기 수행과 읽기 탐구 결과물을 해석하는 목적으로 활용할 수 있다.

읽기 포트폴리오 평가는 학생이 자신의 **읽기 능력**▶p.41 변화 및 발전 과정을 스스로 파악할 수 있고, 다른 사람에게도 평가받을 수 있다는 장점이 있다. 그리고 교사들에게는 학생 중심적이고 참여적이며, 학생들에게는 학습에 대한 권위를 부여하는 교실 기반 평가라는 장점이 있다.

[참고문헌]

교육과학기술부(2008). 『중학교 교육과정 해설 II : 국어, 도덕, 사회』. ㈜미래엔.

노명완·정혜승·윤준채·김영란·옥현진·이순영·서수현·김지연·장봉기·백혜선 공역(2012). 『읽기 전략과 읽기 수업』. 한우리북스, Tierney, R. J., & Readence, J. E.(2005). *Reading strategies and practices: A compendium*(6th ed.). Boston: Allyn & Bacon.

천경록·김혜정·류보라(2023). 『독서 교육론(개정판)』. 역락.

Afflerbach, P.(2017). *Understanding and using reading assessment*(3rd ed.). ASCD.

표제어 색인